베트남
외식시장
개척기

VIETNAM INSIDE

LOTTERIA

베트남 외식시장 개척기

초판 1쇄 인쇄 | 2019년 1월 7일

지은이 | 노일식
펴낸이 | 최수자

주 간 | 김준숙
인 쇄 | 야컴디앤피

펴낸곳 | 도서출판 타오름
주 소 | 경기도 고양시 일산서구 대화로 156번길 30-4 B동 402호
전 화 | 02)383-4929
팩 스 | 031)911-4929
전자우편 | taoreum@naver.com
http://blog.naver.com/taoreum

값 | 15,000원
978-89-962008-3-04900
978-89-962008-2-6-04900(set)

베트남 외식시장 개척기

VIETNAM INSIDE | LOTTERIA

지은이 | 노 일식

소중한 _____ 님에게

이 책을 드립니다.

베트남 남부

수상시장-껀터

재래시장

통일궁전경

사이공강 유람선

손님을 기다리는 시클로

맹그로브숲

남중국해로 흐르는 매콩강

무이네사막의 사구

호치민시 인민위원회

베트남 북부

하노이 구시가지

깟바섬 전경

땀꼭

밋(mit)

사파-소수민족

다랭이논-사파

냐터(성당)주변의 일상

옥산사(호안끼엠) 거북

길거리식사

베트남 북부

사파 소수민족

물소

침묵의시간

뿌리를 찾아서

미래의예술가

하노이 스타일

하노이의겨울

하롱베이 티엔궁동굴

하노이 36거리

베트남 중부

태화전-후에

포나가르 신전의 국모신

달랏-소수민족공연

무이네바다

아침시간의 냐짱해변

포나가르신전

그물침대

달랏시장

베트남 중부

냐짱의 아침

달랏시장

랑비앙산 정상에서

체코산 수입소

태풍후의 다낭전경

베트남음식

쌀국수-남부

쌀국수-중부

쌀국수-북부

전통모듬요리

게살당면국수

다금바리 간장조림

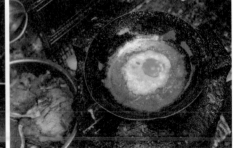
돼지고기구이

계란후라이

베트남음식

소프트크랩

악어구이

샐러드

짜오톰

고이꾸온

껌승

반미

야시장

베트남의아이콘-오토바이

시내주행

아오자이

아오자이

등교길의 학생

등교중인 대학생

등교중인 학생

행사용 아오자이

하교길의 학생

대학생

자전거를 타는학생

롯데리아 인 베트남

식품가공공장

집체교육

집체교육

롯데리아 엔젤

롯데리아

롯데리아 인 베트남

롯데리아

예식장에서

점포 MGR

역동적인베트남

동커이입구

레러이

윙훼

렉스호텔앞

텍스 트레이드 센타

비판을 받지
아니하려거든 비판하지 말라.

(마태복음 7장 1)

오래전 겨울, 베트남 시장개척을 위해 만들어진 TF팀이 있었다. 시장개척에 필요한 정보는 부족했고 도움을 받을 곳은 없었다. 철망에 갇힌 듯 보이는 모든 것이 생소했고 느끼는 모든 것은 답답했다.

시간이 지나면서 몸으로 부딪히고 마음으로 소통하면서 생소하고 답답하던 것들이 친근하고 정겨움으로 다가오기 시작했다. 낯선 관습과 문화를 받아들이자 베트남은 닫혀 있던 외식시장의 문을 서서히 열어주었다. 그렇게 우리는 베트남 외식시장을 개척할 수 있었다.

이 이야기는 독자의 흥미를 유발하기 위한 소설이 아니다. 베트남 외식 비즈니스 환경에 관심을 가지고 있는 학생들이나 베트남 투자를 고려하고 있는 예비 투자자들, 그리고 기업의 주재원들에게 베트남 외식시장의 특성과 고착화된 일상들에 대한 경험과 자산을 공유함으로써 같은 실수를 되풀이 하지않고 시장정착에 조금이나마 도움이 되었으면 하는 마음이 일었기 때문이다. 대부분 팩트를 기준으로 기술 하였으며 누구나 부담없이 읽을 수 있도록 알고 있는 약간의 흥미거리를 더하였다. 또한 지금까지 누구에게도 말하지 못하고 마음속에 담아 두어야 했던 이야기도 이 기회를 빌어 조금 보탰다.

그러나 이 책에 기술된 것이 모두 옳다고 할 수는 없다. 많은 시간이 흘렀고 저자 역시 아직까지 베트남에 대해 아는 것 보다 모르는 것이 더 많기 때문이다. 흔히 베트남을 되는 것도 없고 안되는 것도 없는 나라라고 한다. 오랜 공동체 생활에서 생겨난 관습의 영향을 무시할 수 없기 때문일 것이다. 그만큼 다양하고 위험요소가 많다. 긍정적인 사고를 가지는 것은 좋지만 현실을 너무 긍정적으로만 보지 말기를 바라는 마음이다.

베트남에 거주하면서 겪었던 거친 이야기들을 글로 남겨야 하는 부끄러움에 저자는 고민하고 주저하였다. 이야기가 한 장 늘어날 때마다 기억속에 담아두었던 기억의 단편들은 지워 나갔다. 더 이상 기억속에 담아 놓지 않으리라 생각하면서

베트남 전문가가 많아졌다. 개인적으로 지극히 바람직한 일이다. 베트남에 대한 관심이 늘어나는 만큼 전문가들이 많이 생겨서 필요로 하는 이들에게 도움을 줄 수 있기를 간절히 기대한다. 이 책은 베트남 전문가가 생겨나기 이전의 이야기들이다.

2018년 겨울

사당동에서 저자

Contents

1. 지금 시작합니다

2. 브랜드 리빌딩 활동

3. 갈등을 넘어 재도약으로

4. 베트남 외식시장 개척

5. 고맙습니다 _ 씬 깜언

지금 시작합니다

이 책에서 사용되는 지명이나 용어는 현지에서 사용되는 발음을 기준으로
작성되었습니다.

베트남 인사이드 _ 주인정신

2003년 6월, 기획실장이 회사내부를 분주하게 돌아다니며 팀장들과 면담을 이어가고 있었다.

황부장님, 혹시 베트남에서 일 해보실 생각 있으세요? 순간 얼굴에서 당황한 기색이 스쳐 지나간다. 잠깐 좀 봅시다. 월급쟁이가 회사에서 가라면 당연히 가야 하겠지만 집사람이 지금 유치원을 운영중이라서 갑자기 정리하기가 쉽지 않아요…

권부장님은 베트남에 주재원 가실 생각 있으세요? 실장님이 가라고 하면 가야 하겠지만 부모님이 건강이 좋지 않으셔서… 그리고지금 애가 고등학생이라서…

사십 대 중후반의 팀장들은 다들 한 두가지 주재원으로 나갈 수없는 이유들을 가지고 있었고 누가 들어도 타당한 이유였다. 누구도 선뜻 가겠다고 나서는 사람이 없었다. 인간은 사회적 동물이라는말이 확인되는 순간이었다. 그동안 회사에서 쌓아온 업적에 따라 주어지는 보직과 안정된 소득이 보장되어 있는 회사를 떠나 새로운 위험을 감수할 이유가 없었다. 베트남 법인은 혼란스러운 과거와 불투명한 현재가 뒤섞여 미래를 예측하기가 힘들었기 때문이었다.

베트남 법인은 설립 7년을 넘기고 있었다. 그러나 베트남 시장진출을 주도했던 일본 롯데리아가 현지에서 진행한 비즈니스 결과는기대에 미치지 못해 애를 먹고 있었다. 기대했던 실적이 나오지 않자 몇 년 전부터 신규 및 경상투자마저 중단된 상태여서 새로운 돌파구가 절실히 필요했다.

간부사원을 대상으로 조사한 사실을 있는 그대로 사장님께 보고를 할 수 밖에 없었다. 마지막에 짧게 덧붙여서 말씀드렸다. 다들 사정이 있어 나가기 어려우니 사장님이 허락해 주시면 베트남 시장 조사를 다녀온 제가 나가겠습니다. 아무런 응답도 듣지 못한 채 사장실을 나왔다. 사장님은 그해 그룹사에서 막 부임해 온 터라 회사의 안정이 무엇보다 필요하던 시기였기 때문이었다.

2004년을 두 달 남기고 주재원으로 파견이 결정되었다. 업무 인수인계를 하면서 주재원을 선발하고 중장기 사업계획서 작성과 이사 준비도 해야 했다. 현지 법인 인수계획도 별도로 준비해야 했다. 모든 일들이 갑자기 결정되면서 결실의 계절에 해결이 쉽지않은 과제들을 한아름 거두어 들이고 있었다.

법인 업무인수는 2004년 초였지만 주재원들이 모여 회의를 한 결과 12월 30일에 주재국으로 출발하기로 결정했다. 기왕 시작 할 거라면 새로운 사람들과 새해를 맞이하는 것이 좋겠다는 생각에서… 그러나 선의에서 비롯된 생각들은 공항에 도착해서 후끈거리는 열기를 느끼기도 전에 빗나가기 시작했다. 신년 새해는 현지인에게 아무런 의미도 없는 날이었기 때문이었다.

첫 출근한 사무실은 1군에 위치한 오래된 3층 가정집을 사무실로 사용하고 있었다. 1층에는 영업팀과 회계팀이 방 1개를 사용하고 있었으며 뒤쪽으로 오토바이 주차와 건물 관리인 숙소가 위치하고 있었다. 2층은 법인장과 부사장실(파트너측 대리인), 구매팀이 있었으며 주방에서는 각종 시즈닝과 소스를 제조해서 점포로 공급하고 있었다. 3층 거실은 각종 원부재료나 서류를 보관하는 창고로 사용하고 있었는데 쪽문을 통해 올라가면 옥상 조그만 공간에 파라솔이 놓여져 있었다. 주재원들은 감당하기 어려운 한낮의 열기로 인해 현지 직원들의 흡연장소로 주로 이용되고 있었다.

모든 창문은 짙고 어둡게 썬팅이 되어 있었으며 오래되고 녹슨 쇠창살이 박혀 있어 어두컴컴한 감옥 같은 느낌이 들었다. 우기에는 건물내부로 빗물이 스며들어 군데군데 석회가 뭉치고 들떠 있었으며 곰팡이마저 많이 끼어 직원들이 퇴근하고 나면 을씨년스런 분위기가 되곤 했다. 당시에는 사무환경보다 건물보안이 우선시 되었으므로 오래된 건물에서만 나올 수 있는 멋스러움과 정취가 녹아 있는 사무실로 사용하지 못한 것이 아쉬움으로 남는다. 노틀담 성당이나 인민위원회 청사, 오페라 하우스 등은 오래된 건축물이지만 지속적인 수리와 보수를 통해 호치민시를 대표하는 상징물로 남아 있으며 인터컨티넨탈 호텔이나 마제스타 호텔은 지은지 100년이 지난 오래된 건물임에도 끊임없는 유지관리로 오랜 역사에서 묻어나는 아름다움을 잘 전달해주고 있기 때문이다. 또한 좀도둑이 많아 건물에는 관리인을 상주시켜 관리를 해야 하는 상황이었다. 우스개소리로 국영은행인 비엣콤 뱅크의 메인 금고가 지하가 아닌 꼭대기 층에 설치되어 있다고 한다. 혹시 도둑이 들더라도 들고 갈 수 없게 하기위해 높은 곳에 설치해 놓았다고 하는데 현지인들에게 물어보니 전혀 모르는 표정이었다.

법인현황에 대해서는 사전에 어느정도 파악하고 나왔기에 업무 인수인계에 많은 시간이 필요치 않았다. 대신 부사장과 직원들이 어떤 생각을 하고 있는지가 더 궁금했으나 일에는 순서가 있으므로 현지법인에서 정한 일정에 따라 인수절차를 진행하고 있던 중이었다.

갑자기 주변이 소란스러워졌다. 회장님(명예회장님)이 호치민시에 오셔서 렉스 점포를 방문한다는 연락이 온 것이다. 아직 업무인수도 하기 전이라서 난감한 상황이었으나 그런 걸 따질 여유가 없어 렉스점으로 달려가서 기다리니 잠시 후 회장님이 수행원들과 함께 점포에 도착하시었다.

인사를 드리고 2층 객석으로 모셨는데 제품 시식을 원하시길래 햄버거 몇 종류와 포테이토, 치킨등을 올려드리자 같이 먹자고 하시면서 햄버거와 포테이토가 짠 거 같다는 말씀을 하시었다. 그 자리에서 뭐라고 말씀을 드리는게 좋을지 생각이 나지 않았다. 베트남은 기후가 한국보다 더워서 음식을 짜게 먹는 거 같은데 현지인들의 입맛에 맞는지 조사를 시켜보겠다고 말씀드리고 나니 번스는 어디서 사 오느냐? 그 회사의 기술은 어느 정도인지 등 원재료 공급처에 대해 여러가지 질문을 하시다가 식사를 마치고 나가시길래 배웅을 해드리고 사무실로 돌아오니 시간은 오후 1시가 지나고 있었다. 기다리고 있던 일본 주재원들과 함께 점심식사를 하기위해 하이바쯤에 있는 식당으로 갔다.

쩐흥다오 동상이 있는 박당 하버가든에서 파크 하이야트 호텔까지의 하이바쯤 거리에는 인도, 태국, 일본, 베트남, 스페인, 이탈리아, 프랑스 등 다양한 형태의 식당들이 밀집해 영업 중이었다. 도로 한쪽으로는 상호도 없이 번지수만 크게 적힌 당구장이 4~5군데 있었는데 저녁만 되면 지나가는 남자들을 향해 어려 보이는 아가씨들이 수십명 씩 몰려나와 호객행위를 하는지라 무엇을 하는 당구장인지 매우 궁금했는데 아직은 이른 시간이라 모두 문이 잠겨 있었다.

주문한 점심을 막 먹기 시작하는데 다시 연락이 왔다. 회장님이 동커이에 있는 호텔에서 찾으신다는 것이었다. 다행히 식당과는 지근거리에 있어서 몇 분 뒤 호텔에 도착할 수 있었다. 호텔에서 현안에 대한 보고를 받으시는데 밖에서는 건기임에도 불구하고 스콜이 세차게 쏟아지고 있었다. 방음시설이 잘된 오성급 호텔이라 빗소리가 방안에 크게 들리지는 않았지만 창문을 후려치는 빗줄기와 가로수 잎의 큰 흔들림은 한바탕 스콜이 쏟아지고 있음을 말해주고 있었다.

현황과 실적에 대해서는 주로 일본 주재원들이 보고를 드리고 현황 질문이 끝나자 우리에게 베트남이 어떻냐고 물으시길래 현재 상황은 어렵지만 문제점들과 개선해야 할 부분들을 찾아서 개선시켜 보겠다는 말씀을 드리니 현지에 있는 가장 큰 한국회사는 어디인지, 이곳 젊은이들에게 제일 인기있는 것이 무엇인지 그런 것을 찾아 마케팅을 잘 해보라고 말씀을 하셔서 그렇게 하겠다고 말씀드리고 호텔 로비로 내려오니 언제 내렸냐는 듯 스콜도 그쳐가고 있었다.

약 두 시간 가까이 보고를 마치고 회사에 돌아오니 저녁시간이 다 되어가고 있었다. 퇴근시간이 되자 직원들은 모두 퇴근하고 일본 주재원들은 귀국을 앞두고 주변정리를 위해 집으로 돌아가자 사무실은 적막한 기운에 휩싸였다. 왜 회장님은 아무런 통보도 없이 방문하셔서 하루 종일 우리를 긴장상태로 만들었을까? 곰곰이 생각해보고 내린 결론은 주인정신을 직접 보여주시고 앞으로 무슨 일을 하든 주인정신을 가지고 일을 하라는 것을 알려주기 위해 몸소 주재국을 방문하셨다는 생각이 들었다. 연로하신 회장님의 처음이자 마지막 베트남 방문이었다.

주인정신! 우리는 이 말을 신입사원 때부터 접하기 시작해서 기회가 있을 때 마다 들어왔다. 그래서 누구나 후배들에게 자신 있게 이야기 할 수 있다. 항상 주인정신을 가지고 일을 하라고, 그러나 어떻게 일을 하는 것이 주인정신을 가지고 일을 하는 것인지 마음에 와 닿지 않았다. 선배들도 주인정신을 직접 보여주기 보다 말로써 후배들에게 훈계하는 것으로 자신들에게 주어진 역할을 대신하려고 했다. 오늘 회장님이 호치민시 방문을 통해 보여주신 주인정신이 어떤 것인지 어떻게 주인정신을 가지고 일을 해야 하는지에 대한 확신은 베트남 시장개척을 하기에 앞서 다시 한번 생각을 정리하고 마음의 다짐을 굳게 할 수 있는 소중한 시간으로 남게 되었다.

밤거리에서 보여주는 베트남의 첫 인상은 역동적이었다. 문명사회에서는 찾아볼 수 없는, 한국에서는 점차 사라져가는 꿈틀거리는 생명력이 살아 있었다.

베트남 인사이드 _ 점포현황 점검

　누구나 처음에 다 겪는 일이지만 저자 역시 처음 베트남에 와서 끝없이 이어지는 오토바이로 인해 길을 건너는데 애를 먹은 적이 한두번이 아니었다. 농경사회에서 시작된 베트남은 한 지역에 정착하여 오랜 시간 거주하며 살아가는 과정에서 공동체의 관계를 중요시 하는 가운데 유연성이 생성되었다. 이를 반증하는 베트남 문화를 대표하는 것으로 물과 대나무가 있다. 물은 동그란 그릇에 들어가면 동그란 모양이 되고 빨대안에 들어가면 기다란 모양으로 변한다. 대나무는 무리를 이루지만 바람이 부는 대로 휘어지는 특성이 있어 쉽게 부러지지 않는다. 이런 생활속의 문화가 베트남을 법과 규칙보다 상황에 맞는 유연성을 발달하게 만든 것이다. 유연성은 여러가지 환경에 적응할 수 있는 힘이 되는데 교통문화 속에도 유연성이 없을 리가 없다. 그래서 베트남에서는 길을 건너고 싶을 때 아무 때나 아무 곳으로나 건너면 된다. 너무 빠르지 않게 일정한 속도로, 오토바이의 속도가 빠르지 않아 가능한 일일 것이다.

　호치민시에 5개 점포가 있었다. 점포점검을 하기위해 10시 반에 회사를 나섰다. 공항 인근에 있는 맥시마크 꽁화점으로 가기 위해 딘띠엔호왕 도로를 지나가고 있을 때였다. 오전 시간임에도 불구하고 도로에는 오고 가는 오토바이로 가득 차 있어 베트남의 밝은 미래를 보여주는 듯 했다. 차는 1차선 오토바이는 2차선 이것은 도로 주행시에 정해진 규칙이다. 당시 도로에는 차량이 많지 않아서 1, 2차선에 모두 오토바이가 많이 굴러다녔다.

갑자기 반대편에서 오토바이 한대가 중앙 차선을 넘어 쏜살같이 달려왔다. 지프형 SUV에 물체가 부딪히는 둔탁한 소리와 함께 본네트 위로 사람이 보이는가 싶더니 이내 시야에서 사라졌다. 뭐라고 얘기할 틈도 없이 너무나 순식간에 일어난 일이라 머리가 멍해서 있는데 기사가 잠시 기다려 보라는 손짓을 했다. 저 정도로 세게 받았으니 무사하지 않을 것이라 생각하며 차안에서 기다리고 있었다. 잠시 후 넘어졌던 오토바이 주인이 일어나더니 옷에 묻은 먼지를 툭툭 털고서는 무표정한 얼굴로 오토바이를 타고 가던 길을 가버렸다. 오토바이가 떠나고 나자 기사가 한심한 표정을 지으며 maybe drug.. 이라고 했다.

베트남에서 마약은 광범위하게 사용되고 있었다. 점포개발을 하러 지방 도시를 돌아다니다 보면 병원 주변의 오래된 가로수 틈새나 로컬식당 화장실에서는 사용하고 난 주사기가 무더기로 발견되기도 했다. 특히 하이퐁과 같은 항구 도시는 상태가 더욱 심각했다. 그래서 시가지에 점포를 개설할 때는 신경을 많이 써야 했다. 베트남 마피아가 입사하지 못하도록 면접을 강화하도록 주문하는 것은 물론 사용하고 버린 일회용 주사기가 화장실에서 발견되지 않게 관리를 강화하는 것이었다. 그래도 가끔 마피아 조직원이 알바로 들어오는 경우가 발생했는데 대부분 큰 문제없이 지나가지만 가끔 관리자의 지시를 제대로 따르지 않거나 이런 저런 해코지를 하는 경우도 있었다. 관리자에 대한 협박을 넘어 관리자의 오토바이 기름통에 모래를 채워 놓기도 하며 가스통을 교체하고 난 후 밸브를 열어놓아 밤새 가스가 유출 되도록 하는 등 위험한 행동을 하기도 했다.

호치민시 중심 1군과 신도시 7군 사이에 있는 4군은 낙후되고 불량배들이 많이 살고 있어 사람들이 접근하기를 꺼리는 지역이었다. 또한 저지대인 관계로 비가 조금만 내려도 도로와 집들이 물에 잠기는 상습 침수지역 이었다. 저녁 무렵 점포개발 직원과 함께 이 지역으로 시장조사를 나간 적이 있었다. 대로변 위주로 시장조사를 하지만 어찌 하다 보니 뒷골목 막다른 곳까지 가 버렸다. 가로등은 어둡고 골목길은 좁아 두세명이 비켜 가기도 어려운 주택가 골목에 몇 명의 남자들이 둘러 앉아서 무엇인가 하고 있었다. 지나가면서 보니 남자의 거기에 주사기가 꽂혀 있었는데 직원이 보더니 마약을 맞고 있다고 했다. 늦은 시간에 외국인이 혼자 골목길을 지나 가려고 하면 피가 든 주사기를 내밀며 돈을 주던지 아니면 주사(?)를 맞던지 하라며 외국인들을 협박하는 것으로도 유명한 골목길 이었다.

또 한번은 인사대 동방학부에 다니던 학생의 집에 초대를 받아 방문한 적이 있었는데 11군 롯데마트 근처 대로변에 인접한 막다른 골목길이었다. 대로변에서 짧은 골목을 지나 집으로 들어가는 곳이 있었는데 대문 앞에 젊은 남자 몇명이 땅바닥에 퍼질러 앉아 있었다. 왜 집 앞에 사람들이 모여 있는지, 표정은 왜 그런지 물어보자 이 골목이 호치민시에서 젊은이들이 모여서 마약을 하는 곳이라고 했다. 동네 사람들도 아니고 마약을 하더라도 주민들에게 피해를 주지도 않으니 신고하지 않는다고 무표정하게 이야기하는 것을 들으며 베트남에서 마약사용이 얼마나 일반화된 문제인지 체감할 수 있었다. 낮에는 이렇게 모여서 마약을 하고 저녁이 되면 오토바이를 타고 길거리로 나와서는 약에 취한 상태에서 각종 사고를 유발하는 것이다. 젊은 나이에 일자리도 없고 흥미나 관심을 가질 만한 일도 변변치 않으니 약물에 의지해서 시간을 낭비하고 있다는 것이 안타깝게 생각되었다.

한바탕 홍역을 치른 후 점포에 도착하자 관리자들이 기분 좋은 인사와 미소로 맞아 주었다. 우선 제품 시식을 한 후 점포 시설물을 점검했다. 햄버거는 소스에서 약간의 맛의 차이가 있었으나 치킨은 파우더와 배터믹스의 배합차이 때문인지 맛의 차이가 크게 느껴졌다. 물에 대한 확신이 부족한 때문인지 콜라를 마시고 나면 혀에서 다소 거친 느낌이 느껴지곤 했다. 점포내에서 사용하는 모든 식수는 정수기를 거쳐서 나온 물을 콜라 머신에서 다시 한번 정수하는 이중 정수시스템을 사용하기에 물맛 차이에서 오는 이질감 일텐데 라는 이성적인 생각을 하자 괜히 씁쓰레한 기분이 들었다.

맥시마크 꽁화점은 처음에 100평 규모로 개점하였으나 매출이 저조하여 일부를 반납하고 그 장소는 로컬식당이 외부로 점포를 확장하여 영업 중 이었다. KFC 대비 브랜드에서 열세였으므로 점포 위치 선정에서 후 순위로 임차할 수 밖에 없었던 아쉬움이 컸다. 플로어에는 손님들이 식사를 하면서 버린 쓰레기들이 바닥에 뒹굴고 있었다. 무지로 된 치킨 포재와 치킨 뼈 조각 등이 뒤섞인 채로…

이전에 맥시마크 바탕하이점 방문시 철재로 된 파티션이 한쪽으로 기울어져 있는 거 같아서 반대편으로 살짝 밀었는데 썩은 나무가 넘어가듯 쓰러져 버렸다. 바닥 부분을 자세히 보니 조그마한 벌레 알 같은 것들이 가득 들어 있었다. 관리자에게 무엇이냐고 물어보니 개미라고 했다. 좁쌀만한 흰개미…

벽에 설치해 놓은 전원 콘센트도 안으로부터 불룩하게 주변이 부풀어 있었다. 콘센트를 뜯어내 보니 이미 거기도 흰개미들의 보금자리가 되어 있었다. 개점한지 3년 밖에 안된 점포인데 상태는 10년도 더 된 점포처럼 느껴졌다. 주방 뒤 사무실 쪽으로 가니 트렌치가 나타났다. 트렌치는 시골집의 변소처럼 가장 취약한 장소이면서 남들에게 보여주기가 망설여지는 곳이기도 하다. 점포에서 발생되는 오물을 걸러서 하수구를 통해 외부로 배출하는 곳이기 때문이다. 15년전 신입사원으로 입사해서 점포교육을 받을 당시 마지막 과정으로 허리 위까지 잠기는 GT(오물 거름장치)속으로 들어가 청소를 해봤던 기억이 새롭게 떠올랐다. 의무가 동반된 자의적 판단이었는데 당연히 교육과정에는 들어있지 않았다.

무심코 트렌치 뚜껑을 열어보니 반짝이는 껍데기 같은 것이 가득 들어있어서 한동안 상황파악이 제대로 되지 않았다. 잠시의 정적이 지나자 쌍방은 현 상황을 비로소 인지하게 되었다. 반짝이는 껍데기는 날아다니는 큰 바퀴벌레 무리였으며 상황을 인지한 바퀴벌레들은 몸을 숨기기 위해 일사분란 하게 움직이는 과정에서 바퀴벌레에 가려 보이지 않던 쥐들도 덤벙대며 함께 도망가기에 바빴다. 처음 보는 광경에 잠시 넋이 빠져 있는데 이번에는 뭔가 눈앞으로 1m가량 힘차게 튀어 오르더니 발 옆에 툭 떨어졌다. 자세히 보니 길이가 10cm쯤 되는 지네였다. 검고 반짝거리는 지네가 놀라 허둥대고 있었다. 조건반사적으로 처리하고 나서 트렌치 뚜껑을 덮었다. 뭐가 더 나올지 두려웠기 때문이었다.

개미 얘기가 나왔으니 얘기지만 베트남에서 가까이 하지 말아야 할 개미는 붉은 개미로 저자는 전투개미 라고 불렀다. 온 몸이 붉고 투명한 느낌의 이 개미는 땅에서부터 다리를 타고 올라오기도 하지만 나뭇잎이나 줄기에 붙어있다가 나무아래로 사람이 지나가면 우두두 떨어지면서 공격하기도 한다. 개미와 개미가 서로를 의지하여 나뭇잎에서 사람을 향해 순식간에 떨어지는 것을 보고 있으면 잘 훈련된 특전사 요원들이 레펠을 타고 하강하는 듯한 느낌을 준다. 무더위를 피해 잠시나마 나무그늘 아래로 몸을 피하는 골퍼들

을 향한 무자비한 공격이 시작되는 것이다. 이 개미에 물리면 독성
이 강해 물린 부위가 퉁퉁 부어 오르며 극심한 통증을 동반하는데
한번 물리게 되면 체면이고 뭐고 다 필요없이 바지를 벗고 완전히
퇴치 후 다시 경기를 진행해야만 한다. 어두운 곳을 좋아하는지 속
옷 안으로 숨기를 좋아하므로 여성 골퍼들에게 곤란한 경우가 종종
연출된다.

호치민시 인근에 투득 골프장(베트남CC)이 있다. 탄손넛 CC가
생기기 이전에는 호치민시에서 거리도 가장 가깝고 오래된 골프장
이어서 나무들이 많이 심어져 있으며 여러 종류의 나무들이 있다.
요즘은 소독을 해서 퇴치를 했는지 모르겠지만 붉은 개미가 투득
골프장에 유독 많이 서식하고 있으므로 이곳을 이용할 계획이라면
좀 덥더라도 잎이 넓고 키가 낮은 나무 아래는 피하는 것이 좋다.

점포방문을 해본 결과 시급히 해야 할 일과 목표가 더욱 분명해
지고 있다. 노후화된 시설보수와 품질개선, 그리고 베트남 3대악과
의 전쟁을 시작할 때가 가까워지고 있었다. 우린 점포에서 없어져
야 할 3대악으로 흰개미, 바퀴벌레, 쥐를 선정했다.

회사로 돌아오는 차 안에서 곰곰이 생각해봤다. 모든 것을 바꾸
는 정도의 혁신이 없이 브랜드 재구축을 하기가 어렵다는 생각이
들었다. 점점 깊이 빠져 들어가는 느낌이었다. 그러나 긍정적으로
생각하기로 했다. 어차피 젖과 꿀이 흐르는 나라를 찾아 온 것은
아니기 때문이었다.

베트남 인사이드 _ 다름과 틀림

7시에 출근해서 지금까지 진행사항과 앞으로 해야 할 일들을 정리하고 있었다. 시간이 지나자 직원들이 출근을 하는지 오토바이 시동 끄는 소리, 계단을 올라오는 발자국 소리와 함께 사무실이 소란스러워졌다. 8시가 되기에는 차 한잔 마실시간이 남아 있었다. 영업팀의 찌가 노크를 하더니 조심스럽게 들어왔다. 찌는 베트남 사업초기에 점포관리자로 입사해 근무하다가 출산 후 본사 영업팀으로 발령 받아서 재직중이었는데 영어와 중국어에 능통한 여직원이었다. "굿모닝 미스터 로" 하고 활짝 웃더니 "미스터 곤이 웬딘추 점포 앞에서 택시기사의 멱살을 잡고 싸웠다"고 얘기하며 배꼽이 빠질 듯이 재미있다는 표정을 지어 보이고 내려갔다. 주재원들이 매일 아침 8시에 법인장 방에 모여 대책회의를 하고 있었는데 아마 이것을 알고있는 찌가 회의에 늦을까 봐서 미리 얘기를 해 준 것이었다. 매사에 사려가 깊고 관용적 마인드가 풍부한 찌였다.

평소보다 조금 늦게 회의가 시작되었다. 회의가 끝나고 혹시 회의에 늦은 사정이 있었는지 물어보니 알고 있던 대로 택시기사가 자꾸 길을 돌아가길래 순간적으로 화가 나서 약간의 실랑이가 있었다고 이야기를 했다.

베트남 택시 기사들은 지도를 볼 줄 몰랐다. 사이공이 월맹에 패망하면서 수차례 화폐개혁을 통해 사이공자본을 말살함과 동시에 군부 및 지식인의 숙청을 통한 사회안정을 꾀하였기 때문이었다. 베트남 군부에서 지도를 볼 줄 아는 사람들은 지휘관을 의미했으므로 택시기사에게 지도를 펼쳐서 목적지를 얘기하면 지도를 볼 줄 알더라도 대부분 기사들은 오른손을 좌우로 몇 번 돌려서 모른다는 표시를 하곤 했다. 그러나 주소와 지번을 얘기하면 아무리 구석 골목길이라도 신기할 정도로 잘 찾아주었다. 또한 호치민시는 일방통행 도로가 많아서 지도로 보아서는 바로 옆 도로처럼 보이지만 택시를 타면 몇 블록을 돌아서 갈 수 밖에 없는 경우도 많이 있었다. 당시는 이런 사정을 알기 전이어서 혈기왕성한 한국인의 인내심이 폭발해 버린 것이었다. 그렇게 택시기사와 약간의 실랑이가 있었는데 점포관리자가 이것을 보고 있다가 조금 보태서 본사 영업팀에 전화로 알려준 것이었다. 별일도 아닌 사소한 것들이 전파되는 과정에서 나비효과를 일으킬 수 있음을 보여주는 사건이었다.

2층 회의실에서는 Mr.사토(일본 슈퍼바이저)가 5명의 점장들을 모아 놓고 마지막 영업회의를 주재하고 있었다. 회의실이라고 해봐야 주방 식탁이 있던 자리에 의자를 몇 개 더 가져다 놓은 것이 전부여서 방문만 열면 무슨 회의를 하는지 다 들릴 정도였다. 마지막까지 맡은 임무에 최선을 다하는 사토였다. 무슨 자료가 있는 것도 아니고 노트에 적은 몇 줄의 지시사항을 전달 하는데 여덟시에 시작된 회의가 11시를 넘겨서 계속되고 있었다. 특이하게도 5명의 점장중에서 4명이 미모를 겸비한 여자 점장이었다.

수천년에 걸쳐 벼농사를 지어오면서 형성된 촌락공동체는 자연과 사회에 적응하며 살아오는 과정에서 단결성이 생성되었다. 따라서 공동체를 중시하는 베트남의 관습은 직장내에서도 가족적인 분위기를 선호하게 만들어 직책이나 직급에 따른 호칭보다 안(형, 오빠)이나 엠(동생) 혹은 쭈(삼촌, 아저씨)에 제 3자라는 어이를 붙여서 부르기를 좋아한다. 직원들은 부사장을 보면 쭈어이라고 하며 부사장은 직원들을 엠이이고 부르며 공동체의 친밀도를 유지히고 있었다. 우리가 좋아하는 법인장이나 이사님, 팀장님 같은 호칭은 베트남에서 통역 외에는 사용하지 않으므로 분신과도 같은 호칭을 부르지 않는다고 조금도 섭섭해 할 필요가 없다. 대신 직급이 높은 사람에게는 베트남어로 쎕어이(보스) 혹은 영어식 표현인 미스터(여성일 경우 마담)라는 최고의 존칭을 사용한다.

이처럼 한국이 조직중심 문화라면 베트남은 공동체 문화인 것이 다르다. 공동체 문화의 장점은 단결성이 강하며 체면을 중시하고 섬세하다, 반면 개인보다 공동체를 중요시하며 의존적인 단점이 있다. 결과 하향평준화 하는 경향이 있으며 타 공동체에 대해 배타적인 것이 특징이다. 이런 공동체 문화는 집이라는 매개체를 중심으로 이루어지기에 이를 매우 중요시하며 서로가 공동체 문화에 어긋나는 행동을 하지 않기 위해 노력하고 있는 것이다. 집에서는 누구든 작고 다정한 소리로 상대의 감정을 다치지 않도록 이야기하고 의사결정을 한다. 큰 소리로 욕설을 하거나 면전에서 상대의 기분을 상하게 하는 행동은 베트남의 관습에 어긋나는 행동이 되는 것이다.

반면 우리가 살아온 한국 문화는 정과 한으로 점철된 문화였다. 한이 쌓이면 반드시 풀어야만 비로소 해소가 되는 것이기에 법은 멀고 주먹이 가까운 현실을 주변에서 심심치 않게 목격할 수 있는 것이다. 저자가 거주했던 푸미흥에서도 이런 과격함이 도를 넘어서 돌이킬 수 없는 사태로 이어진 경우가 두어 차례 있었다. 참으로 안타까운 일이었지만 어찌해볼 수 없는 한국인의 문화였다.

베트남에 거주했다고 하면 자주 듣는 질문이 있다. 베트남 통일전쟁의 앙금이 지금도 남아있지 않느냐는 것이다. 그토록 잔혹했던 전쟁의 상흔을 어찌 쉽게 잊을 수 있겠는가? 그러나 결론부터 이야기하면 베트남은 한이라는 문화가 존재하지 않는다. 따라서 폭발할 앙금이 남아있지 않다. 베트남인은 과거의 잘못을 기억은 하되 복수를 통해 해결하지 않는다. 털어버리고 기억하지 않는 것은 현재를 중요시하며 지키려는 성향이 강하기에 가능한 일일 것이다.

다른 것은 틀린 것이 아니다. 우리는 균형 잡힌 중용을 위해 노력하는 협력자가 되어 더불어 살아가는 세상을 만들어 나가야 한다. 자아를 넘어 서로의 다름을 인정하는 유연성을 겸비할 때 비로소 창의성을 발휘할 수 있게 되기 때문이다.

베트남 인사이드 _ 송별회와 아오자이

뭘 하고 지냈는지도 모르게 한달이 지나가 버렸다. 호치민시에 도착한 후 바쁘고 이국적이며 약간의 두려움이 함께 한 시간들이었다. 주재기간이 끝난 사람들은 돌아가고 남은 사람들은 주어진 과제를 해결해야 할 선택의 시간이 다가오고 있었다. 사내들의 헤어짐에 술 한잔이 없으면 안 되기에 전임 주재원들이 자주 가던 장소에서 송별회를 하기로 했다. 레탄똥에서 동득탕으로 이어지는 응오반남 골목에는 보기에도 고급스러워 보이는 단독빌라로 된 주점들이 10여곳 늘어서 있었다. 주점들 앞에는 가로등 불빛에 속옷이 훤히 드러나는 얇은 아오자이를 입은 아가씨들이 줄지어 서서 호객행위를 하고 있었다.

아오자이… 아오는 옷(윗옷)이고 자이는 길다라는 뜻이다. 말 그대로 긴 옷으로 치마가 아닌 바지를 입는데 상의의 양 옆이 길게 터져 있고 터진 상의 사이로 바지가 보이는데 밑으로 길게 터지는 그곳이 묘하게 바지의 허리춤 바로 위에 있어서 이 옷을 입은 여성의 살결이 살짝 보이게 된다. 원래 전신을 다 드러내는 나신보다 살짝 엿보이는 것이 더 강렬한 느낌을 주어 이 옷을 입은 여성을 더욱 아름답게 만들어 주는 것이다. 더구나 열대 지방의 더운 기후를 견디게 하기 위하여 아오자이를 만드는 옷감은 대부분 얇고 통풍이 잘되는 천을 사용하기 때문에 바지를 입고 있어도 안에 입고 있는 옷이 다 드러나 보여 이를 본 대부분의 외국인들에게 탄성을 자아내게 만드는 것이다.

아오자이는 1428년 시작된 후기 레 왕조 시대에 만들어 졌다고 전해진다. 당시 레 왕조는 여성들의 바지 착용을 금지 했으나 남부에서 세력을 확장한 응우엔 푹 코앗이 정부와는 반대로 여성들에게 치마대신 바지를 입게 했는데 이때 만들어진 것이 아오자이 라고 하며 우리가 알고 있는 현재의 아오자이는 프랑스 식민지 시절 가정부를 둔 프랑스인들의 집에서 금전과 소중한 물건들이 자꾸 없어지자 이를 방지하기 위해 옷의 주머니를 모두 없애고 몸에 달라붙게 만들어 입힌 것이 지금의 아오자이가 탄생한 배경이라는 이야기가 있는데 베트남인들의 입장에서 볼 때 유쾌한 이야기가 아닌 것은 분명하다. 이런 이유 때문인지 몰라도 1976년 사회주의 정부가 노동에 부적합하고 퇴폐적이라는 이유로 아오자이 착용을 금지했다가 1986년 도이머이(Doi Moi)정책 추진 이후 완화되었으며 최근에는 각종 예식과 여고생들의 교복, 주요 국영기업체의 제복으로 주로 사용되고 있다.

여고생들이 교복으로 주로 입는 흰색 아오자이는 결혼 이전의 처녀들이 입는 옷을 의미했으나 흰 바지가 주는 불편함으로 요즘에는 검은색 바지에 흰색 상의를 착용하는 학교도 늘고 있다. 결혼 후에는 화려한 칼라와 무늬가 들어간 아오자이를 입는데 호치민 등 남부지역에서는 아오야이라고 발음한다.

한국 주재원들이 다수 모여 사는 푸미흥에는 메콩델타 지역에서 올라온 메이드들이 많이 있다. 시간이 지나면서 마담(사모님)들에게 걱정이 하나 늘어나게 되었다. 서랍에 보관해 두었던 조그만 물건들이 하나 둘 사라지고 있었던 것이다. 주로 화장품이나 액세서리 같은 작은 물건들이었다. 몇몇 마담들이 의기투합해서 범인을 잡겠다고 나섰다. 몇 달 동안 관찰을 게을리 하지 않은 결과 대상자를 어렵사리 압축할 수 있었다. 푸미흥에서 자전거로 5분거리에 있는 떤미 시장에는 메이드들이 모여 사는 하숙집이 있다. 문제는 거기를 어떻게 들어가느냐 였는데 의외로 순순히 메이드가 자기방으로 안내를 했다. 문을 열고 들어가자 오 마이 갓! 손바닥만한 크기의 창문도 없는 방에서 세명의 메이드가 함께 살고 있었는데 온갖 종류의 화장품과 액세서리들이 쌓여 있었다. 그런데 메이드의 얘기가 더 기가 막힌다. 전에 일하던 집의 마담이 주어서 가져다 놓은 것이라고 했다.

메이드도 여성인지라 화장품과 액세서리 같은 것들을 좋아하지만 가장 좋아하는 것은 현금 그것도 달러와 금이다. 주재원들은 비상시에 사용하기 위해 집에 어느 정도의 달러를 항상 보유하고 있다. 방을 청소하는 사이 달러를 책상서랍에 잠깐 넣어둔 게 생각나서 청소가 끝나고 찾았더니 없어졌다면 누구의 잘못일까? 금고를 구입해서 보관하든지 열쇠가 달린 가방에 보관하는 것이 다른 사람을 의심하지 않고 자신도 마음 편히 지내는 방법일 것이다.

리더로 보이는 아오자이를 입은 아가씨가 우리 일행을 보자 활짝 웃으며 2층으로 안내를 했다. 리더를 따라 올라가니 천정과 벽, 심지어 홀에 있는 테이블을 가려주는 커튼과 아가씨들이 입고있는 아오자이까지 온통 흰색이다. 하늘거리는 흰색만으로 이런 분위기를 낼 수 있다는 것이 흥미로웠다. 일본 주재원들이 자주 이용하는 단골집인지 주문을 하지 않았는데 반 병쯤 남아있는 잭 다니엘을 가져오더니 언더락 잔에 얼음을 몇 개 넣은 후 술을 따라서 건네 준다. 마시고 싶으면 마시고 아가씨들에게 억지로 권 하지도 않는 사뭇 건전한 분위기의 주점이었다. 노래를 부르고 싶다고 하면 가라오케를 가져와 설치해 주기도 하는데 주로 대화를 하며 웃고 떠들며 시간을 보내는 주점이었다. 마음에 드는 아가씨가 있으면 몇 번 방문해서 이런저런 이야기를 나누다 시간이 흐르면 자연스레 밖에서 만나 식사를 하면서 베트남어도 배우고 해외생활의 무료함도 달랠 수 있는 시스템으로 운영되는 것이 단신 부임을 주로 하는 주재원들이 이용하기에 좋을 거 같다는 생각이 들었다. 긍정적인 삶과 열정적인 주재 생활을 위해서는 약간의 핑크 빛 삶도 필요하기에… 취하도록 마시고 노래하다 밤문화까지 섭렵해야 만족하는 한국 주당들이 이용하기에는 아쉬움이 많을 것 같은 송별회였다.

사또에게 영업회의를 왜 그렇게 오래하느냐고 물었다. 베트남인들은 몰라도 모른다는 말을 하지 않기 때문이라는 것이다. 그런데 모르고 있다가 나중에 일이 잘못 되었을 때 절대 그것을 인정하지 않는다는 것이다. 베트남 통일전쟁과 사회주의가 남긴 아픈 문화였다. 내가 잘못을 인정하면 반동으로 몰려 가족 모두가 처형을 당했기에 차라리 모든 것을 부정해서 나를 희생하더라도 가족만은 구하려는 눈물겨운 노력이 베트남인들은 어떤 경우라도 100가지의 핑계를 말할 수 있는 문화를 만들었다. 한번 이야기하면 될 것을 네 번 다섯 번 이야기를 해야 그나마 안심이 되기 때문에 1시간이면 끝날 회의를 4시간 5시간씩 한다고 한다. 영업팀장은 극한의 인내를 감내해야 되겠구나 생각하니 벌써부터 걱정이 되기 시작한다. 미스터 곤이 교회라도 좀 나갔으면…

베트남 인사이드 _ 옴 문화

베트남 생활이 얼마 되지는 않았지만 베트남에 와서 느끼는 것은 사람들이 여유가 있고 편안해 보인다는 점이다. 손님이 없어서 한산한 가게 여점원도, 당구장에서 맥주한병을 앞에 두고 시간을 보내고 있는 남자도, 사이공 스퀘어에서 열정적으로 짝퉁 가방을 파는 아가씨도, 오토바이를 타고 가다 스콜을 만나 우의를 꺼내 입고 있는 사람들 조차도 조급함이나 걱정은 조금도 없어 보인다. 크고 작은 사고로 부대끼는 거리에서부터 늦은 시간의 전통시장까지 인상을 쓰거나 화를 내는 모습을 찾아보기가 힘들었다.

그렇게 편안한 모습으로 여유롭게 낮시간을 보내고 밤이 되면 쌍쌍이 오토바이를 타고 거리로 진출한다. 오토바이 뒤의 여자가 남자 허리를 꼭 껴안고 가면 연인 사이이고 따로 떨어져서 가고 있으면 썸 타는 중… 애인이 없으면 혼자서도 돌아다니지만 가끔 남자가 뒤에 타고 다니는 경우도 있다. 여성을 존중하고 배려하는 마음이 없는 덜 떨어진 인간이다. 이렇게 시내를 돌아다니다가 몰려가는 종착지는 정해져 있다. 사이공강 여객선 터미널, 공항 슈퍼볼 근처, 개발이 한창 진행중인 푸미흥 신도시 나무아래나 벤치의자는 호치민시에서 젊은이들이 모여 사랑을 나누는 대표적인 곳이었다. 이곳에 오토바이를 세워 두거나 오토바이에 걸터앉아 대담한 사랑을 나눈다. 처음보는 공개된 애정행위에 우리는 문화적 충격에 빠져 신기한듯 쳐다본다.

법인장님 베트남 사람들은 성격이 참 좋은 거 같습니다. 뜬금없이 관리팀장이 종종걸음으로 들어오면서 하는 말이다. 아침부터 베트남 사람들이 뭐가 그리 좋은가요? 네! 출근해서 회사 앞에서 담배를 피우고 있는데 누가 다가오더니 오토바이를 태워 준다고 하는 겁니다… 전 괜찮다고 하는데 자꾸 타라고 하길래 뿌리치느라 애를 먹었습니다. 관리팀장이 인상이 좋아서 그랬겠지요… 다음날 관리팀장이 고민스런 모습으로 머리를 좌우로 흔들며 들어왔다. 또 무슨 일이 있나요? 아 네 법인장님! 어제 저 보고 오토바이 태워준다고 한 사람 있지 않습니까? 그 사람 가지않고 아직 그 자리에 있습니다. 저기 저 사람이요… 관리팀장이 가리키는 창밖을 보니 도로 맞은편 오토바이에 세상에서 가장 편안한 자세로 한 사람이 누워 있었다. 쎄옴(Xe Om) 기사였다.

쎄옴(영업용 오토바이)은 영업 구역이 정해져 있어 자신의 영업 구역 내에서만 손님을 태울 수 있다. 즉 태우고 가는 건 되나 다른 지역에서 태우지는 못하는 것이다. 한 자리에서 수십년 씩 영업을 하다 보니 오토바이 번호만 보고도 어디에 사는 누구인지 알고 있을 정도로 지역 사정에는 훤하다. 이런 이유로 지역 공안의 정보원 역할도 해 가면서 보호도 받는 악어와 악어새와 같은 공생 관계가 되는 것이다. 필요할 때 도움을 받을 수 있으므로 쎄옴 기사와는 평소 좋은 관계를 유지하는 것이 좋다.

베트남은 "옴"자가 붙은 단어가 많다. 쎄는 탈것이고 옴은 껴안는다는 의미이니 오토바이를 껴안는다 즉 오토바이가 달리면 위험하니 뒷자리에 앉은 사람은 떨어지지 않기 위해 운전기사의 허리를 꼭 껴 않고 탄다고 해서 생긴 말이다. 비아옴(Beer Om), 맥주를 껴안는다는 의미는 아닐 것이니 맥주를 마시면서 서빙하는 아가씨를 껴 않는 것이 어느 정도까지는 허용되는 곳이다. 까페옴(Café

Om)이란 곳도 있다. 말 그대로 까페를 껴안는 것이 아닌 불빛 하나 없는 까페에서 연인끼리 손을 잡거나 포옹한채 커피나 맥주 등을 마시며 데이트 하는 곳이다.

저자도 베트남 초창기시절 까페옴 이란 곳을 한번 경험하고 싶어 통역에게 특별히 부탁한 적이 있었다. 통역이 짓궂게 웃으며 그걸 어떻게 알았느냐고 하더니 쩌여이(Troi oi, OMG)를 반복했다. 기다려 보라고 해서 기다리니 며칠 후 퇴근시간이 지나 주변이 어둑어둑 해지자 자신의 오토바이 뒤에 타라고 했다. 아직 오토바이를 타본 적이 없어서 엉거주춤 올라타니 허리를 꼭 잡으라고 하는데 베트남 여자들이 옷을 타이트하게 입는지라 손에 잡히는게 없어서 그냥 허리에 손만 올려놓고 가는 모습이 되었다. 처음 타보는 오토바이가 신기하기도 하고 잡을 것이 없어 위태로운 상태에서 그렇게 한참을 가다 보니 어느 가게 앞에 이르렀는데 오토바이를 세우고는 주차확인표와 오토바이를 교환했다.

타이거맥주 표시에 네온으로 된 간결한 간판이 있고 안내하는 종업원을 따라 내부로 들어가는데 이건 정말 칠흑같은 어둠밖에 아무것도 보이는게 없었다. 다행히 종업원이 조그마한 손전등을 켜서 발 밑을 비춰주길래 따라가니 빈 의자가 있어 가서 앉았더니 메뉴판을 펼쳐서 포인트 손전등으로 보여주었다. 늑짠(레몬쥬스)을 주문하고 주변을 돌아봐도 어둠 외에는 보이는 것이 없이 캄캄하고 사람들은 있는 것 같은데 조용하였다. 스트로우를 손으로 더듬어서 입에 넣고 한 모금 마시는데 귀에 들리는 건 모기가 날아다니는 소리 뿐이었다. 오래 있기도 그렇고 더 있어도 별로 경험할 것이 없을 거 같아 돌아가자고 하니 종업원을 부르자 들어올 때와 같이 포인트 손전등으로 앞에서 안내해 주었다.

다음날 기억을 더듬어 어제 갔던 곳을 다시 가보게 되었다. 밤에만 영업을 하는지 조그만 인공 저수지 옆에는 바닥도 벽도 없이 물야자 잎으로 지붕과 벽만 가려 놓은 허름한 집에 나무로 만든 조잡한 의탁자만 몇 개 덩그러니 놓여 있을 뿐이었다. 허탈한 마음으로 돌아서는데 원효대사가 떠올랐다. 해골에 고인 물도 모르고 먹었을 때는 감로수처럼 달지 않았었던가…

어느덧 우리는 옴문화를 보는 것에 익숙해져 가고 있었다. 퇴근 후 집으로 돌아와서 저녁 운동을 가려고 집을 나서면 나무 벤치에는 젊은 연인들이 쌍쌍이 얼굴을 맞대고 붙어 있었다. 땀을 흠뻑 흘리며 푸미흥 신도시를 한바퀴 걸어서 돌아오면 약 1시간 반 정도 걸리는데 그때까지 미동도 없이 나갈 때와 같은 모습으로 있는 것을 보며 젊은 사람들에게만 주어지는 특권이지만 더운 날씨에 대단하다고 혀를 차곤 했었다.

눈으로 보는 것은 익숙해서 무감각해 졌지만 비즈니스 관계에서 자연스럽게 포옹을 하기에는 아직 어색함이 남아 있는 것을 느끼며 문화란 것이 그렇게 단기간에 보고 느낀다고 내 것이 되는게 아니구나 라는 생각이 들었다.

브랜드 리빌딩 활동

베트남 인사이드 _ 투자계획부와 이민국

　부사장이 노크를 하면서 방으로 들어왔다. 부사장은 베트남 파트너(티엔난)측 대리인으로 바이스 체어맨과 부사장 두개의 타이틀을 가지고 있었다. 대외적으로는 회사를 대표하는 바이스 체어맨 역할을 하면서 내부적으로는 현지인들의 인사관리와 정신적 지주로서의 부사장 역할을 했다. 환갑을 훌쩍 넘긴 백발이었으나 작고 당당한 체구와 꾸밈 없는 서글서글한 미소로 사람을 끌어 당기는 친화력이 좋은 사람이었다. 베트남 통일전쟁때는 월남군 장교로 활동했는데 월남 패망 후 꼰다오 정치인 수용소에 수감되어 여러 차례 죽을 고비를 넘기고 살아 남았다고 했다. 수용소에서 살아나올 수 있었던 것을 신이 함께 해 주신 것으로 마음으로부터 믿고 있는 독실한 카톨릭 신자였다. 베트남 법인의 현지 파트너는 티엔난 이라는 페이퍼 컴퍼니에 투자한 두 명의 베트남 여성으로 닛쇼이와이와 비즈니스 관계를 맺고 있었다. 파트너 중 한명은 미모에 아름다운 목소리를 겸비하고 있어 월맹군 소속 아나운서로 활동하였으며 다른 한명은 재력을 겸비한 캄보디아계 여성으로 역시 월맹군 장교였는데 그들이 어떻게 부사장을 만나서 비즈니스 파트너가 되었는지 이야기를 들은 적이 없다. 다만 파트너들을 만나서 물어보면 자기들이 총을 쏴서 부사장을 잡았다고 손짓 발짓 해가면서 유쾌하게 이야기하곤 했는데 그럴 때면 부사장은 다소 상기된 모습으로 불편해하는 기색이 얼굴에 드러났다. 살아온 환경에 순응하며 서로 다른 사상을 추종하고 있었기에 속내를 드러내는게 편치 않아 보여 더 이상 자세히 물어보지는 않았으므로 내가 아는 것은 여기 까지다.

미스터 "로" 투자계획부와 이민국에 인사를 하러 가는 것이 어떻습니까? 부사장이 매우 정중하면서 조심스러운 말투로 질문을 했다. 새로 주재원들이 부임해서 한달이 지나갔으므로 주재원 개인에 대한 파악은 끝났을 것이라 생각했다. 또한 점포 허가와 심사에 결정권을 가지고 있는 투자계획부에 인사를 하러 감으로써 주재원들에게 자신의 역할을 각인 시키고 국장과의 관계를 이어가는데도 좋다고 생각하는 것 같았다. 그렇지 않아도 일본 주재원들이 돌아가고 나면 투자계획부를 찾아가 인사를 하려고 생각하고 있던 참이어서 흔쾌히 동의를 했다. 사전에 준비해야 할 것이 있는지 물어보니 그냥 인사만 하면 된다고 하길래 날짜를 정해 달라고 하자 큰일이 하나 해결된 듯한 표정으로 돌아갔다. 잠시 후 다시 노크를 하고 들어와서는 인사대 동방학부에 한국어를 잘 하는 교수가 있으니 같이 가는 것이 어떠할지 묻길래 그렇게 하자고 하자 밝은 표정으로 돌아갔다.

안녕하세요 저는 "란"입니다. 투자계획부 앞에서 처음 본 동방학부 한국어학과 교수는 뜻밖에도 큰 키에 앳된 표정을 지닌 20대 후반의 젊은 여성이었다. 베트남에 있는 한국어학과 교수 중에는 북한 말투를 사용하는 경우도 많았는데 서울 말씨를 쓰고 있었다. 란 교수는 인사대에서 한국어학과를 졸업하고 서울대 어학당에서 한국어 석사과정을 마친 후 교수 생활을 하고 있는 중이었다. 명함을 주고 받은 후 회의실로 가서 기다리자 잠시 후 국장이 들어오길래 인사를 하니 차를 내어왔다.

처음 만나 의례적인 인사말과 함께 좋은 분위기로 대화가 잠시 이어지고 나서 갑자기 국장이 심각한 표정으로 뭐라고 얘기하니 부사장과 함께 통역도 얼굴이 굳어졌다. 뭔가 일이 잘못 되어가고 있구나 직감하는데 왜 라이센스 허가에 있는 데로 식품가공공장 투자를 하지 않느냐는 것이었다. 처음 듣는 말이라서 그냥 듣고 있었다. 외투기업이 운영하는 레스토랑이 로컬식당이랑 뭐가 다르냐고 실망스럽다는 이야기를 하는데 점포방문을 하면서 느끼던 터라 공감을 할 수 밖에 없었다. 그 동안 투자부진에 따른 불만이 많았었는지 급기야 패스트푸드 업종은 베트남 정부에서 환영하는 외투업종이 아니다 라는 이야기까지 했다. 하고 싶었던 말을 다 했는지 이야기가 끝나자 좀 머쓱한 표정을 지으며 다시 화기애애한 분위기가 되었다. 이 때다 싶어 지금 점포가 5개 밖에 없어 공장을 투자해도 가동율이 떨어지니 점포가 20개 정도 되는 시점에 투자를 하는 것이 어떠할지 의견을 구하자 잠시 골똘히 생각하더니 표정이 밝아지며 꼭 그렇게 해 달라고 했다. 지금까지 쇼핑센타에 한해서 투자 허가를 해 주었는데 공장투자에 대한 약속을 믿고 앞으로 시가지에도 점포투자를 허가해 주겠다는 약속을 했다.

투자계획부를 나와서 이민국을 방문해 국장과 면담을 했다. 투자계획부와 다르게 인상 좋아 보이는 이민국 관리는 우리와 같은 주재원들이 베트남에서 안전하게 생활 할 수 있도록 돕는 것도 자신들의 역할이므로 앞으로 어려움이 있으면 도와주겠다며 명함을 내밀었다. 차 한잔 마실 정도로 짧은 방문이었지만 사람을 끌어당기는 친화력이 넘치고 있었다.

투자계획부와 이민국 방문을 마치고 돌아오는데 왜 점포가 모두 슈퍼마켓이나 호텔에 있었는지 비로소 이해가 되었다. 또한 생각지도 못하던 투자요인이 발생했지만 식품공장 투자도 2~3년 유예되면서 사업확장 여부를 좀 더 검증해 볼 수 있는 여유를 갖게 되었으며 한국어를 전공한 교수를 알게 됨으로써 베트남에 대한 부족한 정보와 우수한 직원을 채용하는데 많은 도움이 되었다. 며칠 후 란 교수에게 연락하여 베트남어 공부를 시작했다.

이민국을 방문하고 난 뒤 한달 정도 지났을 무렵 공안들이 밤 12시에 구두를 신은 채 주재원들의 거실로 들이닥쳐 여권과 임시 거주신고 책자를 일일이 대조하며 검사하고 돌아갔다. 이 후에도 몇 차례 불시에 들이 닥쳐서는 불법거주자 색출을 하곤 했다. 처음 구두를 신은 채 거실에 들어와 임시 거주신고 책자와 여권을 검사할 때는 약간의 긴장과 함께 불쾌함도 있었는데 두 세번 반복되면서 길가에 서있는 공안을 바라보듯 무감각하게 변해 버렸다. 모든 서류를 합법적으로 구비해 놓았기 때문에 공안이 트집 잡을 것이 없었기 때문이다.

베트남에 거주하기 위해서는 임시 거주신고와 거주증을 발급받아 생활해야 한다. 임시 거주신고는 외국인이 베트남에 체류할 때 어디에 체류를 하던 반드시 관할 경찰서에 해야 하는데 호텔에 묵을 경우 호텔측에서 직접 신고를 하므로 상관없으나 일반주택에 거주하는 모든 거주자는 반드시 임시 거주신고를 하여야 하며 집주인은 세입자에게 임시 거주신고를 할 책임을 알려주게 되어 있다. 임시 거주신고 책자는 문구점에서 파는데 여기에 이름, 여권번호, 여권발급일, 여권발급처, 비자기간 등을 기록한 후 관할 공안에 신고를 하면 되며 임시 거주신고 책자는 항상 집에 보관해야 한다. 신고는 보통 집주인이 하게 되는데 신고를 하지 않았을 경우 50만동에서 200만동의 벌금이 세입자와 집주인에게 함께 부과되기 때문이다. 또한 베트남 부인을 둔 외국인이 처갓집이나 친척집에서 잠을 자게 되는 경우에도 관할 경찰서에 임시 거주신고를 해야 한다. 만약 이런 사실을 모르고 공안의 단속을 받게 되면 즐거운 베트남 방문이 기분을 상하게 할 수도 있기 때문이다.

이와 별도로 외국인에게 세를 놓을 때 집주인은 반드시 정부의 허가를 받아야 하는데 임시 거주허가서가 없을 때 세입자도 같이 불이익을 받기 때문에 미리 확인을 하는 것이 좋다. 만약 임시 거주신고를 해주지 않는 집주인이 있다면 임시 거주허가서가 없는 경우이므로 계약을 할 이유가 없다고 보면 된다. 임시 거주신고는 비자를 새로 받거나 연장하면 신고 역시 다시 해야 한다.

거주증(레지던스 카드)은 베트남 정부에서 지정하여 출입국 관리국에서 외국인이 베트남에서 거주할 수 있는 거주확인서다. 보통 1년에서 3년까지 여권만기일 이내에서 발급해 주는데 6개월마다 비자를 연장하고 임시 거주신고를 해야 하는 번거로움을 없애고 비자발급에 따른 비용절감도 기대할 수 있다. 저자의 경우 베트남 내 지방출장이 많았는데 분실우려로 인해 일일이 여권을 가지고 다니기 불편한 경우 거주증이 있으면 전국에 있는 어느 호텔이라도 숙박이 가능하기 때문에 유용하게 활용할 수 있었다. 베트남은 임시 거주신고 문제가 있어 호텔에 묶을 경우에도 모든 사람이 여권이나 거주증이 없으면 호텔 체크인을 거부당하므로 반드시 지참하고 있어야 한다. 한번은 베트남 오토바이 면허증으로 호텔 체크인을 시도해 본 적이 있었는데 단번에 거절당하였다. 거주증을 발급 받을 수 있는 자격은 베트남 사람과 정식 결혼을 한 사람이거나 베트남 외국인 투자회사의 대표자, 합자회사에 투자한 사람 및 이사회멤버, 정식 노동허가를 득한 사람 등이며 자격을 갖춘 사람 중에서 베트남에 1년이상 거주한 사람에 한한다. 또한 해당되는 사람의 가족노 동일하게 거주증을 받을 수 있는데 이 경우 주민등록등본을 번역하여 공증을 받아 제출하면 된다. 주민등록등본 번역은 공증사무소 인근에 있는 번역사무소에서 하면 된다.

베트남 인사이드 _ 우선순위와 점포환경 개선

2월의 호치민시는 아침공기가 제법 선선한 것이 초가을의 느낌이 났다. 우기가 끝나고 건기로 접어드는 12월에서 2월이 베트남 남부 지역의 기후가 일년 중 가장 좋은 계절에 해당한다. 하늘은 푸르고 새털구름은 낮게 걸려 한국에서 프로골퍼 지망생들이 전지훈련을 많이 나오는 계절이기도 하다. 길거리에는 노란색 프라이드 비나택시와 먼지를 일으키며 달리는 현다이 트럭이 마음을 편하게 해 주었다. 다양한 종류의 버스가 한국어를 단 채 돌아다니고 있었는데 한국어가 붙어 있어야 수입차량으로 대우를 받을 수 있었다. 한국어 스티커를 떼었다가 도색 후 다시 붙이는 과정에서 글자의 위치가 바뀌는 것은 물론 도무지 읽을 수 없는 한글을 만들어 붙인 차량도 있어 쓴웃음을 지어야 했다. 우이동이 종점인 시내버스도 있었는데 IMF때 한국으로부터 수입한 버스라고 했다. 호치민시 외곽의 야지에는 한국에서 수입된 각종 중장비가 산처럼 쌓여서 판매나 대여를 기다리고 있었다. 노틀담 성당을 지나 통일궁 앞을 지나는데 통일궁 광장에 심어 놓은 떡잎 잔디가 아침 햇볕에 유난히 반짝이고 있었다. 한 겨울에 푸른 잔디를 보는 것이 신기하다는 생각이 들었다. 베트남 통일전쟁시 통일궁을 무혈 입성해 전쟁을 종료시킨 소련제 탱크가 통일궁 한쪽에 전시되어 있었다. 주재국이 호치민시 라는 생각이 들며 처해진 상황을 제대로 인식하지 못하고 있는 자신이 한심하게 생각되었다.

회사에 도착해서 지금까지 습득한 자료와 정보들을 활용하여 앞으로 해야 할 일에 대한 우선순위를 정리해 보았다. 호치민시의 GDP는 1,500달러를 상회하는 수준이어서 외식사업을 추진하기에 적당한 조건이 되어가고 있었다. 주재원들과 모여 회의를 한 결과 구조적인 문제에 대한 근본적 해결방안을 모색하기로 했는데 우선적으로 해결해야 할 과제를 다음과 같이 선정했다.

- 브랜드 이미지개선: 점포 인테리어, 익스테리어 개선_ 단기 과제

- 제품개선 및 신제품 개발과 원가개선: 매출 활성화 및 수익성 개선

- 신규점포 개발 활성화: 핵심상권 플래그십 점포확보

- 점포위생 및 교육강화: 로컬 브랜드와 차별화 요소 강화, 교육시설 투자와 내부강사 확보

이렇게 네 가지 카테고리를 정해 전반적인 브랜드 리빌딩을 시작하였으나 투자계획부를 방문하여 국장을 면담하고 난 후 여기에 몇 가지가 추가 되었다.

- 식품가공공장 건설: 라이센스 허가조건_ 중장기 과제

- 대형 소매시설내 출점 확대: 시가지 점포(Stand Alone Type) 진출확대에 대비한 테스트 점포로서의 기능_ 단기 과제

- 파트너, 현지인과의 소통강화: 파트너들은 베트남 투자법상 지위와 역할이 있어 지분에 상관없이 만장일치 의견을 필요로 했다. 직원들은 잘못을 지적하면 항상 남에게 탓을 돌리거나 또는 회사의 잘못으로 치부하는 경우가 다반사였는데 의식전환을 위한 교육시스템 구축의 필요성

위의 7가지 해결과제는 상호간에 연결 혹은 중복되는 경우가 많

아 우선순위와 상관없이 동시다발적으로 진행되어야 할 사항들이었다. 우리는 이번 개선을 통해 브랜드 이미지의 대변혁을 도모하기 위해 ALL NEW LOTTERIA로 슬로건을 정했다.

투자계획부에 다녀온 후 새로운 걱정이 생겼다. 국장이 얘기하던 바로 로컬식당과 차별요소가 없는 당사 브랜드 이미지를 어떻게 개선해야 할 지를 두고 고민에 빠졌기 때문이다. 주재원들이 모여 회의를 한 결과 눈에 보이는 부분부터 변화를 주기로 했다. 첫번째 과제가 정해지자 담당별로 업무를 구분해 세부 스케줄을 작성하는 한편 실무적인 업무도 병행했다. 점포의 어닝으로 된 간판은 햇볕에 바래고 낡아 존재감이 없어 보였으므로 아크릴로 된 간판으로 변경하기 위해 마트측과 신규간판의 크기와 위치 및 작업일정을 협의했다. 청색으로 된 메뉴보드는 따뜻하고 음식의 식감을 살려주는 필름으로 변경했다. 대중식당 이미지를 주는 의탁자도 신규발주를 함과 동시에 객장 보수범위와 공사계획을 인테리어사와 협의했다. 주방기기는 기존에 사용하던 것을 재활용하기로 방침을 정하고 교체대상 기기의 리스트 작성에 들어갔다. 모든 작업은 3개월 이내에 완료하는 것을 목표로 계획을 수립했다. 기존점 보수만 하면서 시간을 보내기에는 첫해에 해야 할 일들이 산적해 있었기 때문이었다.

약 한달 반 정도 시간이 지나자 한국으로부터 사이공 항에 간판과 의탁자를 실은 컨테이너가 도착했다는 연락이 왔다. 그런데 한 가지 문제가 있었다. 사소한 것이었지만 낮시간에는 트럭이 도심에 들어가지 못하게 되어 있었기 때문이다. 저녁 9시가 지나야 세관에서 물품 출고작업이 가능했다. 또 다른 문제도 있었는데 간판을 설치하기 위해서는 사다리가 달린 굴절차량이 필요했지만 구할 수가 없었기 때문이었다. 베트남 전력회사 같은 국영기업 이외에는 이런 차량에 대한 수요가 없었고 그러다 보니 어디에서도 이런 차량을 대여해 주는 곳이 없었던 것이다. 시설 업무를 조금만 해 봤으면 신입사원이라도 알고 미리 대비했을 법한 기본적인 일들이 우리에겐 모두 처음 해보는 낯선 업무라 생소했다. 고민스러운 상황이었지만 시간만 보낸다고 해결될 일이 아니었으므로 일단 부딪쳐 보기로 했다. 간판설치는 야간에 진행하고 굴절차량 대신 인력을 동원해서 설치하기로 했다. 작업에 필요한 인부들은 인테리어 회사에서 조달해 주기로 협의가 되었다.

점포 부분보수 계획을 최종 점검한 후 시간이 되자 바탕하이 맥시마크 점포의 간판을 부착하러 갔다. 저녁 9시경에 점포에 도착해서 간단하게 햄버거로 저녁식사를 마친 후 기다렸다. 1시간 정도 지나자 사이공 포트에서 간판을 싣고 출발한다는 연락이 왔다. 도착할 시간이 지났는데도 트럭은 보이지 않고 기다림에 지쳐갈 무렵 드디어 간판을 실은 트럭이 점포 앞으로 모습을 드러냈다. 간판 1조를 싣고 오는데 그렇게 큰 트럭이 필요한지 처음 알았다. 시간은 밤 11시를 넘어가고 있었다. 묻지도 않았는데 포트에 나가 간판 출고업무를 진행했던 구매팀 후이는 손으로 트럭이 지나온 곳을 가리키며 연신 폴리스! 폴리스! 라고 했다. 사이공 포트를 나와 이곳으로 오다가 공안에게 잡혀서 늦어졌나 보다 생각하며 굿잡! 하면서 어깨를 두드려 주니 겸연쩍은 듯 웃는다. 당시 베트남 법인에는 영업팀과 회계팀 구매팀이 있었는데 회사의 규모가 적었으므로 매니저 한 명에 담당 1명이 모든 업무를 처리하고 있었다.

저자가 본사 회계팀에서 계상으로 근무할 당시 결산납낭 업무를 하고 있었는데 과장님으로부터 중국 법인에 수출하는 원재료를 차량에 선적하는 것을 점검하고 오라는 지시가 있었다. 지금 같으면 어느 부서에서 해야 할 업무인지를 가려서 해당부서에 전달을 하는 것으로 역할을 대신했겠지만 당시에는 원재료를 해외에 수출하는 것이 궁금하기도 했다. 과장님의 지시대로 부서직원 2명과 함께 창고에 도착해보니 빈 화물트럭이 한대 임시로 마련한 창고마당에 주차해 있었는데 원재료는 함석 지붕으로 만들어진 창고에 가득 쌓여 있었다. 회사로 전화하니 연락하는 의도와 다르게 금일 중으로 차량에 실어서 보내야 수출기일에 맞출 수 있다고 이야기했다. 중국으로의 첫번째 수출물량 선적이다 보니 이 일을 할 수 있는 부서와 담당인력이 정해지지 않았던 것인데 아마도 알아서 처리하고 돌아오라는 의미로 들렸다. 8월초의 뙤약볕에 땀을 억수같이 흘리며 창고에 있던 원재료를 트럭으로 모두 옮겨 실었다. 작업이 끝나자 갑자기 현기증이 몰려왔다. 구매팀 후이를 보자 잊혀졌던 옛 생각이 되살아났다.

대형 트럭에는 짙은 갈색 알미늄 프레임에 아크릴로 제작된 높이 1.2M 길이 12M짜리 간판이 몇개로 분리되어 나무로 튼튼하게 짜여진 프레임 안에 들어 있었는데 생각보다 꽤 커 보였다. 나무로 된 프레임을 모두 제거한 후 간판들을 점포 앞 보도 블럭 위에 내려놓고 나서 화물차는 돌아갔다. 마트 옥상위에 올라가 있던 인부들이 내려준 밧줄을 간판 양쪽에 걸면 옥상에서 대기하고 있던 인부들이 위에서 줄을 천천히 잡아당기고 우리는 아래에서 간판이 기울어져 떨어지지 않도록 손짓을 해가면서 알려주곤 했다.

간판이 부착될 위치에 도달하면 밧줄을 몸에 묶은 기술자가 옥상에서 10m는 되어 보이는 마트 벽을 타고 내려와 앙카를 벽에 박은 후 간판을 고정시켰다. 간판 숫자만큼 이런 작업을 반복하고 나면 이번에는 전공이 몸에 줄을 묶어서 타고 내려와 고정된 간판과 간판 사이에 드릴로 구멍을 뚫고 전선을 연결하는 작업을 되풀이했다. 영화에서나 보던 스파이더맨이 연상되었다. 우려했던 안전사고와 추락으로 인한 간판 파손없이 12m짜리 간판을 마트벽에 모두 설치하고 나서 간판 점등을 했다. 60개에 달하는 형광등이 일시에 켜지자 갑자기 주변이 대낮처럼 밝게 변했다. 지나가던 오토바이들은 잠시 가던 길을 멈추고 새벽에 도심에서 벌어지고 있는 희한한 광경을 구경하느라 도로를 가득 메웠다. 생전 처음 해보는 낯선 일이었지만 조그마한 실수도 없이 완료하게 되자 가슴속으로부터 뜨거운 감정이 울컥 솟아올랐다. 한참을 그렇게 도로위에 서서 베트남 사람들과 함께 거리를 환하게 밝히고 있는 간판을 바라보았다.

밤새 고생한 팀원들과 구매팀 후이 인테리어 최사장에게 고마운 마음을 전했다. 일이 끝나자 끈적이는 더위와 피로가 한꺼번에 밀려왔다. 시계를 보니 새벽 네시 반을 지나고 있었다. 현장에 있던 인력들을 철수시킨 후 주재원들과 함께 푸미흥으로 돌아오는데 누구 하나 피곤한 기색을 비치지 않았다. 일에 대한 열정과 책임의식으로 단단히 무장된 롯데리아 최고의 주재원들 이었다. 출근을 하기위해 잠시 집으로 돌아오는 길에 살짝 불길한 예감이 들었다. 간판 한 개 교체하는 것도 이렇게 힘든데 본격적으로 사업을 추진하다 보면 또 무슨 일들이 기다리고 있을까 하는… 불행하게도 이런 예감은 우려가 아닌 현실이 되어 우리 앞에 기다리고 있었다.

처음이라 시행착오도 있었지만 얻은 것도 있었다. 오후 시간에 미리 사이공 포트에 물품 반출허가를 받아 놓으면 화물차 통금이 해제되는 저녁 9시부터 오래 기다리지 않고 물품 출고가 가능해 시간을 절약할 수 있었다. 또한 지역공안과 차량이 통과하는 구의 공안에게는 사전에 약간의 로즈머니와 함께 양해를 구해 놓으면 불필요한 검사를 받지 않을 수 있고 오히려 작업현장 주변 통제도 기대할 수 있어 작업에만 전념할 수 있었다. 그렇게 작업시간을 단축한 결과 다음 점포부터는 새벽 2~3시를 전후하여 간판 설치작업을 끝낼 수 있게 되었다.

간판과 더불어 인테리어 부분보수도 야간 시간대를 이용해서 해야 했다. 슈퍼 내부에 점포가 있었으므로 슈퍼가 영업중인 낮 시간에는 보수를 허가 해 주지 않았기 때문이다. 낮과 밤이 뒤바뀌어 두 달이 지나자 5점포에 대한 내, 외부 환경개선을 모두 끝내고 말끔하게 새 옷을 입힐 수 있었다. 점포를 이용하는 고객들의 표정에서 점포 이미지 개선에 따른 만족감을 느낄 수 있었다.

두 달에 걸쳐 간판교체와 매장 부분보수 그리고 의탁자와 테이블을 교체하자 점포당 매출이 평균 40% 신장했다. 기존의 매출이 워낙 미미 하였으므로 큰 의미를 부여하기는 어려웠으나 밤을 새워가면서 고생한 보람이 느껴지는 순간이었다. 그러나 무엇보다 호치민시 밤거리를 돌아다니다 보면 시선을 잡아 끄는 붉은색 간판과 우중충함을 벗어버린 밝은 모습의 점포를 보면서 이제야 우리 브랜드가 가지고 있는 DNA가 나타나는 것 같아 마음에 뿌듯함과 동시에 위안이 되었다. 이제 동남아 시장의 절대강자 KFC와 필리핀에서 거대한 제국을 이룬 졸리비와의 한 판 경쟁을 해 볼 수 있을 거 같은 생각에 설레임이 느껴지는 것이었다. 그러나 아직까지는 경쟁관계 라기보다 시장을 함께 키워 나가야 하는 동반자 관계였다.

KFC는 슈퍼볼 이라는 괴물을 등에 업고 있었다. 슈퍼볼 이라는 볼링장은 유난히 낙천적이면서 놀기를 좋아하지만 마땅한 놀거리가 없던 호치민 젊은이들이 모여 놀기에 안성맞춤이었다. 그래서인지 공항 근처에 있는 슈퍼볼 앞 도로에는 밤만 되면 젊은이들이 쌍쌍이 오토바이를 타고 몰려와 밤 늦도록 사랑을 나누다 돌아가는 명소가 되어 있었다. 당시 슈퍼볼은 공항인근과 1군 다이아몬드 백화점 5층에 있었는데 슈퍼볼과 KFC는 투자자가 동일한 이유로 인해 대형매장을 슈퍼볼 내에 출점할 수 있었던 것이다. 통일궁 인근에 있는 다이아몬드 백화점 5층 슈퍼볼 내에 있던 KFC 점포는 대형매장에 월매출이 $100,000에 달하고 있어 롯데리아 전체 매출보다도 많았으므로 경쟁에서 가장 유리한 입장이었다. 또한 대형 슈퍼마켓에 있는 KFC 점포는 브랜드 인지도가 높아 좋은 위치를 선점할 수 있었으므로 당사 점포 보다는 20%~40% 매출이 높은 상태였는데 무엇보다 치킨을 사랑하는 동남아인들의 습성이 KFC의 미래를 밝게 보는 가장 중요한 요소가 되고 있었다.

반면 졸리비는 아직 베트남에서 필리핀의 영광을 재현하지 못하고 있었으나 언제라도 히든 펀치를 날릴 수 있는 능력과 저력을 겸비하고 있는 브랜드였다. 전 세계적으로 미국을 상징하는 브랜드 맥도날드와 경쟁해서 우위를 유지하는 곳은 롯데리아(한국)와 졸리비(필리핀) 밖에 없기 때문이다. 거기에 더해 필리핀에서는 졸리비 프랜차이지를 하면 3대가 먹고 살 수 있다고 할 정도로 명성이 자자한 브랜드이자 기후 조건도 베트남과 비슷한 장점을 가지고 있기에 결코 만만하게 볼 상대는 아닌 브랜드였던 것이다.

경쟁에서 우위를 점하기 위한 요소는 여러가지가 있으나 부족한 재원과 인력으로 선택과 집중이 필요했다. 주요과제를 효과적으로 해결하기 위해 코어제품 개발과 원가개선, 도미넌트 전략으로 점포 선점, 점포관리 및 교육시스템 확보, 대형 슈퍼마켓과의 협력 강화를 통한 경쟁력 확보에 모든 재원을 투입해야 했다.

누군가 그랬다. 헝그리 정신이 뭐예요?

그거요? 맨땅에 헤딩하는 겁니다...

베트남 인사이드 _ 원재료 공급사 방문

햄버거에서 가장 중요한 원료를 논하라면 소고기 패티가 빠질 수 없다. 베트남법인의 햄버거 판매구성이 높은 것은 아니었지만 그래도 햄버거 패티 제조공장을 제일 먼저 방문하기로 일정을 협의한 후 부사장과 주재원, 통역을 동반해서 공장을 방문했다. 사무실에서 출발해 30분정도 지나자 잡초가 듬성듬성 나 있는 공터를 지나 공장이 있었는데 육중해 보이는 철문이 열리고 공장 주인이 반갑게 맞으며 공장 안내를 했다. 호치민시에 있는 유명호텔 등에 소시지를 만들어 납품하는 공장이었는데 작업자들은 다양한 종류의 햄과 소시지 가공작업을 하느라 분주하게 움직이고 있었다. 돼지고기 가공은 대부분 수작업 공정으로 처리되고 있었다. 협소한 공간에서 생각보다 많은 작업자들이 다양한 제품들을 생산하고 생산된 제품들은 보관창고로 이송하느라 바쁘게 움직이고 있었다. 공장이나 사무실 등에서 묵묵히 맡은 일을 하고 있는 사람들을 보면 마치 당사자가 된 듯 기분이 좋아지는 느낌이 들었다. 메인 작업장을 벗어나자 공장과 분리된 조그만 작업실이 있었는데 설명을 들을 필요도 없이 패티를 만드는 곳이었다.

소고기 정육을 분쇄하는 아담한 사이즈의 그라인더와 테이블에 놓여있는 전자저울 두개, 그리고 패티를 압착할 때 사용하는 것으로 보이는 동그란 링과 압착기 몇개가 전부인 공간에서 특별히 방문자를 위해 패티 만드는 과정을 시연했다. 먼저 반 냉동상태로 보관된 정육을 적당한 크기로 잘라 그라인더의 투입구에 넣고 전원을 켜자 순식간에 소고기가 갈려 나왔다. 패티를 만들 준비가 끝나자 작업자가 갈린 소고기를 적당량 떼어 저울에 무게를 달았다. 의료용 비닐 장갑을 낀 채 소고기를 동그랗게 뭉쳐 작업대에 가지런히 놓았다. 중량확인이 끝난 소고기는 쇠로 만든 링에 넣고 손으로 압착기를 두세 차례 눌러주자 패티 모양으로 성형이 되었다. 완성된 패티를 팔레트에 가지런히 담아 냉동실로 옮겨 보관하고 있다가 주문이 들어오면 점포로 배송하는 초보적인 시스템이었다. 요즘 국내에서 인기가 있는 완전 수제(?)패티였다.

시연이 끝나고 사무실로 자리를 옮겨 궁금한 것에 대한 이야기를 나누었다. 베트남에는 물소가 많다고 들었는데 식용소와 물소를 어떻게 구분할 수 있는지 물어봤다. 질문에 공장장이 말없이 고기 두 덩어리를 들고와 가운데를 잘라서 보여주었다. 이것이 식용소이고 이것은 물소입니다. 설명을 듣고 정육의 잘라진 단면을 보니 차이를 구분하는 것이 가능했다. 그라인딩 된 상태에서 소고기의 구분이 가능한지 물어보자 불가능하다고 했다. 소고기 정육을 납품하는 곳이 정해져 있는지 물어봤다. 필요할 때 시장에 가서 필요한 만큼 사다가 사용한다고 대답했다. 비슷한 부위의 소고기를 구입해도 소의 상태에 따라 소고기에 포함된 지방 함유량이 다를 수 밖에 없는 문제점이 있었다. C/L(Chemical Lean)검사를 하고있는지 물어보자 난감한 표정을 지었다. 한달에 며칠 정도 저희 패티를 만들고 있나요? 질문에 잠시 생각하더니 밖으로 나가더니 누군가를 불러서 얘기를 나누었다. 잠시 후 사무실로 돌아온 책임자는 일주일치 제조에 하루면 충분하다고 웃으며 얘기했다. 일반 냉동창고에서 패티를 냉동하고 있었는데 급냉시설이 없는지 물어보자 돼지고기 훈제와 소시지 제조를 하는 공장이라서 급냉시설은 설치되어 있지 않다고 했다. 베트남 소고기 유통구조상 가격은 비싸고 품질을 일정하게 유지하기 어려웠으므로 개선이 필요했다. 점포에서 그릴에 패티를 구울 때 가운데가 부풀어오르는 쉬링크 현상이 자주 발생했는데 원료선별부터 패티 압착시 압력이 일정하지 않아 발생하는 문제일 수도 있겠다는 생각이 들었다. 공장 한쪽에서는 1열 패티 성형기를 테스트 중이었다. 전원을 넣은 후 그라인더에서 나온 분쇄육을 기계상단으로 투입하자 기계장치에 의해 압축, 성형된 패티가 한 개씩 성형되어져 나오고 있었다. 비 효율적인 수작업을 대체하기 위한 초기형태의 패티 제조 장비였다.

공장 밖으로 나오자 주차장에 로마의 휴일이란 영화에 어울릴 듯한 파스텔 색상의 깜찍하고 앙증맞은 엔틱 차량 2대가 주차되어 있었다. 공장장과 대화를 하고 있던 통역이 다가 오더니 오너가 프랑스에 살던 베트남 교포인데 거기서 소시지 만드는 일을 배워 호치민시에 공장을 세웠다고 했다. 지금도 주말이면 에어컨도 나오지 않는 오래된 차량을 끌고 시내로 드라이브를 나간다며 공장장을 소개했다. 행동 만큼이나 후덕한 인품이 얼굴에서 묻어나는 사람이었다.

회사로 돌아오면서 생각했다. 우선 정확한 C/L검증이 된 양질의 고기가 필요했다. 또한 로컬 소고기 가격이 지나치게 높아 박리다매를 해야 하는 체인화 음식점에 원가 압박요인이 되고 있었다. HACCP 인증도 확보해야 했는데 적정한 소고기 사용량을 담보하기 위한 점포확대가 선행되어야 할 일이었다.

치킨공장을 방문하기로 한 날이었다. 계절에 맞지않게 아침부터 비가 내리고 있었다. 부사장이 공장을 가기전에 잠깐 보여줄 게 있다고 했다. 비포장 도로를 따라 외곽으로 3,40분 정도 달려가니 도로 옆에 물야자 줄기로 지붕을 올린 집들이 있었다. 화물트럭이 두어 대 주차되어 있었는데 기사로 보이는 사람들이 쌀국수를 먹고 있는 중이었다. 부사장이 쌀국수를 먹을 거냐고 묻길래 이왕 들어왔으니 먹고 가자고 하니 우동만한 굵기의 쌀국수를 주문했다. 부드러운 식감으로 목 넘김이 좋은 쌀국수였다. 쌀국수를 먹고 나자 베트남에는 이렇게 외부로 연결되는 도로가 많은데 이런 빈 부지에 휴게소를 만들어 드라이브형 점포를 운영하는 것에 대해 어떻게 생각하느냐고 질문했다. 전기도 상하수도도 다니는 차들도 별로 없는 곳에 점포를 만들다니 다소 황당한 질문이었다. 그러나 일부러 여기까지 데려온 성의를 생각해서 미래에 대비한 좋은 생각이라며 치켜세웠다. 그리고나서 부사장이 정부 계획이나 고속도로 휴게소 건설 정보를 가져다 주면 검토를 해 보겠다고 대답했다. 약간 실망의 눈빛을 보이더니 이내 평소의 모습으로 되돌아갔다.

베트남에서 사업을 하다 보면 이런 경우를 많이 겪는다. 질문을 하는 목적은 여러가지가 있다. 그냥 한번 떠보는 것일수도 있고 얼마만큼 깊이 있게 알고 있는지 확인해 보는 경우 일수도 있다. 상대의 반응에 따라 앞으로 대하는 태도가 달라질 수도 있으므로 유연하게 대처하는 것이 필요하다. 특히 자존심과 명예를 소중하게 생각하는 사람들이므로 신중하게 생각하고 감정을 상하지 않게 말하는 지혜가 필요하다.

비가 온 뒤라서 그런지 개천 옆으로 이어진 골목길로 들어가는데 차가 좌우로 심하게 요동쳤다. 현기증이 날 정도로 흔들림이 심해지더니 야자수 잎을 얹은 대문을 들어가자 일반 가정집 정도 규모의 공장이었다. 사전에 연락이 되어 있었는지 시골 아저씨 차림의 남자가 나와서 반갑게 맞이했다. 인상 좋아 보이는 공장 주인은 아무런 설명도 없이 그냥 알아서 보라는 것 같아서 대충 둘러보니 대략 100마리 정도 닭이 들어있는 우리가 두개 있고 빈 우리도 한개 있었다. 우리 옆에는 쇠로 만든 깔때기가 5개 정도 연결되어 있는 장치가 있고 옆에는 가스로 물을 끓이는 장치와 털을 뽑을 때 사용하는 텀블러 장치가 건물과 연결되는 곳에 자리하고 있었다.

조금 기다리자 긴 머리가 엉덩이까지 내려오는 젊은 아가씨가 우리에 들어가서 닭을 몇 마리 잡더니 깔때기에 거꾸로 던져버렸다. 처음에 요란을 떨던 닭들이 조용해지자 깔때기 아래로 나온 닭의 머리를 잡고 목을 작고 예리한 칼로 찌르자 피가 주르륵 흐르더니 닭들의 움직임이 둔해 졌다. 이렇게 도살한 닭을 끓는 물에 담갔다가 건져내 텀블러에 넣고 돌리자 털이 모두 빠지고 알몸상태가 되었다. 이 닭들을 닭 한 마리가 겨우 들어갈 만한 작은 구멍을 통해 건물내 가공 작업장으로 보내자 용도에 맞게 해체작업이 시작 되었다. 해체작업 역시 숙련된 작업자가 스테인리스 작업대 위에서 작고 예리한 칼로 했는데 머리와 내장을 제거한 후 몸통과 다리 부분을 주문한대로 조각을 내는데 평균 1분이 걸리지 않았다. 사람이 기계처럼 무한 작업을 계속 할 수는 없겠지만 이론적으로 하루 한 사람이 500마리 내외의 닭을 처리할 수 있는 용량이 되는 것이다. 공장안에는 두 명이 작업을 하고 있었는데 인원을 더 늘릴 계획이 없다고 했다. 이렇게 가공된 닭은 비닐팩에 담겨져 진공상태로 만들어진 후 쇼케이스에 담아 냉장 보관을 했다. 발주처에서 주문이 오면 점포로 배송하고 있었는데 우리 회사와 베트남 항공에 원료육을 공급하고 있었다.

사업 초기에는 다들 이렇게 수작업에 의존하여 원료를 공급 받을 수 있는 곳과 거래를 할 수 밖에 없다. 대규모 투자가 동반되는 기계와 장비를 설치하기 위한 물량 소비가 약속 되지 않기 때문이다. 공장 방문을 마치고 돌아오는데 많은 생각이 교차한다. 최근 이슈가 되고있는 조류독감 문제와 관련되어서…

마지막으로 새우패티 공장을 가 보기로 했다. 단일품목으로 최대의 판매구성비를 가지고 있는 제품이 생산되는 과정이 궁금하기도 했고 평소에 구매팀 직원들이 베트남의 삼성이라고 자랑하던 것을 확인하고 싶었다. 새우패티는 제조하는데 많은 일손과 노하우를 필요로 한다. 우선 새우의 풍미를 극대화하기 위해 크기가 작은 새우를 필요로 하는데 kg당 200마리 이하를 주로 사용한다. 크기가 작을수록 내장 손질이 까다롭고 가공 후 변질이 되기 쉬운데 한 마리만 변질된 것이 있어도 한 배치 전량을 폐기해야 하기 때문에 금전적 손실도 많이 발생한다. 내장 손질이 부족하면 패티에 이물질이 들어 있는 것 같은 식감이 나서 클레임이 걸리는 주요 원인이 되기도 하며 새우만으로는 접착성이 없기 때문에 패티 모양으로 성형하기도 어렵다. 그래서 생선살을 섞어 접착력을 강화 시켜야 하는데 흰 살 생선이어야 하고 생선 고유의 이취가 없어야 한다. 통상 연육이 사용되지만 베트남에서는 연육을 구할 수 없는 것이 문제였다. 이 연육과 손질된 새우에 몇가지 고유 첨가물을 넣어 패티를 성형하게 되는데 패티에 들어가는 새우함량은 제조상의 비밀이다. 새우살의 색상이 연육과 비슷하게 보여 오해를 불러오기도 하는데 패티당 40% 이상의 새우가 들어간다.

씨조코 푸드… 베트남의 삼성 답게 공장 규모부터 달랐다. 육중한 철문이 천천히 열리자 위생복과 위생모를 착용한 여성 안내원이 자신을 새우패티 제조책임자라고 소개하면서 공장안으로 안내했다. 수산물 가공작업중인 공장 옆에 있는 작은 공간에서 약 50여명의 근로자들이 새우패티를 제조하고 있는 중이었다. 먼저 안내한 곳은 입이 창처럼 길고 뾰족한 생선이었는데 블루마린(블랙마린)이라는 생선이었다. 냉동 블루마린을 적당한 크기로 잘라 믹서에 넣고 부드럽게 갈아주는 과정에 고유 배합의 첨가물을 전자저울에 계측한

다음 섞어주자 패티의 베이스가 완성되었다. 여기에 미리 가공해 둔 새우를 넣고 잘 섞어준 다음 전자저울을 이용해 정확한 양을 떼어내면 둥근 링에 넣고 압착으로 패티를 만드는 수작업 방식의 제조였다. 이렇게 만들어진 반제품은 이 상태로 공장 뒤편에 설치되어 있는 스팀 통 속에서 수 분간 가열작업을 마친 후 마지막으로 생 빵가루를 입히면 새우패티가 완성되었다. 이 가열작업이 국내에는 없는 과정인데 국내는 패티 성형기가 적당한 압력으로 밀어내기 때문에 패티의 부스러짐이 없으나 베트남은 수작업 압착을 하는 관계로 패티의 부서짐을 방지하기 위해 공정을 추가한 것이다. 일종의 어묵 맛이 나는 패티라고 생각하면 맞을 것이다. 베트남을 방문한 사람들을 통해 베트남 롯데리아에서 판매하는 새우버거가 더 맛이 좋다고 하는 이야기를 들으면 참 아이러니하다는 생각이 들었다. 어찌되었건 좋은 제품이 잘 팔리는 것이 아니라 잘 팔리는 제품이 좋은 제품인 것이다.

공장견학이 끝나자 접견실로 자리를 옮겨 부사장과의 상견례가 있었다. 연육대신 블루마린을 사용하는 이유를 물어보자 베트남 근해에서는 연육이 잡히지 않아 블루마린을 사용하고 있는데 갈수록 어획량이 줄어들어 걱정이라고 했다. 자신들은 해외수출을 하는 회사이기 때문에 외국계 회사에 납품실적이 중요하다며 롯데리아에 납품하는 것은 하루작업 분량밖에 되지 않지만 앞으로도 좋은 관계를 유지하고 싶다며 환하게 미소 짓는 그녀에게서 오랫동안 비가 내리지 않아 밭에 심어 놓은 농작물이 말라 죽지 않을까 걱정하고 있는 시골집 이웃 아낙네의 모습이 떠올랐다. 좋은 품질과 가격에 패티가 공급되고 있었으므로 우리가 부탁해야 할 것을 먼저 얘기하고 있었다. 여성 CEO의 세심함과 배려심이 돋보이는 공장 방문이었다. 베트남에서 비즈니스를 잘 하려면 여성CEO와의 관계에 특히 관심을 가져야 한다. 베트남에서 여성들의 역할은 생각보다 매우 크기 때문이다.

베트남 여성들은 강인하면서도 아름답다. 이것이 여성들이 베트남에서 결정력을 가지게 된 원인이 아닐까 하는 생각이 든다. 아오자이를 입은 여성들의 몸매에서부터 드러나는 아름다움과 흰색 피부는 이웃 동남아 국가들과 비교해서 우월한 아름다움을 전해주는데 이는 베트남을 방문하는 외국 여성들도 한결같이 인정하는 부분이다. 이렇듯 여성에게 큰 무기인 미모가 받쳐주니 자존심이 세어지고 남성들과 동등한 대우를 받고 또 요구한다. 이런 의식은 전쟁당시에 남성 여성의 일이 구분되지 않고 다 같이 동지라고 부르던 때부터 시작된 것인지도 모른다.

결혼식을 치르는 베트남 풍속에서 보면 남자의 집안에서 결혼 비용을 거의 다 부담을 하게 된다. 심지어 딸을 데려가는데 대한 감사의 마음으로 생활 보조비 혹은 결혼 사례금을 내 놓기도 한다. 한국에서는 결혼을 하게 되면 아내를 데려온다고 하지만 베트남에서는 남편을 데려온다고 할 정도로 민간에서 여성의 위치가 중요하다. 그래서인지 베트남의 여성들은 돈이 없는 남자를 별로 좋아하지 않는다. 결혼 이후 생활비에 대한 걱정은 없어야 좋은 것이다. 애인이 있는 젊은 남자에게 왜 결혼식을 올리지 않느냐고 물어보면 결혼 비용을 마련하지 못했기 때문이라고 대답한다. 돈이 문제가 아니고 두 사람이 사랑한다면 결혼해서 같이 벌면 되지 않느냐고 물어보면 베트남의 풍속에 그것이 여의치 않다는 대답을 한다. 인생의 두번째 출발인 결혼에서부터 베트남의 여성들은 그 가치가 높다는 이야기다.

또한 베트남의 남성들은 애인이든 부부사이든 여성을 받들어 모시는 것이 생활화 되어있다. 식당에서 식사를 할 때도 남성이 여성의 그릇에 음식을 담아주는 것이 좋은 에티켓을 가진 남자로 평가를 받으며 자상한 남자가 된다. 한편 여성이 직장여성인 경우 출퇴근을 시켜주는 것도 순전히 남자의 몫이 된다. 이러한 레이디 퍼스트의 사고방식은 아마 프랑스 통치를 받으면서 여성우대 문화가 접목된 것으로 보여진다. 여성을 중시하는 영향은 종교에서도 여성신이 많은 것을 보면 알 수 있다. 여자와 소인배는 가르치는 것이 굉장히 어렵다는 공자의 남성중시사상과 배치되는 여성중심문화가 자리잡고 있는 것이다.

한편 베트남 여성의 강인함을 보여주는 인물을 역사속에서 쉽게 찾아볼 수 있다. 천년 동안 계속된 중국의 통치에서 벗어나기 위한 쯩 자매의 독립운동은 중국의 지배에서 벗어나 3년 동안의 짧은 시간이었지만 베트남이 최초로 독립국가가 되는 기쁨을 맛보게 하였다. 3년 후 다시 침공을 해 온 중국의 군사력에 남편마저 잃은 상태에서 끝까지 투쟁하였으나 힘에 부치자 강물에 투신하여 스스로 목숨을 끊었다. 근세사에서는 프랑스와의 독립전쟁시 16세의 꽃다운 나이에 프랑스군에 체포되어 베트남의 전사들이 지켜보는 가운데 끝까지 항복을 거부하다 불에 타 죽는 형벌을 받은 보티사우(Vo Thi Sau)와 프랑스의 억압에 저항한 지하운동가 막티브이(Mac Thi Buoi)가 대표적이다. 막티브이는 프랑스군에 체포되어 참수형을 당했는데 당시 나이가 24세에 불과했다. 보티사우와 막티브이는 깊은 애국심과 베트남 여성의 불굴의 의지를 심어준 여성들이다. 베트남은 이런 여성들의 죽음을 헛되이 하지 않기 위해 이 사람들의 이름이 명명된 거리를 만들어 숭고한 뜻을 기리고 있다. 전국 모든 도시에 있는 하이바쯩, 보티사우, 막티브이 거리가 그것이다.

또 하나 베트남 여성들을 강하게 만드는 것은 이 나라에서 끊임 없이 치러진 전쟁의 역사에서 찾아볼 수 있다. 보통 전쟁의 주인공 은 남자들인데 남자들이 모두 전장으로 불려 나가면 집에 남은 여 자들이 노인과 아이들을 돌봐야 하는데 먹이고, 입히고, 재우는 기 본적인 일들을 모두 해결해 가다 보니 자연스럽게 억척스러우면서 강인해질 수 밖에 없는 것이다. 이러한 여성들의 전통이 그대로 이 어져 내려와 오늘날 베트남 여성들의 힘이 강해진 것이다.

어느정도 건물에 대한 임차협상이 끝나서 최종 결정을 지으려고 하면 어김없이 그때까지 협상을 하던 남자가 한번 더 들러 달라고 했다. 이제는 이유를 알게 되었지만 당일 약속한 곳에 가면 최종 결재권자인 부인을 만나게 된다. 그 전날까지 집주인인 남자와 모 든 이야기가 끝났다고 생각하던 것이 작은 부분에서 많게는 임차료 가 바뀌는 수가 가끔 있다. 얼토 당토 않은 경우지만 처음부터 모 든 임차조건이나 임차료 등의 협상을 해야 한다. 때로는 아예 없던 일이 될 수도 있고 아니면 조금씩 양보해서 최종계약을 하게 된다.

이렇듯 모든 베트남의 생활에서 여성의 결정은 아주 중요한 경우 가 많다. 또한 베트남은 이혼이 아주 많은데 방법도 간단하여 부부 간에 합의만 되면 간단한 신고를 통해 이혼이 된다고 한다. 어떻게 보면 아주 중대한 결정이 될 수 있는데 물론 남편의 행실이 좋지 못해 문제가 되는 경우가 많지만 이혼의 결정도 부인이 한다고 한 다. 이혼을 하면 남자는 빈손으로 쫓겨나는 경우가 대부분이다. 어 찌되었건 사무실에서 일을 하는 지원들의 경우를 봐도 조금은 우유 부단한 남자들에 비해 여자들이 똑 부러지는 결정을 잘 내리는 경 우를 많이 볼 수 있는데 여성들이 음식이나 액세서리 같은 조그만 선물에 약하기 때문에 결정권을 가진 여직원들의 책상위에는 이러 한 선물들이 끊이지 않고 놓여져 있는 것을 볼 수 있다.

베트남 인사이드 _ 뗏(설)과 리시

　베트남 국가 전체의 축제 뗏(설날)이 왔다. 이 때가 되면 공항은 영접하는 사람과 환송하는 사람 그리고 베트남을 찾아오는 사람들로 시골 장날처럼 북적 인다. 전 세계에 흩어져 살던 베트남인들이 고향의 친지들과 지내기 위해 돌아오기 때문이다. 월남전에서 패하게 되자 전세계로 흩어져 망명길에 올랐던 사이공 사람들도 베트남 당국의 고향 방문 허용이 있자 해외에서 벌어들인 돈을 가지고 고향으로 돌아온다. 이렇게 다른 나라 국적을 가진 베트남 교포들을 "비엣 키우"라고 부른다. 회기본능을 가진 연어의 회기처럼 구정은 베트남인들에게 마음의 고향이자 생활의 원천인 것이다.

　대도시에 나와 공장에서 일을 하던 여자근로자도 고향을 떠나 타지에서 직장 생활을 하던 직장인들도 밤 거리의 여자들까지 구정에는 고향으로 돌아간다. 부모 형제들에게 줄 선물을 한아름씩 마련하고 푼푼이 모은 돈을 나누어 주기 위해 꼼꼼하게 준비를 한다. 1년을 벌어서 구정이 있는 달에 다 쓴다는 말이 있을 정도로 이달만큼은 아낌없이 쓰는 것이다. 이렇게 모인 가족들은 구정 전 날 한자리에 모여서 설날 음식 준비도 하고 그 동안에 일어났던 이야기를 주고 받으며 가족의 안녕과 건강을 기원하게 된다.

　베트남은 우리처럼 세배는 하지 않는 대신 서로 덕담을 나누며 세뱃돈을 주는데 이를 "리시"라고 한다. 세뱃돈은 어른이 아이에게, 장성한 자녀들이 나이 많은 노인들에게 빨간 봉투에 넣어 드리게 된다. 리시는 금액의 크기는 중요하지 않고 이것을 주는 사람의 정성이 담긴 것으로 생각을 하기 때문에 받는 사람은 크게 기뻐한다.

주재원들도 이날만큼은 빨간 봉투에 신권을 담아 점포를 순회 하면서 덕담과 함께 리시를 나눠주곤 했었다. 붉은색을 좋아하기 때문에 1만동짜리 2장 혹은 5만동짜리 지폐를 넣어서 주면 이것을 1년 내내 책이나 수첩 사이에 끼워 두고 행운이 올 것이라 믿으며 행복해 하는 것이다.

베트남인들은 구정에 선물 주고 받기를 좋아한다. 꽃이 만개한 복숭아 나무(북부)라든지 노란 꽃이 막 피어나기 시작하는 매화나무(남부)를 큰 화분에 담아 선물하기도 하지만 가난한 서민들은 매화 대신 값싸고 흔한 금잔화를 사서 집안을 장식하기도 한다. 또한 전통적인 베트남의 과자나 떡, 수박 등을 선물하기도 하며 이런 전통적인 선물 외에 최근에는 과일 바구니세트나 와인 과자세트, 고급 화장품, 인삼 등도 선물로 자주 이용하고 있다. 시내에 있는 공원에서는 구정 한달전부터 화분이나 정원수, 분재 등의 식물 시장이 형성되는데 적지 않은 가격에도 불구하고 많이 팔리는 것을 보면 돈보다도 인간관계의 원만함을 바라는 베트남인들의 마음을 알 수 있다.

흔히 설날 민간에서 즐겨먹는 설 요리로는 반뗏(녹두와 돼지고기가 든 떡), 팃코(고기절임), 냄비(돼지고기가 들어간 튀김만두), 짜여(튀김만두) 등인데 이 음식들은 술 안주로도 좋아 호치민시 사람들은 명절 내내 가족이나 친지들을 초청하여 술을 즐긴다. 또한 남부지역은 신으로부터 축복을 듬뿍 받은 땅으로 까이베의 오렌지, 껀터의 부스어, 빈롱의 설탕귤, 비엔화의 자몽, 미토의 자두나 셔우링, 사보체 등 이름만 들어도 입에 침이 고일만한 수십가지 새콤달콤한 열대 과일들이 넘쳐난다. 특히 설날은 웅우과라 하여 다섯가지 과일을 제사상이나 응접실 등에 두루 배치한다. 설날 사용하는 다섯가지 과일은 목록이 별도로 정해져 있는 것은 아니지만 두두(파파야)와 쯤숭(무화과) 쏘아이등을 준비하여 한해 동안 먹을 것이 풍부하고 집안이 편안해 지며 마음껏 돈을 쓸 수 있기를 기원 한다.

하노이에서는 아주 무더운 여름철 한 시기에만 수박을 딸 수 있는데 반해 호치민에서는 둥근 수박 기다란 수박 붉은 수박 노란 수박 등이 사시사철 배나 트럭으로 올라와 과일시장에는 짱방산, 까오란산 등의 상표를 붙인 탐스럽고 먹음직한 수박을 가득 쌓아 놓고 쉴 새 없이 팔아 댄다. 과히 호치민은 수박천국이라 할 만하다. 새해 첫날 아침 수박을 잘랐을 때 속이 붉고 맛이 좋으면 그 해에는 집안에 경사가 생긴다고 하여 온 가족이 함께 펄쩍펄쩍 뛰면서 좋아한다.

설을 며칠 앞두고 저녁이 되자 푸미흥 인근 공터에 크게 형성된 식물시장으로 나무를 사러 갔다. 임시로 형성된 식물시장에는 지나가는 오토바이 만큼이나 많고 다양한 식물들이 종류별로 전시되어 있었는데 이곳 저곳을 돌아다니다가 관상용 감귤나무를 한 개 사서 집으로 가져오게 되었다. 한 4~50cm정도 크기의 나무에 탱자만한 감귤이 가득 달려있어 풍요로운 느낌을 잘 전해주고 있었기에 다소 비싸지만 백만동을 주고 하나를 사서 집으로 가져오게 되었던 것이다. 베트남 주택 특유의 휑한 공간에 놓여진 감귤이 가득 달린 감귤나무를 보고 있으면 흐뭇한 마음이 들었다. 다음날 아침이 되자 집에 변화가 생기기 시작했다. 경상도에서 고동 각시라고 불리는 노래기가 어디선가 출현했기 때문이었다. 처음 몇일은 몇 마리 정도가 보여 대수롭지 않게 생각했으나 시간이 지나자 점점 많은 노래기가 감귤나무 화분 주위에 보이기 시작했기 때문에 집에 있는 모기약을 가져다 뿌려 보기도 하였으나 하루만 지나면 다시 수십 마리 씩 출현하였기 때문에 결국 보름을 버티지 못하고 내다 버릴 수 밖에 없었다. 그렇게 큰 화분도 아니었는데 어디에 그렇게 많은 노래기가 들어 있었는지 지금 생각해도 명쾌하게 이해가 되지 않는다. 이렇게 해서 베트남에 온 지 몇달 만에 평생 본 것보다 많은 수량의 오토바이와 노래기를 보게 되었다. 생각하면 환경 친화적인 감귤나무였다.

약재상이나 화분을 파는 가게에는 화분 속 벌레들이 화분 밖으로 기어 나오지 못하게 하는 약이 있다. 동그랗고 작은 환처럼 생겼는데 이걸 사서 화분에 뿌려 놓으면 혐오스런 벌레들이 밖으로 기어 나오는 일이 없으므로 참고하면 되겠다. 또한 건기가 되면 개미들이 줄지어 집안 이곳저곳으로 이동을 하기도 한다. 창틀을 따라 이동하기도 하고 거실 구석을 향해 이동하기도 하는데 이 것 역시 약재상에 가면 하얀 분필처럼 생긴 개미 약이 있으므로 이걸로 개미들이 다니는 주변에 기다란 원이나 네모 모양을 그려 놓으면 개미들은 그 곳을 벗어날 수 없어 우왕좌왕 하다가 죽으므로 유용하게 사용할 수 있다. 가격 또한 매우 저렴하다.

남부지역에서 설에 하지 말아야 할 금기사항 2가지가 있다. 설을 전후하여 나쁜 이름을 가진 사람이 친구나 가족 집을 방문하는 것은 금물이다. 예를 들어 맛(Mat)이란 이름은 가난하다는 뜻이 있으므로 나쁜 이름이다. 또한 수건을 떨어뜨리거나 놓고 잊었을 때 그것을 우연히 보았다 해도 말해주지 않는 것이 상식이다. 남부 사람들이 북부 사람처럼 명절에 오리고기를 꺼리지는 않지만 깐쭈어(토마토나 파인애플을 썰어 넣어 신맛이 나는 수프)는 절대로 먹지 않는다. 깐쭈어를 마귀가 좋아한다고 생각하기 때문이다. 미신 같지만 이런 경고를 무시할 경우 불행을 당하는 경우가 종종 있기 때문에 사이공 사람들은 이런 사소한 것 들에도 상당히 예민하다.

그 외에 설에 기피하는 관행으로는 기공식을 하거나 흙을 파지 말아야 하고 구정 3일간 집을 쓸지 않고 쓰레기를 버리지 않아야 행운과 돈이 따라온다고 믿는다. 설을 맞아 외국인들이 집을 방문해 주는 것을 아주 좋아한다. 왜냐하면 외국인들은 돈이 많다고 생각하여 복을 가져다 준다고 믿기 때문이다. 직원이나 지인들의 집을 방문하면 가족과 같은 환대를 받을 수 있으며 뱀으로 담근 술이나 뱀 알이 들어있는 술을 대접받기도 하는데 최고의 환대 표시이므로 거절하는 것은 예의에 어긋나는 일이다.

회사에서도 설이 되기 전에 해야 할 일들이 많다. 공식적으로 휴가는 4일이지만 시골이 고향인 경우 이동시간을 고려하여 휴가를 주어야 하므로 보름이상 휴가를 가는 경우가 많은데 돌아오지 않을 경우를 감안해 미리 대비해야 한다. 베트남에는 일종의 선 지급 퇴직금 성격의 13월의 급여가 있어 이 보너스와 함께 돌아오지 않는 경우가 종종 있어 인사담당자의 업무가 늘어나기도 한다. 설 기간 중에 판매된 현금은 점포에 과다 보유할 필요가 없으므로 호치민시에 있는 점포는 매일매일 사무실로 가져와 입금하고 호치민시 인근 점포는 별도 인력을 편성하여 차량으로 순회하며 회수하는 한편 멀리 떨어진 점포는 금고를 두대 씩 비치하거나 시큐리티가 있는 슈퍼마켓내 점포에 보관했다가 설이 끝나고 송금하도록 하기도 조치했는데 점포가 많아지면서 지점별로 현금관리를 하는 시스템으로 변경되었다. 점포에서 가져오는 현금이 너무 양이 많아 보관을 할 수 있는 공간이 부족했기 때문이었다. 내기를 좋아하는 베트남인들의 특성상 설명절을 전후해 현금 도난사고가 발생할 가능성이 매우 크기 때문에 직원들도 보호하고 도난사고도 예방하기 위해 생각해 낸 고육지책이었다.

점포공사도 가능하면 이 기간에는 피하는 것이 좋다. 공사기간이 설과 겹치면 동사무소, 군 공안, 시 공안, 공무원들이 온갖 트집을 잡아 달려들어 생각 하지도 못한 비용이 추가되고 시간도 지체되어 시공업체의 불만이 가중되기 때문이다. 또한 미리 예약된 경우가 아니라면 국내여행은 꿈에도 생각하지 않는 것이 좋다. 유명한 여행지는 예약이 이미 끝난 상태다 보니 호텔비가 평소의 3배까지도 올라간다. 시내 고급 레스토랑도 30%이상 시즌가격이 올라가므로 시간이 된다면 차라리 라오스나 싱가폴 등 인근 동남아 국가로 떠나는 것이 훨씬 경제적이다.

베트남 인사이드 _ 제품 및 원가개선

제품개선을 진행하는데 상품전문가의 체계적인 일정계획 없이 주먹구구식으로 우선순위를 정해 일을 하다 보니 일과 시간이 반비례하여 지나가는 느낌이 들었다. 주재원은 법인장을 포함해서 세명이었다. 한국에서 점포관리 경험이 많은 SV겸 영업팀장과 중국어와 영어에 강점이 있는 행정업무를 담당하는 관리팀장이 전부였다. 자연스레 상품이나 시설같은 전문기술이 필요한 업무는 주재원들이 가지고있는 상식과 열정에 의존할 수 밖에 없었다. 특별히 전문성이 요구되는 일은 본사에서 단기로 인력지원을 받아야 했다. 햄버거에는 공통으로 2단 혹은 3단의 번스(빵)가 사용되는데 손으로 눌러보면 눅눅하면서 리커버리 타임이 늦은 것이 발효가 덜 된 느낌이 났다. 베트남 법인에는 빵 기술자가 없었으므로 본사 상품팀에 지원요청을 했다. 본사에서 상품담당자가 나오자 미리 약속이 되어있는 덕팟 번스 공장으로 갔다. 회의를 하는데 노하우 유출방지를 위해 각종 기호들로 표시된 레시피를 가져와 공장 회의실에서 사장과 오랫동안 회의를 했다. 회의가 길어지는 것으로 봐서 서로 간에 이견이 있는 것처럼 느껴졌다. 그 중에는 현지에서 사용하고 있는 원료와 현지에서는 구할 수 없는 원료도 있었다. 현지에서 구할 수 없는 원료는 공장에서 다른 원료로 대체해서 시제품을 생산하기로 하고 회사로 돌아왔다.

 3~4일이 지나자 공장에서 시제품을 만들어 보냈다. 상품팀에서 넘겨준 레시피 대로 만든 제품과 공장에서 자체적으로 만든 제품이라 하기에 큰 기대를 가지고 시식을 했다. 확실히 기존 제품과 비교해서는 빵의 부드러움이나 탄성이 개선되었지만 여전히 식감과 탄성이 부족한 느낌이 들었다. 또한 소금이나 효소 등 첨가물이 들어가지 않은 밀가루로 만든 빵처럼 풍미가 전혀 느껴지지 않았다. 마음 같아서는 번스 품질개선이 완료 될 때까지 출장자들과 함께 개선작업을 하고 싶었으나 제한된 출장기간으로 인해 그럴 수 없는 형편이었다. 또한 출장을 나온 인력들은 빵 기술자들이 아니어서 출장기간을 연장한다 해도 적절한 배합비를 찾는 것이 단기간에 보장되는 일도 아니었다. 상품팀이 돌아가자 예전에도 일본에서 빵 기술자가 수차례 공장을 방문했다고 회계팀장인 헌이 이야기했다. 습도 차이로 인해 레시피 대로 제품을 만들어도 요구하는 품질의 제품이 나오기 어렵다는 것을 기존의 경험으로 알고 있기에 에둘러 말해주고 있는 것이다. 어려운 일이지만 숙련도에서 오는 감각에 의존하는 것이 레시피보다 더 중요한 요소였다.

 출장자들이 돌아가자 번스 공장이 있는 덕팟 사장과 약속을 정하고 찾아갔다. 공장에서 만드는 베트남 샌드위치 반미로 점심을 먹으며 햄버거 빵 개선에 대한 의견을 나누었다. 론리 플래닛의 "세계 길거리음식 베스트 10"에 선정되기도 한 베트남 반미는 덕팟 매장에서 8,000동(550원)에 판매하는 제품이었다. 반미에 사용되는 바게트는 겉은 바삭하면서 속은 촉촉했으며 고소하면서 적당한 풍미를 지니고 있었다. 또한 바게트에 들어가는 각종 야채와 고기, 소스가 절묘하게 조화를 이루어 한끼 식사로 모자람이 없을 정도로 훌륭했다. 반미를 먹다가 반미에 포함되는 바게트 빵은 맛있는데 왜 햄버거용 번스는 맛이 없는지 물어봤다. 사장이 의외의 이야기를 했다. 회사에서 그렇게 요구했기 때문에 라는 것이었다. 잘 못 들었나 싶어 다시한번 이야기해 달라고 하자 롯데리아 사업초기에 기술자들이 공장에 와서 빵이 맛있으면 안에 들어가는 고기와 소스의 맛이 떨어지므로 빵이 풍미를 갖지 않도록 만들어 달라고 했다는 것이었다. 그 후 지금까지 거기에 대해 아무런 말이 없어 처음 요청한대로 만들고 있다고 했다. 곰곰이 현재 상황을 생각해 봤다. 전문가들이 그렇게 요청한 것을 잘못되었다고 부정하기도, 그렇다고 이대로 계속 맛없는 빵을 납품 받기는 더없이 싫었다. 적절히 타협점을 찾아 개선을 해야 했다. 가장 맛있는 빵을 만들기 위해서 어떻게 하면 좋을지 물어보자 빵 전문가 답게 버터를 사용하면 된다고 했다. 그렇게 하면 원가가 많이 올라간다며 책장에 있는 두꺼운 바인더를 한권 가져왔다. 그러더니 베트남에서 쉽게 구할 수 있는 코코넛 분말을 사용하면 원가가 올라가지 않으면서 버터를 사용한 것과 비슷한 맛이 난다면서 바인더를 펼쳐 보여줬다. 공장에서 만들 수 있는 최고로 맛있는 빵과 대체원료를 사용해서 원가개선을 할 수 있는 번스 두 종류를 샘플로 만들어 회사로 보내주기로 약속하고 회사로 돌아왔다.

치킨 공장을 방문했을 당시 시설물과 작업공간에서 몇가지 개선해야 할 부분이 있어서 구매팀에 알아보라고 해 놓았다. 수소문 끝에 구매팀에서 좋은 시설과 가격에 치킨을 납품할 수 있는 업체를 찾았으니 공장을 한번 가 보자고 했다. 오랫동안 기다리고 있었기에 새로운 치킨 도계회사를 방문하기로 했다. 회사에서 차로 40분 거리에 있는 동나이 공단내에 있었는데 사장은 호주계 베트남 교포로 호주의 선진 도계시스템을 도입한 훌륭한 공장이었다. 넓고 깨끗하게 지어진 공장 내부에는 다른 치킨 도계공장에는 설치되어 있지 않은 마리네이드(염지)작업을 하기위한 대형, 중소형 진공 텀블러들이 종류별로 설치되어 있었다. 자동화된 도계라인은 위생적인 시설라인과 냉각시스템을 갖추고 있어 치킨 육질개선을 도모할 수 있는 신뢰성을 주는 현대적인 공장조건을 완비하고 있었다. 베트남에서 제대로 된 시설을 갖춘 치킨 도계공장 이었다. 대규모 자본이 투자된 공장을 둘러본 후 식당에 마련된 회의실에서 치킨제품 시식을 하며 사장과 여러가지 대화를 나누었다. 공장에서는 초기 프리 후라이드 제품을 생산해서 슈퍼마켓을 통해 소비자들에게 직접 판매하는 사업을 했는데 판매량이 저조해서 제품생산을 중단했다고 했다. 아직까지 베트남은 위생이나 맛보다는 가격이 우선한다며 프리 후라이드 제품이 팔리지 않는 이유를 설명했다. 현재는 치킨 공급업체로부터 위탁생산 위주로 공장을 가동하고 있다고 했다. 조류독감으로 인해 치킨 유통에 문제가 발생하는데 대책이 있는지 묻자 위생허가 공무원들과 관계가 좋아 별 문제가 되지 않는다고 했는데 호주에서 사업을 성공한 경험이 있어서인지 모든 대답이 시원시원했다. 치킨 농장은 어디에 있는지 농장에서는 치킨을 몇 마리나 사육하는지 물어보자 잠시 생각하더니 구매팀장을 데리고 한쪽으로 가서 둘이서 한참동안 이야기를 나누는데 약간 불길한 예감이 들었다. 잠시 후 대화를 끝낸 구매팀장이 직접 치킨농장을 가지고 있지는 않지만 치킨 공급은 주변 농가에서 받으면 문제가 없다고 한다는 이야기를 대신 전했다. 치킨 농장이 없이 주변에서 치킨을 확보하는 것이 문제가 없겠는지 구매팀장의 의견을 물어보자 베트남 직원들 특유의 답변을 했다 "그럴 것입니다... 아마..."라는

회사로 돌아와서 새로운 거래처로부터 치킨이 납품되었다는 소식을 애타게 기다리는데 6개월이 다 되도록 납품소식이 들려오지 않았다. 기다리다 못해 구매팀장을 불러서 진행사항을 물어봤다. 구매팀장이 눈치를 보며 주변에 치킨농장은 모두 CP라는 태국계 회사에서 관리하고 있는데 CP가 갑자기 치킨 공급가격을 올려서 이전에 제시한 가격으로는 납품이 어렵다고 했다. 주변의 치킨 공급 농가를 찾고 있으니 치킨 공급처를 확보할 때까지 기다려 달라는 것이었다. 합리적인 가격에 치킨을 공급 받을 수 있는 곳이 가내 수

공업 공장 외에 없었으므로 선택의 여지가 있을 리 만무했다. 치킨 농장을 확보하지 못한 도계공장이 치킨 농장을 보유하고 있는 CP 의 가격통제에 얼마나 취약한지를 보여주는 예로써 지금까지의 노 력이 도루묵이 되는 순간이었다. 그 후로도 치킨 도계공장은 CP사 의 발주에 의해 공장이 운영되는 하청기업에서 벗어나지 못했다.

번스와 치킨개선 과정은 피곤과 삶에 지친 노인의 하루처럼 따분 했다. 부부젤라 악보를 보고 있는 것과 같은 지루함의 연속이었다.

품질개선을 통해 코어제품을 다수 확보하는 것이 외식기업이 해 결해야 할 첫번째 과제인데 원가개선은 수익성을 높여 기업의 영속 성을 확보하기 위한 필수 요소다. 원가 개선작업의 목표는 수익성 이 좋은 제품을 확보하고 판매량을 늘리기 위한 활동을 하는 것이 다. 제품별 원가자료를 보니 탄산음료의 원가율이 40%에 육박하고 있었다. 탄산음료의 원가가 40%라니 제품 판매가격이 낮은 이유가 있었지만 음료의 원가가 높아서는 세트화 구성이나 판촉전략을 단 품 위주로 판매할 수 밖에 없어 가성비가 떨어지는 것이 문제였다. 펩시코 베트남 지사에 탄산 시럽가격 인하 요청을 몇차례 해 보았 지만 지사에서는 시럽가격을 낮추어 줄 여력이 없었다. 베트남 지 사에서는 동남아 지사장과 협상을 하기를 바라고 있었다. 베트남 지사를 통해 동남아시아 지사장과 미팅일정을 요청했다. 롯데리아와 펩시코의 중장기 협력강화를 위한 회의였다. 쉐라톤 호텔 중식당에 는 펩시코에서 동남아 지사장을 포함한 4명이 참석했다. 당사는 주 재원 및 구매팀장이 참석했다. 양 사에서 총 8명이 참석한 가운데 회의가 진행되었다.

파워포인트에 회사 현황과 5개년 사업계획 자료를 요약해서 준비 했는데 식사를 하면서 관심사항을 구두로 설명하고 필요시 질문을 하는 형식으로 회의가 진행되었다. 먼저 주재국 통계자료를 인용하 여 베트남에서의 외식사업 전망에 대해 설명하고 나서 호치민시를 영업지역으로 하고있는 QSR브랜드들의 경쟁현황에 대해 설명하자 호기심 가득한 표정으로 듣고 있었다. 이어서 베트남 주요도시에 점포를 확대하는 5개년 중장기 계획을 설명하였는데 동남아 지사장이 특히 관심을 가지고 듣고 있었다. 100점포 달성을 위한 투자계획과 자금 확보방안의 하나로써 당사의 경쟁력 확보방안에 대한 설명에서 탄산음료의 원가율이 높은 애로점에 대해 이야기했다. 박리다매를 해야 하는 사업구조상 탄산음료 원가의 중요성에 대해 설명하자 고개를 끄덕이며 수긍하는 모습을 보였다. 양사가 이익을 낮추는 대신 판매량을 늘려 전체 이익을 확대하는 방향으로 사업방향을 정하는데 동의를 구했다. 그 외에 현안 문제인 베트남 시장의 소고기나 치킨의 공급불안정과 위생문제, 로컬가격체계로 인한 구조적인 문제에 대해서도 가지고 있는 서로의 의견을 나누었다. 베트남에서 위생적인 식자재 구입이나 유통의 안정화를 위해 글로벌화된 레스토랑이 앞장서 외식문화를 개척해야 한다는데 의견의 일치를 보았다. 회의 말미에 탄산시럽 공급가를 낮춰 줄 것을 다시 한번 요청하며 양사간에 장기적인 관점에서 윈윈 관계가 되기를 희망했다.

펩시코에서는 점포 확대 계획에 관심을 보였다. 다시 한번 100점포 확대 계획이 맞는지 확인하길래 확고한 의지를 표명하자 지금까지 베트남에서 여러 기업들과 가격협상을 해 보았지만 구체적으로 숫자와 목표를 제시해주는 협상은 처음이라며 만족감을 표했다. 자신도 베트남 교포라는 말을 처음으로 하면서 임기가 2년 정도 남아 있지만 할 수 있는 최대의 협조를 하겠다며 호감 어린 표정으로 이야기했다. 펩시는 전통적으로 베트남 남부 지역에서는 코카와 비교해서 경쟁 우위에 있었지만 앞으로도 계속해서 경쟁 우위를 유지할 수 있을지 의문이었다. 또한 최근의 자료를 보면 근소하게 시장에서 쉐어가 감소하는 중이어서 판로 확대를 위한 과감한 조치가 필요하던 시점이기도 했다. 양사간 협력을 위한 조건은 이미 성숙되어 있었다. 회의를 마치고 가벼운 마음으로 호텔을 나왔다.

첫 미팅이었지만 오래전부터 알고 지낸 사이처럼 친밀감을 남기고 회사에 돌아 오는데 점심비용으로 지출한 비싼 식대가 조금도 아깝지 않았다. 돌아오는 길에 관리팀장이 조심스레 물어왔다. 법인장님 정말 5년내에 100점포 개점이 가능할까요? 지금 상황 같아서는 1년에 5점포 개점도 벅찬 것이 현실이었다. 속으로 생각했다. 5년내 100점포를 개척하기가 쉽지는 않겠지… 그러나 자원의 제한과 리스크에도 불구하고 새로운 방식과 정신으로 기업을 성장시킬 목표를 정하고 도전하는 것이 기업가 정신이니까, 주재원들이 해야할 일이니까…

며칠 후 구매팀을 통해 전해진 회의결과는 상상하던 것 이상이었다. 40%에 달하던 탄산음료 원가는 20%초반으로 떨어졌고 매년 $35,000의 판촉지원금도 별도로 받기로 했다. 거기에 신규점포 개점시마다 수천 불 상당의 물품지원과 신규 탄산 M/C 및 신형 주스 디스펜서도 대여 받았다. 특히 시럽가격은 국내 그룹사에서 공급하던 가격보다 많이 저렴했다. 회의에서 펩시코 동남아 지사장이 5년간 원가에 시럽을 공급해 주겠다고 했는데 약속을 지킨 것이라 생각했다. 우리도 종이컵에 펩시 로고를 큼지막하게 넣어주고 점포내부와 신규점 개점행사와 각종 판촉행사에 펩시 로고가 노출되도록 적극적인 협력을 아끼지 않았다.

금전적인 지원 외에도 펩시코 에서는 베트남 중남부 지역의 공무원들과 폭넓은 인맥을 형성하고 있었다. 비록 실행되지 못한 경우도 다수 있었지만 신규점포 개발에 펩시코의 적극적인 소개와 지원이 따랐다. 얽히고 설킨 인맥으로 연결된 베트남에서 외식시장을 개척해야 하는 당사 입장에서 든든한 지원군이며 주재국에서 미래지향적인 사고를 가진 펩시코 지사장과의 협력관계를 구축한 것은 큰 행운이었다.

베트남 인사이드 _ 염소탕과 도마뱀

날씨가 연중 꼭지점을 향해 달려가고 있었다. 건기에서 우기로 넘어가는 4월말에서 5월 중순이 남부에서는 일년 중 가장 더운 계절에 속한다. 40도를 오르내리는 열기에 아침과 점심을 쌀 국수와 밥으로 지낸 베트남인들은 저녁은 직장 동료나 가족과 함께 식사를 하는 것이 보통이다. 저녁 식사에는 대개가 커다란 얼음을 넣은 맥주를 곁들이거나 전통술 르우를 함께 마신다.

베트남인들이 좋아하는 라우는 샤브샤브식으로 큰 냄비에 야채, 염소고기, 소고기, 해산물 등 여러 가지 종류의 재료를 넣고 끓여 먹는 것이다. 그 중 라우 예(하노이: 라우제)는 예로부터 왕족들이 즐겼던 고급요리로 다산으로 인해 보양이 필요했던 왕비를 위해 만들어진 산후조리용 궁중음식이기도 하다. 전통적으로 13가지 약재를 고아낸 사골국물에 부추, 쑥갓 등 43가지 재료를 염소고기와 끓인 탕요리로 맛이 깔끔하고 담백해서 한국 사람들도 많이 찾는다. 예는 염소를 뜻하는 말이다.

라우 예 요리는 구워서 먹는 것과 탕을 내어서 국물과 같이 먹는 것이 있는데 보통 구워서 먼저 먹고 나중에 국물에 쌀국수를 곁들여 식사를 한다. 라우 예에 나오는 구워 먹는 고기는 염소 젖가슴살에 양념을 한 것이라고 하는데 베트남인들의 해학이 숨어있다. 도시 곳곳에 있는 수많은 라우 예 식당에서 파는 고기들이 염소 젖가슴 살이면 염소에 대여섯개의 젖가슴이 달려 있어도 모자랄 거라고 이야기하면 정색을 하면서 라우 예를 먹으면 정력이 좋아진다며 시끄럽게 떠들면서 남자들끼리 서로 권하기도 했다. 구워서 먹는 고기는 특유의 양념을 한 것을 숯불에 굽고 구워진 고기를 특이한 소스에 찍어 먹는데 맛은 좋지만 기름기도 많아 구울 때 옷에 튀지 않도록 조심해야 한다. 라우 예를 파는 식당들이 현대식으로 깨끗하게 지은 식당이 아니라 약간 비위생적으로 보이기도 하며 자욱한 연기와 불결한 탁자에 수많은 사람들이 냉방도 안된 장소에서 음식을 먹다 보면 땀과 함께 냄새도 옷에 베어 들어 걸쩍지근한 느낌이 들기도 한다. 그러나 이런 분위기가 오히려 라우 예의 맛을 배가 시키기도 하는 것이다.

호치민시에서 남자가 여자의 몸을 더듬거나 바람을 피울 목적으로 치근덕거리면 염소를 닮았다고 하여 "예 람"이라고 하는데 한국에서도 바람둥이 남자를 염소에 비교하는 것을 생각하면 서로 비슷한 문화를 가지고 있는듯 하다. 베트남을 방문한다면 길가 허름한 식당 목욕탕 의자에 모여 앉아 지나가는 사람들을 구경도 하면서 한번쯤 저녁에 먹어 볼만한 음식이다. 새벽까지 영업하는 식당도 있을 정도로 대중화 되어 있으나 식당마다 소스 조리법이 달라 맛은 조금씩 다르다. 베트남의 라우는 국물을 대부분 식당 자체에서 제조하는데 한국인들이 먹기에는 약간 느끼한 맛이 난다. 이런 요리를 맛있게 먹으려면 다진 마늘과 잘게 썬 매운 고추를 듬뿍 넣어서 먹으면 어지간한 국물 음식은 무난하게 먹을 수 있다. 마늘 다진 것은 "또이 범"이라 하며 매운 고추를 잘게 썬 것은 "엇 삭"이라 한다. 라우 예는 이처럼 대중적인 음식이지만 가격은 다소 비싼 편이다.

점포 점장들과 함께 저녁식사를 겸한 상견례를 갖기로 했다. 식당을 정해서 예약 후 통역에게 주소를 알려왔는데 1군 도심에 위치한 바비큐 레스토랑이었다. 베트남에는 지붕만 있고 벽이 없는 식당들이 많다. 대부분 저녁시간에 시작해서 밤늦게 문을 닫는 식당인데 충분한 냉방시설을 할 수가 없기 때문이다. 저자가 보기에는 오히려 벽이 없고 기둥만 있는 편이 음식을 조리할 때 연기도 잘 빠지고 대형 팬을 몇 개만 설치해도 바람이 불어와서 시원한 것이 전력사정이 좋지 않은 베트남에 잘 어울리는 것 같았다. 식당에 도착하자 지붕만 있는 식당 입구에는 먹음직스럽게 잘 구운 통 돼지 바비큐가 놓여져 있었다. 식당 군데 군데 테이블에는 먼저 온 손님들이 커다란 얼음이 들어있는 맥주를 곁들여 바비큐를 먹으며 시끄럽게 이야기하고 있었다.

식당 한쪽에 마련된 장소에서 점장들과 첫번째 만남이 시작되었다. 돌아가면서 한 명씩 자기소개를 했다. 초롱초롱한 눈망울에 조금의 망설임이나 거리낌없이 자기소개를 하는데 프랑스식 교육의 영향이 남아 있는지 표현력과 발표능력이 뛰어났다. 나이는 20대 초반에서 중반까지 였는데 하나같이 나이보다 3,4살 어려 보였으며 미모와 열정을 겸비하고 있었다. 젊음과 열정으로 가득 찬 인재들과 함께 있는 것 만으로도 좋은 기분이 전해져 왔다. 접시에 다양한 요리가 담겨져 나오는데 맥주를 마실 거냐고 묻길래 좋다고 하자 커다란 얼음 조각이 담겨진 플라스틱으로 된 보냉 용기와 타이거 맥주가 함께 나왔다. 나중에 안 사실이지만 베트남도 음주단속이 있었는데 너무나 유명무실한 법규였다. 점심식사 혹은 저녁만찬 등에 등장하는 모임에는 예외없이 맥주 혹은 와인이 등장하는데 대부분 사람들은 거리낌없이 마시고 또 마셨다. 그렇게 양껏 기분 좋게 마신 후에는 예외없이 오토바이를 운전해서 집으로 돌아갔는데 문제가 된 경우를 한번도 본적이 없기 때문이다. 베트남은 물이 좋지 않아 음용수로 사용하기에 부적합하므로 맥주를 마시는 문화가 발달한 거 같았다. 처음이라 분위기가 조금 서먹했는데 맥주를 마시자 화기애애한 분위기가 되어 자연스레 베트남 요리 이야기로 이어졌다.

바비큐 식당이었으므로 식당의 주요메뉴 이야기부터 시작해 베트남에서는 날거나 기거나 헤엄치는 모든 동물은 느응(구이)의 재료가 될 수 있다고 하더니 양념한 참새구이와 들쥐 바비큐가 특히 맛있다며 기회가 되면 먹어보라며 추천을 했다. 롱안성 개구리 통구이는 발끝부터 통째로 씹어 먹어야 보약이 된다고 하는데 재래시장에 가면 예외없이 개구리의 껍질을 벗겨서 모아두고 판매하는 것을 볼 수 있다. 일부 여성들은 개구리의 모습이 사람을 닮았다는 이유로 먹지 않는 경우도 있다고 한다. 베트남 중남부 해안지역에서 유명한 텃용(Thit Dong)은 모래언덕 근처에 많이 사는 파충류과의 도룡뇽을 일컫는데 성격이 유순하고 겁이 많은 편이다. 평소에는 길가 대로변에서 일광욕을 즐기거나 모래사장 속에 숨어서 지내다가 우기가 되어 들판에 파릇파릇하게 새싹들이 돋아나면 곡식들의 새싹으로 굶주린 배를 채운다. 이들을 그대로 두게 되면 한해 농사를 망칠 수 있기에 주민들은 단체로 숙식까지 해 가면서 용 사냥에 나서게 된다. 용들은 보통 땅 속 1~1.5m깊이에 숨어서 살지만 사냥꾼들의 노련한 손길을 피해갈 수는 없다. 이렇게 자루에 가득 담겨진 용들이 도착하면 동네에서는 용을 이용한 요리로 한바탕 떠들썩 해진다. 용 튀김, 용 스프, 용 숯불구이 등 용을 이용한 요리만해도 10여가지가 넘는데 가장 인기있는 요리는 담백하면서도 고소한 맛이 일품인 용 숯불구이다. 용은 베트남 남 중부 해안지방 중에서도 빈투언(Binh Thuan)에 많이 살고 있는데 5월에 이곳을 방문하면 지방의 특색이 담겨있는 다양한 용 요리를 밋볼 수 있다. 마침 벽에 도마뱀이 기어 다니고 있길래 손으로 가리키며 저것도 구워 먹느냐고 물어보자 장난기 섞인 눈빛으로 당연하다는 표정으로 대답하는데 분위기가 피할 수 없는 의무가 될 거 같은 느낌이 들었다.

베트남을 처음 방문하는 사람들은 도시의 거리를 걷거나 식당 혹은 상가에 들어가보면 빠르게 움직이는 동물 하나를 볼 수 있다. "탄란"이라고 하는 도마뱀이다. 이 도마뱀은 간판이나 천정, 벽 등에 꼼짝하지 않고 붙어 있다가 모기나 날파리, 하루살이 같은 곤충류가 나타나면 번개같이 달려가서 잡아먹는다. 작은 곤충은 혀를 이용해서 잡아먹고 나비와 같은 큰 종류는 입으로 물어서 잡고 있다가 힘이 빠지면 삼켜버린다. 이 도마뱀들도 자기 구역이 있어서 다른 도마뱀이 자기 구역에 침범을 하면 겁을 주거나 싸우기도 한다. 대개 몸체가 작은놈이 지고 큰 놈이 쫓아가면 걸음아 나 살려라 하고 도망을 가는 모습도 가끔 볼 수 있다. 시골이나 해변을 가면 모기에 자주 물리지만 대 도시에는 달리 방역을 하지 않는데도 불구하고 모기가 적은 것은 이 도마뱀 덕인 것이다. 그래서 베트남 사람들은 이 도마뱀을 함부러 죽이지 않는다.

저자가 살던 빌라에도 도마뱀이 많이 있었다. 낮에는 숨어서 꼼짝 하지 않기 때문에 어디에 있는지 알 수 없으나 밤이 되면 슬슬 활동을 시작한다. 막 잠이 들었다 생각했는데 천정에서 뭐가 툭 하고 떨어지는 느낌이 들어 손으로 더듬어보니 뭔가 만져지는 것이 있었다. 놀라서 불을 켜보니 가슴위에 떨어져 있던 도마뱀 한 마리가 놀라서 짧은 꼬리를 양 옆으로 흔들며 부리나케 도망을 가는 것이었다. 원숭이도 나무에서 떨어질 때가 있다고 했는데 도마뱀도 가끔 천정에서 떨어져 사람을 놀라게 할 때가 있구나 생각하며 잠을 청하는데 영 잠이 오지를 않았다. 집에 쥐가 없는데 창틀이나 집안 구석 구석에 쥐 똥 같은 것이 있다면 십중팔구는 도마뱀이 어딘가 살고 있다는 표시이다.

도마뱀을 식당에서 튀김으로 팔기 위해서 잡는 사람들이 있다. 한손에는 빈 플라스틱 생수병을 들고 한 손에는 문구점에서 파는 고무줄을 손가락에 걸어 도마뱀을 향해 발사하면 고무줄에 맞은 도마뱀이 천정이나 벽에서 떨어질 때 잽싸게 뛰어가서 잡아 플라스틱 통에 넣어 버린다. 이렇게 잡은 도마뱀은 내장을 제거하고 밀가루를 살짝 묻혀 튀겨내면 도마뱀 튀김이 되는 것이다.

그렇게 도마뱀 튀김 두 접시가 우리 앞에 놓여졌다. 언젠가 TV에서 맥가이버가 꼬챙이에 커다란 도마뱀 한 마리를 꽂아 바비큐식으로 구운 뒤 여자친구 케이트에게 권하던 장면이 생각났다. 그 때 맥가이버가 잘 익은 도마뱀 뒷다리를 입에 대기 전에 야릇한 미소를 짓던 모습이 생생히 떠 올랐다. 그 당시 과연 어떤 맛일까 궁금했는데 베트남에서 실제로 도마뱀 요리를 먹어보게 되리라곤 상상조차 못했기 때문이다. 맛있는 요리를 앞에 두고 망설이자 비가 나서서 먹는 방법을 알려 주었다. 비는 다섯명의 점장중에 나이는 가장 어리지만 열정만은 대단했다. 비를 보고있으면 사회주의 도시 공원에 설치되어 있는 포스터의 주먹을 불끈 쥐고 대중을 선동해 나가는 붉은 여전사가 떠올랐다.

먼저 도마뱀 앞다리를 두 손으로 잡고 옆으로 살짝 잡아당기자 잘 튀겨진 도마뱀이 반으로 갈라지면서 김이 모락모락 나는 뽀얀 속살이 드러났다. 그때 함께 제공되는 후추가 섞인 소금에 레몬즙을 살짝 뿌린 후 콕 찍어 먹으면 도마뱀 특유의 담백한 식감을 느낄 수 있다. 그렇게 반쪽을 먹은 후 남은 반쪽을 내밀었다. 망설일 것 없이 받아서 입속으로 넣었다. 도마뱀의 작은 발이 혀에 닿는 이질감이 느껴지고 담백한 치킨 가슴살을 씹는 맛이 전해졌다. 다행이란 생각이 들었다. 다음은 함께 제공되는 싱싱한 상추에 바나나껍질을 채 썬 야채 등과 함께 넣어 소스에 찍어 먹었는데 당연히 도마뱀의 식감은 덜했다. 접시에서 통통한 도마뱀튀김 한 마리를 골라 가운데를 찢은 후 한쪽 다리를 주재원들에게 건네며 같이 먹자고 하니 얼굴은 웃고 있는데 표정은 아니었다. 각종 야채와 함께 8~10마리가 담겨져 나오는 한 접시의 가격은 2만동으로 건물벽에 붙어있는 도마뱀이 튀김이 되기까지의 과정을 생각하면 저렴한 편이었다. 점장들과 유익한 시간을 보낸 후 모두들 음주운전을 해서 집으로 돌아갔다.

초기 주재원들은 대체적으로 입이 짧은 편에 속했는데 덕분에 특이한 음식을 찾아 도시를 헤매지 않고 평범하면서 맛있는 베트남 음식을 먹을 기회가 많았다. 회사 사무실 근처에는 딘띠엔호왕(Dinh Tien Hoang) 94번지에 호치민시에서 유명한 게식당이 있었는데 파스퇴르 연구소 앞에 있는 쌀국수 가게 퍼호아(Pho Hoa)와 함께 아는 사람들은 다 알고 있는 호치민시의 숨겨진 맛집이었다. 내국인은 1층을 이용하고 외국인은 에어컨이 설치되어 있는 2층을 주로 이용했는데 2층으로 올라갈 때면 나무로 만들어진 계단이 좁고 경사가 심해 항상 조심해야 했다. 식사 후 계단을 내려오는 것은 더 힘들었는데 외부에서 보여지는 허름한 식당 분위기와 달리 게 요리는 대부분 맛있게 먹을 수 있었다. 특히 게살이 수북하게 들어있는 게 당면 볶음과 게 볶음밥, 스팀에 찐 민물게의 두툼한 앞다리살이 먹을 만했다. 어린 게가 성게가 되는 과정에서 탈피를 하게 되는데 이 때 잡힌 게들은 껍질이 말랑말랑하다. 이 소프트 크랩에 튀김가루를 묻혀 기름에 튀겨낸 다음 소스에 찍어 먹는데 로컬식당 어디를 가나 있는 메뉴이므로 한번쯤 경험삼아 먹어보는 것도 좋다. 딘띠엔호왕은 일방 도로인데 식당 앞에서 내리면 94번 식당이 두개가 있다. 앞에 보이는 식당이 원조이고 뒤로 보이는 식당은 짝퉁이다. 접시당 3만동을 넘지않는 저렴하면서 한 접시 가득 담겨져 나오는 푸짐한 요리가 일품이었는데 언제부터 인지 모르게 관광객들이 몰려들기 시작하면서 수요와 공급의 원칙에 따라

가격이 하늘로 올라가 버렸다. 처음부터 외국인 관광객들을 상대로 영업을 할 정도로 규모 있는 식당이 아니었기 때문이다.

우기가 되면 베트남인들은 양기를 돋우기 위해 뱀이나 악어요리를 찾는데 흔하게 먹지 않는 요리이기에 잠시 소개하고자 한다. 먹거리도 다양하지 않고 보양식을 자주 먹을 수 없는 베트남에서 여성들은 뱀요리를 하는 식당으로 가서 고기는 탕이나 구이로 먹고 껍질은 튀김, 뼈는 갈아서 죽으로 각자 주머니 사정에 맞게 물뱀이나 코브라 같은 뱀들을 먹는데 독이 있는 뱀은 가격이 두 세배 비싸다. 베트남에 정착해서 사는 사람들의 말에 의하면 뱀고기를 먹고 제때 양치를 하지 않으면 뱀 비늘이 이사이에 끼어서 이가 검게 변한다고 하는데 그 때문인지 이가 검은색으로 변색된 여성들이 많았다. 소득의 증가와 더불어 먹거리가 풍부해지고 다양화 되면서 뱀을 즐겨먹던 여성들의 습성도 변화되고 미용에 신경을 쓰기 시작하자 검게 변색된 치아도 점차 사라지게 되었다.

남자들은 악어요리를 선호하는 편인데 호치민시 외곽 투득에서 빈증으로 가다 보면 하노이로 가는 협괘 철길을 따라 악어를 사육하고 판매하는 식당들이 많이 있다. 악어는 베트남어로 까 써우(Ca Sau)라고 부르는데 우리말과 같이 나쁜 생선이라는 뜻이다. 예전에는 가죽을 벗겨 가방이나 지갑, 벨트 등을 만들고 남은 고기는 부산물로 판매하였으나 요즘에는 새끼 악어를 식재료로 사육하여 판매하기도 한다.

악어식당에 도착하면 철망으로 된 우리가 있는데 보통 1.5Kg에서 3.0Kg사이의 새끼 악어들이 들어있다. 식당에 들어오는 인원수를 보고 적당한 크기의 악어를 추천해 준다. 악어를 고르면 눈앞에서 악어의 입을 검은색 전기테이프로 묶은 후 작은 얼음이 담긴 그릇을 가져와 칼로 악어의 목을 찔러 피를 낸다. 이렇게 그릇에 담겨진 피를 유리컵에 따라 서로의 건강을 기원하면서 돌아가면서 마시는 것으로 시작된다. 악어가 잠잠해지면 책으로 된 메뉴를 가져와 어떤 요리를 할 건지 선택하게 되는데 베트남어로 된 메뉴를 보고 음식을 주문하는 것에 자신이 없으면 안내하는 종업원이 추천하는 대로 주문하는 것이 좋다. 악어 양념구이와 카레요리 그리고 탕을 주문하고 나서 자리에 앉아 기다리니 조금전에 잡은 악어고기를 먹기 좋은 크기로 자른 후 특유의 양념을 발라서 한 그릇 내어왔다. 옆테이블에 화덕을 올려놓고 붉은색 유니폼을 입은 종업원들이 부지런히 악어를 구워 주는데 배가 고파서 그런지 고기 굽는 냄새가 더욱 진하게 느껴졌다. 이윽고 잘 구워진 악어고기가 식용 바나나, 향채와 한 그릇에 담겨서 나왔다. 악어껍질이 그대로 붙어있어 다소 혐오스러워 보이기도 했는데 양념이 잘 되어 있어서 고기에서 별다른 이취가 나는지 모를 정도였다. 구이를 다 먹을 무렵 카레탕에 끓인 악어요리가 바게트 빵과 함께 나오는데 보기에 철갑상어인지 악어인지 구분이 안 될 정도로 흡사했다. 구이로 배를 채운 후라서 선호도가 떨어지는지 테이블에는 빈 맥주캔만 늘어갔다. 조금 더 있으니 보기에도 힘이 솟을 것 같은 탕요리가 나왔다. 각종 한약재를 넣은 약초물에 끓인 악어요리가 신비스러운 느낌이 나는 뽀얀 김으로 덮인 채 도자기 그릇에 담겨 나오자 조금전과는 달리 신비한 악어요리를 맛보기 위해 모두들 젓가락을 부지런히 움직였다.

전에 악어농장을 방문했을 때는 세수대야만큼 커다란 그릇에 담겨 나온 악어 머리에 눈이 그대로 달려 있었다. 보스가 악어의 눈을 먹어야 한다고 해서 가슴이 막힐 정도로 놀랐는데 악어 요리기술도 날로 발전하는 것 같았다. 전과 비교해 가격은 두배정도 올라서 2Kg짜리 한 마리가 1.8백만동 이었다. 식사를 마치고 악어농장을 나오니 하노이에서 내려오는 협괘 열차가 시끄러운 소리와 함께 바람을 일으키며 농장 앞을 지나가고 있었다.

베트남 인사이드 _ 점포 임대차와 토지제도

베트남의 전통적인 주택들은 형태에서 특이한 점이 하나 있다. 전면은 짧고 뒤로는 긴 형태가 그것인데 대부분 사람들이 도로에 접해 있는 형태의 건물을 선호한다. 그러다 보니 최대한 많은 사람들에게 도로에 접한 토지를 배분하기 위해 전면을 4m로 한정하고 뒤로는 5배 까지 허용하여 20m짜리 좁고 긴 건축물이 되는 것이다. 이런 주택들은 대부분 가운데에 계단이 위치하며 앞뒤로 거실이나 방 혹은 주방을 만드는데 보통 3~4층 구조로 되어 있다. 또한 공간적인 제약으로 인해 담장을 쌓지 않고 옆의 건물에 붙여서 건축을 하다 보니 기반공사 같은 것이 제대로 되어있지 않은 코너에 위치한 건물의 경우 가끔 붕괴사고가 발생하기도 한다. 우기가 되면 방수처리가 제대로 되어 있지 않은 주택과 주택 사이로 빗물이 스며들기 때문에 대부분 타일이나 페인트로 내부 마감을 한다.

당사도 진출 초기에 이 특이한 형태의 건축물로 인해 점포개발에 많은 애를 먹었다. 롯데리아 점포 레이아웃은 주방기기 배치와 주방내 원활한 오퍼레이션을 위해 점포 전면길이를 최소 8m를 기준으로 하기 때문이다. 또한 셀프서비스의 특성상 주문을 하는 카운터가 출입구로부터 멀리 있을수록 고객의 불편이 가중되기에 출입문으로부터 4m 이내에 설치하는 것이 좋은데 이런 구조의 주택을 찾는다는 것이 매우 어려웠기 때문이다. 또 한가지 문제는 오토바이 주차공간의 확보였다. 별도로 주차공간을 확보하고 있는 경우를 제외하는 대부분 건물의 경우 점포에 인접한 인도를 오토바이 주차

공간으로 허가 받아 사용해야 했다. 따라서 인도의 폭이 넓고 각지에 위치한 점포일수록 주차허가와 이용에 유리했는데 이런 조건을 갖춘 건물들은 임차조건이 까다로운 경우가 대부분이었다.

최근에는 고급아파트와 대형 쇼핑센터가 많이 건설되면서 점포 입지선정에 다소 여유가 생겼으나 이전에는 난감한 경우가 많았다. 주택가 핵심상권 코너에 위치하며 전면이 8m가 넘는 건물을 발견하는 것이 여간 어려운 일이 아니었으므로 건물 2개를 임차해서 내부를 트거나 해야 하는데 건물주간의 완고한 갈등이나 가족간 내부 갈등을 민주적인 방법으로 해결 하는데 많은 시간과 노력을 투자해야 했다.

점포개발을 하는데 또 다른 어려움은 대가족 제도에 있다. 전통적으로 베트남인들은 대가족이 모여 사는 것을 선호한다. 그러다 보니 한 개의 주택에 3대가 모여 사는 경우도 많은데 남편과 부인, 자식 간에도 의견이 일치되지 않으면 임차를 할 수가 없으므로 설득하고 기다리는 것이 점포개발의 시작이었다. 때로는 외국인과의 거래에서 오는 막연한 불안감을 해소시켜 주기 위해 점포로 가족을 초청해서 회사 소개도 하며 제품 시식을 하면서 안심을 시켜 주기도 했다. 당시 롯데리아가 무엇을 하는 회사인지 모르는 건물주가 대다수였기 때문이다. 삼국지연의에는 유비가 제갈량을 얻기 위해 오두막집을 세 번씩 찾아가는 대목이 나온다. 군주로써 힘든 발걸음이겠지만 제갈량의 마음을 얻기 위해 수고로움을 마다하지 않아야 했다. 유비가 제갈량을 얻듯 회사에서 필요로 하는 좋은 점포를 얻기 위해 건물주를 예닐곱번 이상 찾아가서 설득하고 협의하고 기다리는 수고를 마다할 주재원은 없었다. 반드시 출점 되어야 하는 장소에 점포를 확보하기 위해서는 수년간에 걸친 노력과 정성을 보태야 했는데 돈으로 해결되는 문제가 아니었다. 주재국의 임대차에 따르는 관습은 합리적으로 수용해야 했는데 열정과 주인의식이 없이는 하기 힘든 일이었다. 베트남인들은 수백만불에 달하는 건물을 소유하고 있어도 일상의 평범한 주택에 거주하는 경우가 많은데 대가족이 있는 경우 마지막으로 가족의 최연장자를 만나 덕담을 나누면서 계약서에 사인을 하게 된다. 개인과의 임대차 계약 시 직급이 높을수록 상대에게 신뢰를 주기 때문에 아무리 바쁘더라도 직급이 높은 사람이 가는 것이 사후관리를 위해서도 필요하다. 베트남도 인감제도는 있으나 개인이 별도로 인감을 제작, 등록하는 제도는 없으므로 쌍방의 사인이 된 계약서를 국가 공증사무소에 가서 공증을 하고 나면 임대차 계약서에 대해서는 어느 정도 안심을 할 수 있다. 물론 공증을 받았다고 안심할 수는 없는 것이 일방의 문제제기로 소송에 들어갔을 경우 소송 시점에서의 상황과 로비에 의해 재판결과가 달라지기 때문이다. 법원에 어떤 로비를 하는지 알 수 없지만 관할법원은 항상 인민의 편에서 그때는 그것이 맞았지만 지금은 이것이 맞다는 식의 판결을 하게 된다. 저자의 생각에는 법의 구현보다 사회정의를 지향하는 판결이라는 생각이 들었다.

점포 임대차 계약 전 반드시 확인해야 할 것이 있는데 바로 토지사용권에 관한 부문이다. 사회주의 국가에서는 기본적으로 토지에 대한 개인소유권을 인정하지 않는다. 대신 토지사용권을 주는데 개인과의 거래시 토지 사용권리가 다르기 때문에 문제가 발생한다. 드물게 고유목적에만 사용할 수 있는 토지사용권도 있고 토지사용권자로부터 임차해서 사용중인 토지사용권의 임대(전대형태)시에는 임차기간이 문제가 될 수도 있다. 베트남인이 주택을 구입할 경우 해당 토지에 대하여 영구사용권이 주어지는데 3자에게 대여나 양도가 가능하면서 상속되는 토지사용권리를 갖는다. 또한 토지사용권을 담보로 금융기관에서 금전차용이 가능하게 됨으로써 토지소유권과 동일한 권리를 부여받고 있다. 그러나 개인이 소유한 토지에 대한 권리확인에 어려움이 있어 국가발행증서인 토지사용권증서(레드북[1])를 확인해 봐야 한다. 레드북이라는 용어는 토지사용권리에 관한 내용이 붉은 글씨로 적혀 있기 때문인데 공증 등의 특별한 경우 외에는 위,변조에 대한 우려로 레드북을 빌려주거나 복사 하는 것에 동의하지 않으므로 직접 확인할 수 밖에 없다. 법인 투자자는 투자법에 따라 업무용 주택이나 토지사용권을 매입해서 사용할 수 있으니 활용해 보는 것도 좋다.

또 한가지 확인해봐야 할 것은 건물 도면이다. 대부분 건물은 집주인이 도면을 보관하고 있는데 오래된 고서적 사이에서 찾아낸 것 같은 느낌의 도면을 펼쳐보면 의외로 간단한 평면도 몇 개가 전부인 경우가 대부분이다. 도면과 상이하게 불법으로 변경된 경우가 많은데 인테리어공사시 문제가 된다. 한창 내 외부 공사를 진행 중인데 갑자기 찾아온 공안이 도면에 없는 불법 건축물이라며 공사를 중지시키면 더 이상 공사를 진행할 수가 없기 때문이다. 현장에서 작업 인부들은 공안의 지시대로만 행동한다. 대부분 곤란한 경우가 생기는 순간 건물주는 더 이상 연락이 되지 않는다. 오히려 건물주가 공안에 자진해서 신고를 하는 경우도 있기 때문에 건물주가 해결해 주기를 바라지 말고 직접 해결할 방법을 찾아야 한다. 단순히 공사만 중지시키면 공안 사무실을 찾아가서 해결을 하면 되지만 트럭을 대동하고 나타난 공안이 공사장비를 모두 실어가 버리면 난감한 상황이 된다. 차라리 공구를 판매하는 상가에 가서 새로 장비를 구입하는 것이 공안에게 공사장비를 찾아오는 것보다 금전적, 시간적으로 이익이 되는 경우가 많다. 베트남인들 사이에는 유연성을 적용하여 아무것도 아닌 것이지만 외국인한테는 상황에 따라 엄격하게 적용하는 유연성을 발휘하는 것이 베트남 공안인 것이다. 우여곡절을 겪으며 공사가 완료되면 같은 건으로 다시 문제 삼는 경우는 드물다. 일단 처리된 사건은 다시 다루지 않는다는 형사소송법상 일사부재리 원칙처럼

우리나라는 대부분 도시의 전선이 지중화사업을 통해 땅 아래에 매설되어 있다. 베트남은 오래된 주택의 베란다, 불법 증축건물에 얽히고 설킨 전선이 건물에 걸쳐 있는 경우가 많다. 임차시 신중을 기해 확인해야 하는데 전력을 공급하는 전선과 군사, 공안의 통신선들이 서로 복잡하게 얽혀 있어 전신주나 철탑이동이 거의 불가능에 가까우므로 감안해서 도면을 작성해야 한다. 신도시나 아파트, 공단 등 대규모 시설물은 말끔하게 정리되어 있으나 시가지 오래된 로컬 건물 임차시 반드시 현장을 확인하는 주의가 필요하다.

마지막으로 건물에서 사용할 수 있는 전기용량에 관한 부분이다. 한국과 비교하면 베트남의 전기사용량이 많은데 열대기후로 인해 에어컨 사용량이 증가하기 때문이다. 전력사정이 좋지않은 베트남의 경우 전기증설비용이 생각보다 많이 들어가는데 건물주가 증설을 하고 임차인이 비용을 부담하는 방법으로 증설비용을 낮출 수 있다. 계속해서 좋아지고 있다고 하는데 공급되는 전기의 품질이 좋지 않아 용량에 맞는 전기안정기를 설치하는 것이 필수적이다. 주택에는 가정용 발전기가 대부분 설치되어 있어 단시간의 정전에 대비하고 있으나 업무용으로 사용하기에는 턱없이 모자라는 소형 발전기다.

1) 베트남 토지제도

베트남 토지제도, 좀더 정확하게 표현하면 토지사용권리에 대해 많은 사람들이 궁금해하고 또 어려워한다. 베트남은 1986년 이후 도이머이(Doi Moi)정책을 수행하고 사회주의체제를 유지하면서 시

장경제를 추구하는 방식을 취해 왔다. 이로 인해 법령체계도 이러한 사회주의 기본 틀을 유지하며 시장경제에 적합한 규정을 지속적으로 제정 또는 개정해 왔는데 토지법 역시 이러한 독특한 방식을 따라 베트남의 토지제도를 만들었다. 전 인민이 토지에 대한 소유권을 보유하되 국가가 국민을 대표하여 토지를 관리하고 토지사용권은 각 개인 또는 기관과 같은 주체들에게 할당 또는 임대해주는 제도이다. 이러한 독특한 토지 제도로 인해 베트남에서 사업을 하는 외국인들이 가장 이해하기 어려운 분야가 바로 토지분야라 할 수 있다. 토지에 대해 배타적이고 영구적인 권리인 소유권을 인정하고 있는 한국과 달리 베트남 헌법상 토지는 전인민의 소유에 속하며 국가가 통일적으로 관리한다고 규정되어 있으며 이에 따라 외국인은 물론 베트남 내국인도 원칙적으로 토지를 소유할 수는 없는 것이다.

토지사용권에 대해서는 직접 정의하는 법률 규정은 없으나 토지사용권이란 개인 또는 기관이 국가로부터 토지를 할당 또는 임대받아 일정기간 동안 사용할 수 있는 권리를 의미한다고 정리해볼 수 있다. 베트남 토지법상 토지사용권을 부여 받는 방법으로는 국가의 토지할당과 토지임대가 있다. 국가의 토지 할당이란 국가가 행정적 결정으로 토지사용 수요자에게 토지사용권을 할당하는 것을 의미하고 국가의 토지임대란 국가가 계약에 의하여 토지사용 수요자에게 토지사용권을 임대하는 것을 말하는데 베트남인의 경우 국가의 토지할당이나 국가의 토지임대에 따라 사용권을 부여 받을 수 있으며 이러한 토지사용권을 부여 받은 베트남인은 국가로부터 토지사용권증서를 교부 받고 국가는 위 토지사용권에 대하여 사용료를 부과하게 된다.

외국투자자도 토지사용권을 보유할 수 있다. 즉 투자법에 따라 국가로부터 토지를 임차한 베트남 내의 외국투자법인도 토지사용권자가 될 수 있다. 다만 외국투자자 개인의 경우 토지사용권자가 될 수 없는데^(註釋) 베트남 투자시 투자법인설립 형태로 투자허가를 받아야 하기 때문이다. 이 부분이 여러 사람들에게 많은 혼란을 주고 있는 것 같다. 외국인은 투자프로젝트 실행을 위해 토지사용권을 취득할 수 있는데 토지법 제26조 투자법 제6조는 투자프로젝트의 토지사용기간에 대해 일반적으로 50년을 초과할 수 없도록 규정하고 있다. 따라서 외국투자자가 취득하는 토지사용권은 사용기간 도래시 만료 될 수 있으나 사용기간 만료시에도 투자자가 계속적인 사용을 원하는 경우 사용기간 동안 토지사용 관련 법령을 충실히 준수하였다면 관할 국가기관은 확정된 토지 사용개발계획에 따라 토지사용기간의 연장을 검토할 수 있도록 규정되어 있다.

토지사용권은 베트남 민법과 토지법 규정에 따라 양도와 임대가 가능한데 토지사용권의 양도에 관한 계약은 반드시 서면으로 이루어져야 하며 공증절차를 거쳐야 한다. 토지사용권의 양도의 효력은 토지사용권이 등록된 시점에 발생한다. 이미 다른 사람이 가지고 있는 토지사용권을 취득하기 위해서는 토지사용권을 국가에 반납하고 다시 국가로부터 토지사용권을 취득해야 하므로 절차가 복잡하고 불확실성이 존재한다.

투자법에서 외국인으로 주택을 구입할 수 있는 경우 베트남에서 1년이상 생활해 온 개인이나 외국인 투자회사 중 1년이상 투자승인 기간이 남은 회사는 주거용 주택의 구매, 상속, 기증, 소유 등을 할

(註釋) 투자법에서는 외국 개인의 주택구입권리를 제한하고 있으나 2015년 7월 시행된 주택법에서 외국인도 베트남 부동산을 자유롭게 소유할 수 있도록 개정되었다.

수 있는데 자격 요건은 베트남 배우자와 결혼을 한 사람(결혼증명서), 베트남에 직접 투자한 투자자(대표자 및 정식 이사회 임원), 과학, 환경, 교육, 경제 등의 일을 하고 있으며 기사 혹은 학사 이상의 자격보유자로 베트남 기관으로부터 노동 허가를 득한 자, 베트남 대통령 훈장이나 기장을 받은 자에 한한다.

이처럼 투자법에서 주택을 구입할 수 있는 외국인의 대상과 범위를 특정하자 일부 외국인들은 해당 법규를 회피하는 방법으로 부동산(아파트)을 매매하기 시작했다. 현지인 명의로 부동산을 매매하는 경우와 아파트 시행사가 연계된 방법으로 매매하는 것이 일반적인 방법이었다. 아파트 거래시 프로젝트 기간내에서 매도인은 시행사에 주택소유권을 매각하고 시행사는 매수인에게 주택소유권을 판매하는 형태로 거래가 이루어지는데 시세에 따른 매각차액은 개인간의 거래로 이루어진다. 이경우 외국인간의 거래에서는 프로젝트 기간이 연계되지만 현지인이 매입하는 경우 영구사용권리를 갖게 된다.

2015년 7월 시행된 2014 베트남 주택법 159조에 따라 베트남에 입국할 수 있는 외국인 개인도 일정자격만 갖추면 누구든지 베트남 부동산을 소유할 수 있게 되었다. 비자 문제와 소유권 문제의 불확실성으로 현지에서 거주하는 외국인들의 부동산 매입은 주춤한 반면 내국인들의 베트남 부동산 투자열풍을 타고 투자용 아파트 매입이 크게 늘고 있다는 언론보도를 접한 적이 있다. 대다수 실 거주목적이 아닌 임대수익이나 부동산 매매차익을 목적으로 하는 투자일 것이다. 여권과 비자 혹은 거주증이 있으면 현지에서 은행계좌를 개설하여 국내 부동산투자에서 얻을 수 있는 것보다 높은 이자수익도 기대할 수 있다. 외국인 개인이 구입할 수 있는 부동산 형태는 베트남 주택법과 관련 법령에 의거하여 주택건설 관련 프로젝트에 투자한 경우이거나 정부관련 규정에 의거하여 국가방위 및 안보의 목적으로 관리되는 지역을 제외하고 주택 건설 프로젝트내 아파트, 단독주택을 포함한 상업용 주택의 구매, 임대, 대량구매, 증여 및 상속의 경우 외국인의 베트남내 주택소유권이 인정된다.

그러나 국가방위 및 안보의 목적으로 관리되는 지역에 대한 정부의 공식리스트가 3년이 지난 현재까지 미 공표되고 있는데 산업의 발전속도와 이를 규정하는 규정이나 행정 발전속도에 비해 행정력이 따라가지 못하는 것으로 봐야 한다. 신규로 건설되는 아파트는 외국인에게 판매할 수 있는 수량(프로젝트내 아파트의 30% 이내)이 한정되어 있으며 동일 행정구역내 빌라나 단독주택을 250채 이상 소유할 수 없다. 또한 증여나 상속 등으로 주택 수량 초과시 주택 가치만을 소유하게 된다. 주택에 대한 소유권 기간(증명서 발급시점으로부터 50년)이 한정되어 있으며 정부당국의 규정에 의거하여 연장을 허가 받을 수 있다. 소유권 기간내에 주택을 베트남인에게 매각하면 베트남인은 영구사용권리를 가지게 되나 오피스텔에 대하여는 사용기간 리셋과 연장이 허가되지 않는다. 주택 소유권 기간 및 권리내용은 소유권증명서(핑크북2))에 반드시 기재되어 있어야 한다.

2) 베트남 공증제도

베트남 법의 규정에 따라 외국인과 관련된 서류들은 사본 공증을 받아야 하며 공증을 받은 후 서류들의 제출이 가능하다. 공증은 각 지역마다 있는 공증사무소에서 받을 수 있는데 베트남어로 된 서류

---

2) 레드북과 핑크북은 동일한 의미이다. 환경부에서 발행하는 주택 및 토지 사용권 증서는 권리내용이 붉은 글씨로 기록되어 있어 레드북이라 부르며 건설부에서 발행하는 주택 및 토지 소유권 증서는 서류가 핑크색으로 되어있어 핑크북이라 부르고 있다. 핑크북은 프로젝트내 아파트, 오피스텔, 공단등에 주로 발행된다.

는 동에서 받으면 되나 외국어로 된 서류는 일반 공증사무실에서 사본 공증을 받을 수 있다. 외국인과 베트남인 간의 계약은 물론 외국인과 외국인간의 계약도 베트남 내에서 계약을 하고 베트남 법에 어긋나지 않는다면 어떠한 계약이라도 베트남 행정기관으로부터 공증을 받을 수 있다. 특히 외국인과 외국인, 외국인과 베트남인 간의 금전적인 거래도 정식 공증을 받을 수 있으므로 공증제도를 활용하면 불필요한 문제를 없애고 법의 보호를 받을 수가 있다.

주택 임차시에 임대차 계약서를 쓰게 되는데 계약기간 종료시 보증금을 돌려주지 않거나 이런 저런 핑계를 대며 보증금의 일부를 떼어먹는 경우가 흔히 있다. 가장 좋은 해결방법은 집을 비워주지 않고 보증금 금액만큼 더 있다가 집을 비워주는 것인데 여러 조건상 여의치 못할 경우가 많다. 한국의 경우라면 소개를 한 부동산도 일정부분 책임을 부담하겠지만 아쉽게도 베트남 부동산은 이런 직업윤리가 부족하다. 그렇다고 법원에 소액 보증금 반환소송을 하면 시간과 변호사비용 문제로 배보다 배꼽이 더 커지는 문제가 있다. 이 경우 외국인의 임대차 계약서도 3개월 이상 비자를 받았다면 베트남에서 집을 임차할 수 있고 정식 공증을 받아 보증금 환불 등 계약서에 기재된 내용 전부를 법적으로 보장받을 수 있다. 또한 외국인이 베트남에서 회사를 할 때 라이센스를 받기 위해서는 반드시 임대차 계약서를 공증을 받아야만 라이센스 신청을 할 수 있다.

공증의 절차는 국가가 지정한 공증기관에 가서 임대차 계약서와 세입자의 여권, 집주인의 주민등록증, 토지 및 건물에 관련된 모든 서류 등을 가지고 세입자와 집주인이 반드시 함께 가야 공증을 받을 수 있다. 공증사무소에서는 공증을 해주기 전에 외국인이 공증 내용을 이해하고 있는지 읽어보게 하고 확인하게 한다. 베트남어를 잘 모를 때는 공증사무소 근처에 있는 번역 사무실에서 미리 번역본을 준비한 다음 공증을 받으러 가는 것이 시간절약에 도움이 된다.

공증을 받기 위한 점포 임차계약서는 베트남어로 작성해야 하는데 통역을 대동하고 공증사무소에 가면 아래위로 한번 훑어보고 나서 베트남어를 할 줄 아는지 물어본다. 모른다고 하면 사무소직원이 보는 앞에서 통역에게 계약서를 한 줄 한 줄 읽고 통역을 해 주라고 한다. 회사의 표준계약서를 기초로 작성된 임차계약서에 대한 확인이 모두 끝나면 베트남 법이나 관습에 문제가 되는 조항을 그 자리에서 삭제하거나 수정하는데 일방에 유리하게 작성된 조항들이 대상이다. 나중에 소송으로 확대될 소지가 있는 문구들을 일차적으로 걸러주는 역할을 하는 것인데 이렇게 수정된 계약서에 쌍방의 확인을 거쳐 공증사무소의 서명날인을 받으면 공증은 완료된다. 공증을 마치기까지 한나절은 족히 예상하는 것이 좋다.

임차계약을 하면서 법인을 제외한 개인과의 임차계약시 반드시 공증을 마쳤는데 대부분 공증에 따라 계약내용을 성실하게 지키려고 하나 불복하여 관할법원에 제소하는 경우가 있는데 판사의 재량에 따라 공증의 효력이 무효화 되는 경우가 가끔 발생하기도 한다.

베트남 인사이드 _ 새벽손님과 첫 점포 개점

호치민시 7군에 푸미흥(富美興)이란 곳이 있다. 좋은 단어들만 가져다 놓은 지명이 말해주듯 중국인의 특성이 고스란히 베어 있는 아름다운 이지역은 최근 한국인들 사이에 최고의 주거 및 상가지역으로 인기를 구가하고 있다. 사이공이 프랑스 지배하에 있던 오래전에 도시개발 계획을 만들었는데 주변은 잡초가 우거진 늪지대에 연고없이 버려진 묘지들이 많아서 사이공 도시개발 계획에서 제외되어 있던 땅이었다. 예전부터 냐베라고 불리던 이 지역은 미래에 도시로서 기능을 하기에 쓸모가 없는 불모지였던 것이다. 이 땅에 대만계 자본이 투자되어 푸미흥 이라는 신도시를 만들면서 호치민시 최고의 주거지역으로 탈바꿈 시켜 놓았다. 호치민시 에서는 이 지역의 토지개발권을 푸미흥 주식회사에 거의 공짜로 주다시피 했는데 늪 지대가 거대한 신도시로 변하면서 $1m^2$ 당 $1도 안되던 토지가격이 수천불을 훌쩍 넘어버렸다. 슬슬 배가 아파오기 시작한 시에서는 토지개발권만 허가했는데 빌라, 아파트를 지어 팔았으니 세금을 납부해야 한다고 했고 대만의 투자자들은 그런 문제도 제대로 처리하지 못한다며 푸미흥 주식회사 대표를 질책했다. 결국 대만에서 열린 투자자회의에 참석한 뒤 아파트에서 투신함으로써 책임을 대신했다. 베트남 남부를 대표하는 아름다운 도시 푸미흥의 그림자에 숨겨진 아픈 이야기다.

저자가 베트남에 주재원으로 파견되었을 당시 푸미흥 스카이 가든 주변 지역은 흥붕 아파트 외에 개발이 되지 않고 있었다. 우기가 되어 스콜이라도 쏟아지면 우거진 잡초더미 사이로 연고 없이 버려진 묘지와 어지럽게 방치된 비석들이 늪지대의 진흙더미와 섞여 을씨년스러운 분위기를 자아내곤 했다. 시간이 지나자 방치되어 있던 늪지대에 토지개발이 시작되면서 크고 작은 건물들이 하나 둘 들어서기 시작했다. 개인빌라와 미니호텔, 마사지나 스파 등이 하루가 다르게 들어섰다. 도시개발 초기라 사람들에게 많이 알려진 것도 아니고 시내와의 거리도 있다 보니 이곳 미니호텔에서 묵으면 깨끗한 시설에서 저렴하게 숙식을 해결할 수 있었다. 호텔내부에는 시내 길거리에서 흔히 볼 수 있는 아오자이를 입은 싸구려 그림들이 걸려 있었는데 대부분 아오자이 그림들은 얼굴이 윤곽만 있거나 아니면 돌아서 있는 뒷모습이 많았다. 일을 끝내고 저녁에 호텔방에 들어가자 아오자이를 입고 돌아서 있는 여인의 그림이 벽에 걸려 있었다. 야심한 시간에 흰색 옷을 입고 돌아서 있는 여인의 모습이라니… 갑자기 방안에 알 듯 모를 냉기가 전해왔다. 그림을 떼서 바닥에 내려 놓은 후 샤워를 했다. 침대에 누웠는데 피곤했는지 깜박 잠이 들었다가 한기를 느껴 눈을 떴다. TV는 켜져 있었고 문이 열려 있는 화장실을 통해 거울이 반쯤 보였다. 샤워를 한 후 화장실 문을 제대로 닫지 않은 생각이 났다. 시계를 보니 새벽 한 시를 향해 가고 있었다. 화장실 문을 닫으러 가기 위해 몸을 일으키다가 소스라치게 놀랐다. 창을 통해 들어오는 가로등 불빛이 희미한 거울속에는 사람으로 보이는 희뿌연 물체가 돌아서서 거울을 보고 있었다. 좀 더 자세히 보려고 하다가 거울을 통해 얼굴이 마주쳤다. 그렇게 서로를 바라보는데 어두워서 자세히 보이지 않았으나 흐릿한 윤곽이 길거리 그림에서 보던 모습과 흡사했는데 아무리 봐도 얼굴이 보이지 않았다.

　순간 몸에 있는 작은 털들이 곤추서며 팽팽한 긴장이 시작되었다. 순식간에 잠이 도망가 버렸다. 그렇게 침대에 반쯤 몸을 기댄 엉거주춤한 상태에서 일어날 수도 누울 수도 없는 상태로 있어야 했다. 긴장된 시간은 더디게 지나갔다. 카운터에 전화를 걸어 이 상황에서 벗어나고 싶었다. 이불을 뒤집어쓴 채 아침에 오기만을 기다리고 싶었다. 그러나 머리속에서만 그렇게 생각할 뿐 몸은 조금도 움직일 수 없었다. 언제 끝날지 모를 대치상황은 어둠이 물러날 때까지 이어졌다. 새벽이 되어 주변이 밝아오자 밤의 불청객은 화장실에 달린 작은 창문을 통해 소리없이 사라져 갔다. 새벽 네 시 반 경이었다. 그제서야 불을 켜고 일어나 화장실을 둘러보는데 온몸을 누구에게 구타당한 듯 쑤시고 저려 왔다. 특이한 경험이었다. 당시 푸미흥에 있는 미니호텔을 이용했던 사람들 중에서 이와 유사한 경험을 한 사람들이 더 있다는 것을 나중에 알게 되었다.

베트남은 오랜 전쟁으로 억울하게 죽은 영혼들이 많다. 롯데리아 1호점이 위치해 있던 렉스 호텔도 베트남 통일전쟁 당시 미군 정보장교들의 숙소로 사용되었는데 월맹군 차량폭탄 공격으로 희생자가 다수 발생했던 장소 가운데 하나였다. 구정이 되면 인민위원회에서 사이공강에 이르는 윙훼 도로에는 차량 통행금지와 신년을 축하하는 대형 장식물들이 세워졌다. 밤낮으로 호치민 시민들의 시내 나들이가 이어지면서 렉스점은 새벽 2시까지 연장영업을 해야 했다. 점포관리자들을 격려하기 위해 자정이 다 된 시간에 렉스 점포를 방문했다. 여자 점장이 사무실로 오더니 밤늦은 시간이 되면 신체 일부가 없는 귀신들이 점포를 돌아다닌다며 농담처럼 이야기 하길래 나도 만나보고 싶다고 대답했다. 새벽 한시반이 되자 더 이상 점포에 들어오는 고객이 없어 점포는 다운작업에 들어갔다. 햄버거로 늦은 식사를 하며 영업팀장과 이런저런 이야기를 나누고 있는데 누군가 화장실로 들어가는 소리가 들렸다. 화장실은 2층에 있었는데 가운데만 파티션으로 가려진 통로를 지나가야 했다. 일부러 고개를 들어서 보지 않으면 다리만 보이게 되어있는 구조였다. 파티션 아래로 카키색 바지와 낡은 전투화를 신은 사람이 화장실로 가는 것이 보였다. 조금 있으니 주방정리를 마친 점장이 영업을 종료할 시간이라며 올라왔다. 화장실에 들어간 사람이 생각나서 아직 사람이 남아있다고 이야기하고 화장실로 갔다. 앞뒤로 움직이는 미닫이를 밀고 들어가 남녀 공용의 화장실을 노크했는데 아무런 인기척이 없었다. 분명 사람이 들어갔는데 나오는 것을 보지 못했기에 이상한 생각이 들었다. 화장실 문을 열어 보았지만 텅 비어 있었다. 그때 세면대에서 물이 떨어지는 소리가 들렸다. 돌아보니 수도꼭지에서 물이 조금씩 흐르고 있었다. 수도꼭지를 잠그러 세면대로 가는데 미닫이가 앞뒤로 흔들렸다. 사람이나 바람도 없는데 미닫이가 흔들리는 것이 이상했다. 수도꼭지를 잠그고 급하게 화장실을 나오자 일상복 차림의 점장이 테이블에 앉아 모바일 폰을 보고 있었다. 혹시 화장실에서 나온 사람이 있었는지 묻자 모바일 폰을 보는데 파티션 아래로 군인이 지나가는 것이 보였다고 대답했다. 갑자기 어지러움과 함께 머리속이 하얘졌다. 점장이 보더니 얼굴이 창백해 보인다며 괜찮은지 물었다. 그 후에도 점포관리자 사이에는 새벽에만 찾아오는 손님을 봤다는 이야기가 끊이지 않았는데 렉스 호텔이 1층을 명품 쇼핑몰로 전환한 뒤로는 기억속의 이야기가 되었다.

레탄똥에 거주하며 부동산 관련된 일을 하는 에다 라는 사람이 있었다. 일본인인데 베트남에 오래 살아서인지 검게 그을린 피부와 약간 뚱뚱한 체구에 이탈리아에서 수입된 작은 오토바이를 타고 다니는 것이 조금 우스꽝스럽게 보였지만 항상 싱글거리는 심성이 착한 사람이었다. 롯데리아는 이런 곳에 점포가 있어야 한다며 우리를 푸미흥으로 안내했다. 첫 보기에도 이국적인 풍경에 부자들이 모여 살 것 같은 느낌이 들었으나 어디에 점포를 만들어야 할지 전혀 감이 오지 않았다. 당시에 푸미흥은 40% 정도 밖에 개발이 안된 상태였으며 그나마 빌라 입주도 60%밖에 되지 않았기 때문이다. 푸미흥 주식회사 주변, 사이공 콥마트 주변, 그리고 미칸 아파트 4

동만 덩그러니 공사중인 곳을 보여주며 이 중에서 골라 보라고 하는데 푸미흥 주식회사가 있는 곳은 토지 정리만 되어 있을 뿐 주변에 상권이 형성되지 않았고 미칸 아파트 단지는 신도시 끝에 위치하는 것 같아서 그나마 주변에 빌라가 들어서 있고 쇼핑시설이 있는 사이공 콥마트 주변을 이야기 하였더니 미칸 아파트에 점포를 얻어야 한다며 이유를 설명해 주었다. 지금은 주변이 한산하지만 점포 앞으로 12차선 도로가 개통될 예정이고 길 건너편으로는 3천 세대 아파트가 계획되어 있으며 배후로는 국제학교 2개가 들어올 예정이므로 중장기적 관점에서 미칸 아파트에 개점 할 것을 권하였다.

건물주를 찾아 연락을 하자 최근 부동산을 통해 부를 축적한 신흥 부자인 듯 고급 승용차를 타고 나타났다. 비어 있는 1,2층에 대해 임차 의사를 표시하자 아파트 월세를 기준으로 임차료를 계산해서 제시했다. 아직 아파트 상가가 활성화되기 전이라 상가임차료에 대한 기준이 없는듯 했다. 당사 또한 영업이 될지 안될지 모르는 위험부담을 떠 안고 있기는 매 한가지였다. 이렇게 해서 아파트 월세에 해당하는 임차료와 월세 6개월분의 보증금을 지급하는 조건으로 5년간 임차계약을 하게 되었다. 건물주는 1년 이상의 장기계약에 대해 부정적이었으나 당사도 투자금액 회수를 위한 최소한의 보장책으로 양보할 수 없는 조건이었기에 몇차례 협상을 통해 중간조정을 하는 조건으로 계약을 할 수 있었다.

푸미흥 지역은 인테리어공사 시공시 모든 것을 푸미흥 주식회사 내부기준을 따라야 했다. 간판이 가장 문제였다. 푸미흥 주식회사에서는 내부기준에 따라 간판을 내부발광에서 외부조명 방식인 스팟라이트 형식으로 해 줄 것을 요구했다. 발광형식을 변경하는 것은 문제가 없었으나 그렇게 되면 다시 간판 발주를 해야 하고 배로 운송을 해서 가져 오는데 2달이 걸리는 것이 문제였다. 몇 차례의 협의 끝에 내부발광으로 하되 스팟라이트를 외부에 설치하는 것으로 결론지었다. 주방 배기구의 위치를 두고도 사소한 실랑이가 있었다. 푸미흥 사에서는 아파트 배기구를 통해 12층 옥상까지 배기 덕트를 설치할 것을 요구했으나 설치비 및 사후관리가 문제였다. 덕트 소음과 조리시 음식냄새가 쟁점이었는데 협의 끝에 주방에서 도로 방면으로 설치하고 입주민들의 반응을 지켜 보기로 했다. 다행히 푸미흥 사 직원 중에 롯데리아 꽁화점 근처에 거주하는 직원이 있어 KFC와 비교하면 조리시 냄새가 적게 나는 것을 알고 있었기에 쉽게 해결될 수 있었다. 아파트에 주민들이 입주한 상태였으므로 타일이나 금속 절단 등의 소음을 유발하는 공사는 야간 및 주말을 피해서 해야 했으므로 공사기간이 많이 소요되었다.

씬 짜오! 아침 저녁 출퇴근 길에 공사진행 상황을 점검하러 점포에 들르면 반갑게 인사하는 사람들이 있다. 푸미흥 신도시 치안을 담당하는 씨큐리티였다. 호치민시 에서는 도시개발과 함께 신도시의 치안도 개발사에 위임 했다. 그런 이유로 푸미흥 골목 골목마다 씨큐리티 초소가 배치되어 있었는데 2~3개월마다 순환근무를 하다 보니 주재원들이 사는 빌라에서 경비를 서던 경비들이 돌고 돌아 미칸 아파트 경비로 오게 된 것이다. 짜오 엠! 반갑게 악수하며 등을 두드려 주면 거짓없는 순수한 웃음으로 보답해 준다. 좋은 인프라 시설, 풍부한 전력사정, 안전한 경비 시스템, 미래지향적인 도시환경 등 무엇 하나 부족한 것이 없는 푸미흥 신도시에 그토록 기다렸던 첫번째 점포가 모습을 드러내고 있었다.

설렘 반 기대 반으로 베트남에서 첫번째 점포인 푸미흥 점포로 향했다. 부사장은 주재원들과 함께 이동했으며 본사 직원들은 각자 오토바이를 타고 점포에 도착했다. 개점 행사에는 투자계획부와 푸미흥 주식회사 그리고 본사에서 선별한 주요 거래처 관계자들을 초청했으며 공안 군악대와 사자춤 공연을 준비했다. 군악대의 웅장하면서 절도 있는 공연에 이어 정신이 혼미해질 정도로 요란한 사자춤 공연이 이어지자 주변은 축제 분위기가 되어 한 동안 주변 교통이 마비되는 혼란이 초래되었다. 주변에 있던 씨큐리티가 총 출동해서 질서 유지를 위한 활동에 진땀을 흘려야 했다. 푸미흥 주식회사에서는 부사장이 참석해서 축하와 함께 서로 윈윈하기를 희망하고 돌아갔다. 사자춤 공연자들이 요란한 의상을 한채 인근지역으로 롯데리아 점포 개점을 알리기 위해 떠나자 고객들이 몰려들기 시작해 순식간에 1, 2층 객석을 가득 채웠다. 저녁이 되자 어두컴컴하던 점포주변이 대낮처럼 밝아졌다. 모기, 하루살이가 점포주위로 모여들기 시작해 대형 유리창에 들러붙기 시작했다. 출입문에 설치한 에어커튼 덕분에 점포 내부로 들어오지는 않았다. 어디에서 오는지 끝없이 몰려오더니 유리창을 완전히 점령했다. 아파트 곳곳에 숨어 있던 도마뱀이 멋진 식사를 하기위해 몰려나왔다. 점포 외부에서는 그렇게 새로운 질서가 형성되고 있었다.

일주일을 예상하고 준비했던 판촉물품이 이틀만에 소진되었을 정도로 성공적 이었다. 부사장과 본사 직원들에게도 서로 축하의 인사를 건네고 특히 점포 개점을 위해 고생한 영업팀과 점포관리자들을 격려했다. 일주일에 걸쳐 점포에는 발 디딜 틈도 없이 고객들이 방문하면서 직원들은 점포 주변에 넘쳐나는 오토바이를 정리하느라 눈코 뜰 새 없이 바쁜 시간들을 보내야 했다.

저녁 나절에는 건물을 소개했던 에다씨가 조그만 오토바이를 타고 나타나 손님들로 가득 찬 점포를 보며 자신의 점포인양 기뻐하며 축하했다. 당시 베트남의 부동산 수수료 지급관행을 몰라 어떤 기준으로 지급하면 좋을지 조언을 구하자 극구 사양했다. 처음부터 부동산 피를 바라고 한일이 아니기 때문에 주지 않아도 된다고 하며 기분 좋은 웃음만 남기고 돌아갔다. 항상 싱글거리는 긍정적인 성격의 성실하고 믿음직한 중개 사업자였다. 사업이 계속 번창해서 호치민시에 이어 캄보디아 프놈펜에도 부동산 중개회사를 개업했다.

신규점 개점효과가 끝나갈 무렵에 점포에 나가 있는 시간이 많아졌다. 점포에 입점하는 고객분석을 통해 앞으로의 점포 운영방향을 정하기 위해서 였다. 개점 후 한달정도 지나자 고객수는 눈에 띄게 줄어들었는데 매출은 큰 변동이 없었다. 이상한 일이었다. 래점 고객을 관찰한 결과 원인은 단체손님에게 있었다. 벤츠 로고를 단 쌍용 이스타나 승합차가 점포 앞에 멈추자 할머니부터 어린아이 까지 13명이나 되는 대가족이 점포에 들어와서는 식사를 하고 돌아갔다. 곧이어 도요타 SUV를 타고 나타난 가족들이 점포에 들어와서 식사를 했다. 국제학교 수업이 끝날 시간에는 삼삼오오 학생들이 몰려 왔다가 식사 후 뿔뿔이 흩어졌다. 단체고객은 몇 명이 래점 하더라도 1명으로 POS에 등록되기 때문에 고객수가 줄어든 것으로 나타난 것이었다. 푸미흥점이 개점하면서 처음으로 일 매출이 1억동을 돌파하게 되었다.

제품 메뉴와 인테리어, 객석의 편의성에서 패밀리 레스토랑 분위기가 나도록 개선할 필요가 있었다. 다음날 아침 회의는 롯데리아 이미지와 편의성 개선을 위한 방안이 되었다. 상품 팀과 시설 팀, 영업팀이 모여 아이디어 찾기에 들어갔다. 가족단위 고객을 위한 패밀리세트가 만들어졌고 원활한 서비스를 위해 엔젤제도도입을 통한 플로어 서비스가 접목되었다. 점보 시인성 강화를 위해 어닝을 확대하고 어린아이와 가족고객을 배려한 출입문 손 끼임 방지장치를 설치했다. 또한 소파존을 확대하고 파티션 설치를 통해 이용 편의성 증대를 도모하기로 했다.

베트남 인사이드 _ 신제품 출시와 실패

우기로 계절이 바뀌면서 불볕 같은 더위도 한풀 꺾이고 오후 3시가 되면 한 차례 시원한 소나기를 기다리는 날이 늘어났다. 요즘은 길거리에 나가 즉석에서 만들어주는 진한 커피 한잔을 마시는 것이 일상이 되고 있다. 커피를 주문하고 목욕탕 의자에 앉아 기다리면 얼음이 가득 들어있는 얇은 플라스틱 컵에 미리 준비해 온 비닐봉지에 담긴 진한 커피를 붓고 흰 설탕을 듬뿍 얹어서 준다. 설탕이 녹을 때까지 스푼으로 저으며 기다리다가 설탕이 대충 녹았을 때 한 모금 마시면 입안 가득 느껴지는 커피의 쓴맛과 설탕의 단맛, 그리고 뭔지 모를 고소한 뒷맛의 조화가 이 시간 나를 거리로 불러내는 것이다. 한잔에 3,000동(210원)의 매력적인 가격은 덤이었다.

"술을 한 잔 마시면 마음이 열리고 커피를 한 잔 마시면 대화가 열린다" 라는 말이 있듯이 앞에 앉은 사람과 자연스럽게 대화할 수 있게 해주는 점이 커피의 가장 큰 매력이다. 이른 아침 길모퉁이 카페에 가면 매일 아침 서민들이 이곳에 모여 앉아 커피를 마시며 정감 어린 대화를 나누는 것을 볼 수 있다. 은은한 커피 향과 혀끝을 감도는 쓴맛과 단맛의 미묘한 조화를 감상하는 사람들의 얼굴에는 행복이 깃들어 있다. 호치민시 사람들은 이렇게 까페다(아이스커피)로 활기찬 하루를 시작한다. 베트남 커피는 까페 핀이라는 기구를 이용해 커피를 내리는데 시장이나 슈퍼 등 가까운 곳에서 판매하고 있는 다양한 종류의 까페 핀을 보면 필터 역할을 하는 작은 구멍들이 뚫려 있다. 이 구멍들이 너무 크면 커피가 빠른 시간에 묽게 추출되고 너무 작으면 추출되는데 시간이 오래 걸리므로 적당한 것을 고르면 되는데 저자는 진한 풍미가 느껴지는 커피를 좋아하기에 미세한 구멍이 뚫린 핀으로 내리는 것을 선호한다. 여성들에게도 모닝커피 한잔은 생활의 즐거움을 함께하는 활력소가 되며 본격적으로 인테리어 공사에 들어가기에 앞서 동료들과 둘러앉아 대화를 나누는 인부들도 한잔의 까페다가 함께 하기에 일상이 행복한 것이다.

베트남 커피는 1863년 선교사들에 의해 인도네시아로부터 도입되어 통킹만 지역에서 처음 재배되었다. 당시 국영농장이 커피나무 공장을 운영했으며 베트남 전쟁후에도 정부의 이주정책으로 소수민족들에 의해 정책적으로 재배되었기 때문에 질이 낮고 값도 싼 편이었으나 지금은 야라이, 닥락 등 중부고원지대에 있는 50만 헥타의 농장에서 연간 65만톤의 질 좋은 커피를 생산하여 세계 2위의 커피 생산국이 되었다.

며칠전부터 조그마한 야마하 오토바이를 한대 구입해서 타고 다녔는데 회사에 주차할 때 가끔 마주치는 찌의 표정이 점점 익살스러운 모습으로 변해 갔다. 그간 주말만 되면 "리자드"라는 잡지사에서 나온 호치민시 지도를 들고 시장조사를 한다는 미명 아래 이 골목 저 골목 발길 닿는 데로 돌아 다녔는데 아무래도 발품을 파는데 한계를 느껴 기동력을 보강하기 위한 고육지책으로 오토바이를 구매했던 것이다.

베트남에서는 오토바이 사고가 많이 난다. 베트남 사람들의 몸 특히 팔이나 무릎에 이상한 상처자국이 있으면 대부분 오토바이 사고로 생긴 것이라고 봐도 과언이 아니다. 그 만큼 사고가 많은 만큼 한편으로는 사고에 관대하기도 하다. 길에서 오토바이끼리 충돌

사고가 나면 커다란 부상이나 큰 차체 손상이 아니라면 서로 웃고 헤어진다. 서로가 상대를 이해한다는 의미가 된다. 이런 점은 우리가 배워야 할 것으로 생각된다. 병원을 간다, 경찰서에 간다, 조사를 하러 다닌다 등의 시간이 더 아까운 것으로 생각하던지 아니면 나도 저런 경우를 당할지 모르니 서로 이해를 하며 넘어가자는 뜻이 있는 거 같다.

50cc이하 소형 오토바이는 면허증이 없어도 운전을 할 수 있었지만 저자의 오토바이는 90cc여서 한국에서 취득한 운전면허증과 소정의 수수료를 대행업체에 지불하고 3년짜리 오토바이 면허증을 발급 받았는데 면허증이 있으면 외국인도 150cc이하의 오토바이는 합법적으로 운행할 수 있다. 오토바이를 타기 위해서는 면허증과 함께 오토바이 등록증이 있어야 하는데 오토바이 판매점에서 오토바이와 함께 넘겨주므로 항상 소지하고 있어야 공안의 불시 검사에 대비할 수 있다. 또한 오토바이에 달려있는 백미러는 아주 중요하여 핸들에 제대로 붙어있는지 항상 확인하여야 한다. 백미러가 없이 도로에 나가면 어디선가 나타난 공안이 과태료를 청구한다. 공안에게 과태료를 내지 않으려고 이런 저런 꼼수를 부리다 보면 트럭에 오토바이를 압류해서 싣고 가 버리는데 경찰서에 출두해서 과태료를 납부한 다음 오토바이를 인수해 와야 하기 때문에 스트레스와 함께 시간적인 손실이 크다. 가급적 현장에서 약간의 돈을 주고 해결하는 것이 최선의 방안인데 그러다 보니 현지인들 사이에서는 거울이 붙어있지 않은 백미러를 가운데로 모아서 타고 다니는 풍경도 종종 볼 수 있다. 그렇게 오토바이를 주차하고 사무실로 올라와 며칠 전 개점한 푸미흥점 매출 추이를 보고 있었다.

아침부터 한차례 스콜을 쏟아 부으려는지 창밖이 컴컴해 지는데 구매팀의 후이가 기쁜 표정을 지으며 들어왔다. 소고기 패티를 만드는 수작업 패티공장 방문 후 본사의 지원을 받아 호주산 슬라이스육 수입을 진행하던 것이 결실을 맺어 슬라이스육을 실은 컨테이너가 사이공항에 도착한 것이다. 연신 소고기가 매우 싸다고 하면서 물품 출고자료에 사인을 해 달라고 해서 사인을 해 주었더니 신이 나서 바람처럼 사무실을 나갔다. 당시 로컬 우육가격이 $6/kg내외였는데 호주산 가격이 $2/kg이 채 안 되었으니 가격적인 메리트가 많이 있었다. 또한 호주산 슬라이스육은 정확한 C/L(화학적 살코기 함량)검증이 된 것이라서 믿고 사용할 수 있었다. 보통 햄버거 패티는 65C/L과 80C/L 두 종류를 배합해서 사용하는데 회사별로 패티의 C/L기준은 조금씩 다르다.

원재료 품질개선과 별개로 신제품 도입이 필요했다. 푸미흥점 개점 이후 회사의 분위기는 술렁이고 있었다. 그 동안의 정적을 깨고 뭔가 살아 움직이는 느낌이 생겨나기 시작하고 있었다. 주재원들이 모여 머리를 맞대고 논의한 결과 팥빙수를 도입해 보자는 결론에 이르렀다. 후덥지근한 더위를 한꺼번에 날려 버리기에 팥빙수 만한 것이 없을 것처럼 생각되었기 때문이다. 또한 치킨을 선호하는 현지인들을 위해 치킨 다양화와 품질개선을 추진하기로 결정했다.

치킨은 배터믹스와 파우더를 개선해야 했다. 일본에서는 치킨의 외피가 얇고 육질을 제대로 느낄 수 있는 치킨을 좋아하는데 반해 우리는 외피를 두텁게 하고 거기에 다양한 양념으로 마무리하는 것이 낫다. 지금까지 로컬식당에 가서 다양한 음식을 먹어보면서 의외로 한국의 숙성된 깊은 맛과 유사함이 많아서 놀랄 때가 많았다. 아무래도 한국식 치킨이 좋을 거 같은 생각이 들었다. 각자 해야 할 일들을 정하고 원재료 수급에 들어갔다.

베트남 길거리에서 가장 흔하게 볼 수 있는 것이 있다. 식당 앞에 유리 진열장이 놓여 있고 그 안에 각종 음식이 준비 되어 있는데 대개가 돼지고기, 계란 찜, 생선, 볶은 야채, 조림이나 튀김, 구운 것, 삶은 것 등 여러가지 종류가 있다. "껌 빈 잔"인데 껌은 밥이란 말이고 빈 잔은 평민이란 말이니 평민들의 밥이란 말이 된다. 점심 식사시간이 되어서 거리를 돌아 다니다 보면 사람들이 많이 모여서 식사를 하고 있는 집은 대부분 여기에 해당한다. 거기에 가서 반찬 몇개를 고르면 큰 쟁반에 쌀밥을 듬뿍 퍼서 그 위에 주문한 요리를 올려준다. 그리고 국 한 그릇을 별도로 주는데 점심 한끼를 때우기에는 적당하다. 가격도 저렴해서 반찬을 한가지 고르면 8,000동(550원) 세가지 정도 고르면 25,000동(1,710원)에 식사를 할 수 있다. 언뜻 보기에 청결하지 않은 것처럼 보이는데 시내에 있는 한국식당에서 돼지고기가 든 김치찌개를 먹고 배탈이 심하게 난 경우는 두 세차례 있었지만 이런 식당에서 식사를 하고 난 후 문제가 된 적은 한번도 없었다. 이름 그대로 보통사람들이 식사를 하는 곳인데 맛도 괜찮은 편이다.

베트남인들의 요리는 기본적으로 세 종류로 나뉜다. 첫째는 고기, 생선, 두부 등 마른 반찬이 주종을 이루고 둘째는 야채, 또는 해산물을 생선, 고기 등과 함께 볶거나 삶은 음식이며, 세번째는 야채와 고기를 넣어 끓인 국 종류가 있다. 각 음식은 조화를 고려하여 국은 약간 싱겁고 마른 반찬은 약간 짜게 요리한다. 또한 일반적으로 육류반찬은 적은 반면 밥과 채소가 주종을 이룬다. 베트남의 음식문화에서 볼 수 있는 것은 다양한 채소와 허브(향채)를 이용하여 음식을 만든다는 것이며 이는 날 것이든 삶은 것이든 국이든 튀김이든 볶음 요리이든 어디에서도 빠질 수 없는 필수 재료인 것이다. 여기에 예로부터 전해져 오는 수십, 수백 가지의 양념을 주로 사용하여 음식의 맛과 종류를 한층 더 다양하고 풍부하게 만들어 내고 있다.

베트남에서 찹쌀은 술을 빗거나 떡을 만들 때 사용하며 밥으로는 잘 사용하지 않는다. 가끔 보기에도 현란한 각종 칼라로 된 찹쌀밥을 판매하는 길거리 상인들을 볼 수 있으나 주로 직장을 다니는 여성들의 아침 식사용으로 판매되는 것이다. 곡물이 주로 생산되는 곡창지대가 남부 메콩델타 이다 보니 밀이나 보리 같은 겨울 작물은 찾기도 힘들고 가격도 비싼 편이다. 그래서인지 한국음식을 판매하는 식당에서 밀가루로 만든 국수가 비싼 가격에도 불구하고 잘 팔리는 편이다.

팥빙수를 한국에서 대중화에 처음 성공시킨 브랜드는 롯데리아였다. 당시에는 사각 통 얼음을 빙삭기에 직접 갈아서 만들었는데 매뉴얼을 따라 제대로 만든 팥빙수는 가격대비 맛과 품질이 좋아 인기가 많았다. 30년전 회사에 입사해서 점포 관리자로 근무할 당시 어린이날이 되면 하루 1천개 이상의 팥빙수를 만들어야 할 정도로 여름철 대표메뉴로 자리매김 했다. 얼음이 녹으면서 결착이 느슨해진 얼음이 빙삭기에서 튀어나와 팥빙수를 만들던 관리자들은 가슴에 명예의 멍자국을 달고 다녀야 했다. 퇴근 후 집에 돌아오면 빙삭기를 돌리던 오른팔은 석회가 낀 것처럼 뻐근했다. 결국 직원들의 편의를 제고하기 위해 도입한 반 자동화 방식의 빙삭기는 빙질저하문제를 동반했고 때마침 시장에는 다양한 종류의 고가 빙수출시기 이어지면서 빙수시장이 분신되는 결과를 가져오는 게기가 되었다.

팥빙수의 주요 원재료 수급이 끝나자 먼저 샘플을 만들어서 내부 직원들을 대상으로 시식을 했다. 다양한 재료가 들어있다, 음식이 매우 아름답다, 기존에 없던 음식이다는 등 하나같이 호평 일색이었다. 레시피와 매뉴얼을 정하고 원재료가 점포에 배송되었다. 점포 관리자들을 집합시켜 수차례 실무교육을 한 다음 판매에 들어갔다.

판매 결과는 영 신통치 않았다. 영업팀장은 오퍼레이션에 문제가 있는지 확인하러 두 눈을 부릅뜨고 점포로 달려갔으나 점포에서는 매뉴얼대로 작업중이었다. 원인과 대책을 찾기 위한 회의에 돌입했다. 신제품 판매부진 원인에 대해서는 생각이 없고 혹시라도 자신에게 질문이 올까 봐 눈치를 보며 전전긍긍하는 모습이었다. 무의미하고 결론 없는 회의를 끝내고 나오는데 통역이 던지듯 얘기했다. 사장님 혹시 "째" 먹어 보셨어요?

당장 통일궁 옆에 있는 껌 응온 식당으로 갔다. 베트남어를 배우면 교재에 껌 응온 식당이 나온다. 한 장소에서 베트남 남부, 중부, 북부 음식을 모두 먹을 수 있는 곳으로 가격도 저렴해서 항상 사람들로 북적였다. 껌은 밥이고 응온은 맛있는 이란 뜻이니 맛있는 밥이 있는 식당이다. 저자는 기본적으로 전통적이고 오래된 분위기의 베트남 레스토랑을 선호하는 편인데 최근 껌 응온 식당은 건물을 새롭게 단장한 후로 예전만 못하다는 것이 중론이다. "째"란 땅콩과 설탕을 기본으로 하여 그 속에 녹두, 팥, 콩, 코코넛밀크, 젤리, 과일 등의 다양한 재료를 넣어 만든 후식용 음식으로 차게 해서 먹거나 따뜻하게 해서 두 가지로 먹을 수 있다. 베트남식 팥빙수이자 베트남인들이 가장 좋아하는 디저트 겸 간식인 째가 종류별로 15종 정도 작은 종기에 담겨 있었다. 이날 특이한 것을 발견했는데 째를 차게 먹는 종기에는 작은 얼음들이 들어 있었지만 얼음은 남기고 먹는 것이었다. 또한 이 많은 째 중에서 팥이 들어있는 것은 "째 더우도"와 "째 텁 깜"두 종류 뿐이었는데 째 텁 깜은 열 가지 혼합물을 섞어서 만든 것이므로 제외하면 째 더우 도가 유일하였다. 몇 개 주문해서 먹어보니 매우 달면서 담백하고 얼음이 들어 있는 것은 시원했다.

사이공 콥 웬딘추 점포로 가서 팥빙수를 한 개 주문한 뒤 자리에 앉아서 기다렸다. 보기에도 시원하고 먹음직스러운 팥빙수가 테이블 위에 올려졌다. 좀 전에 다녀온 껌 응온 식당의 째를 생각하며 잠시 생각에 잠겨 있는데 시식해 보라는 조심스런 소리가 들렸다. 옆을 보니 통역이 걱정스런 표정으로 앉아 있었다. 프라스틱 스푼으로 빙수를 섞으려 하니 잠시 놓아 두었을 뿐인데 얼음이 뭉쳐져서 잘 섞이지가 않았다. 습도가 높은 탓 이었다. 매장을 둘러보니 팥빙수를 주문한 고객들이 얼음은 남겨둔 채 상부에 있는 팥과 토핑물만 걷어 먹고 있었다.

다음날 통역을 불러 몇가지 궁금하던 것에 대해 질문 했다. 어제 보니까 팥으로 만든 째가 한 종류 밖에 없었는데 베트남 사람들이 팥을 좋아하지 않는 이유가 있나요? "그냥 예전부터 잘 안 먹었어요. 피처럼 보여서 기분이 좋지 않아서… 그리고 한국 사람들이 먹는 큰 팥은 베트남 사람들은 잘 먹지 않습니다" 갑자기 교통사고가 나서 피를 흘리며 길가에 널브러져 있는 사람의 모습이 떠 올랐다. 그럼 째에 들어있는 얼음을 먹지 않는 이유가 있나요? "베트남에서 수도물은 씻는데 사용하지 절대 먹지 않습니다. 그 수도물로 만든 얼음이니까 사람들이 정부를 믿지 않는 것처럼 얼음도 믿을 수가 없는 거지요" 라며 별 길 다 물어본다는 표정으로 크게 웃었다. 깁자기 큰 얼음이 든 잔에 맥주를 따라 주던 것이 생각났다. 얼음은 음식을 차게 하는 역할만 하는 것이 베트남 사람들이 가지고 있는 생각이었던 것이다.

팥빙수는 망작이 되었는데 치킨은 매출이 20% 신장 되었다. 현지인들의 생활습관과 문화를 무시하고 제품을 출시한 데 따른 당연한 결과였다. 같은 고추로 만들어도 고추장과 칠리소스는 사용 용도가 다른 것이다. 걸어 다니는 사람이 없는데 비가 많이 내리니 우산을 팔겠다고 가져와서는 안되는 것이다. 비즈니스의 기본에 대해 다시 생각해 보는 계기가 되었다.

결과는 베트남인들의 사고인 음양의 철학으로 보면 그리 나쁜 일도 아니었다. 좋은 상황에 맞닥뜨렸을 때 나쁜 상황을 염두에 두어야 하듯이 나쁜 상황을 맞았으니 다음에는 좋은 결과가 있을 것이기 때문이었다. 처음 출시한 신제품은 실패로 돌아갔지만 긍정적으로 생각하기로 했다.

베트남 인사이드 _ 슈퍼체인 협력강화

베트남에 살고 있는 사람들에게 베트남에 살아보니 무엇이 제일 좋으냐고 물어보면 열명 중 아홉은 사람들이 편안해 보인다고 한다. 그러다 보니 자신들도 마음이 편해지고 이렇게 사는 것이 지금까지 바라던 삶인데 왜 이제야 알게 되었는지 아쉽다고 한다. 베트남 생활을 해 본 입장에서 부정할 수 없는 이야기들이다. 그런데 베트남인들이 장사가 되든 말든 일이 있든 없든 항상 낙천적이고 편안해 할 수 밖에 없는 데는 이유가 있다. 세계 쌀 수출 1위의 베트남은 인구 9천만명의 80%가 농업에 종사하고 있는데 하노이 등 북부지역을 제외하면 대부분 1년에 3~4모작을 할 수 있다. 한쪽은 볍씨를 뿌리고 한쪽은 파란색의 벼가 자라고 다른 쪽에서는 벼 베기가 한창인 한국에서는 절대 볼 수 없는 광경으로 농사를 짓는다. 농한기가 없으니 더 바쁠 것 같지만 실은 그 반대다.

한국의 농부들은 각 절기에 맞추어 한치의 차질도 없이 부지런히 준비하고 일해야 추운 겨울을 잘 이겨낼 수 있기에 오늘 할 일을 무슨 일이 있어도 내일로 미루지 않는다. 하지만 베트남 농부는 다르다. 오늘 볍씨를 못뿌리면 내일 하면 되고 태풍이 와서 농사를 망치면 다음날 다시 논에 나가 벼를 뿌리면 그 뿐이니 때를 놓치지 않을까 한국처럼 절기에 맞춰 부지런히 일할 필요가 없다. 느긋하게 쉬면서 기다리다가 날씨가 좋아지면 아무 때나 논으로 가서 볍씨를 뿌리면 그 뿐인 것이다. 수천년간 이어져 내려온 농경문화의 차이가 한국은 놀면서도 다음 일을 준비하는 바쁜 문화를 만들었고 베트남은 느긋하고 편안하게 쉬면서 기다리는 문화를 만들었다고 생각한다.

한번은 본사에서 급하게 요청한 자료가 있어 퇴근 전에 반드시 끝내도록 특별히 얘기해 두고 다른 일을 하다 보니 퇴근시간이 되었다. 자료를 기다리는데 퇴근시간이 되자 아무런 말도 없이 사무실을 나가려고 했다. 불러서 자료는 어떻게 되었는지 물어보니 그제야 머리를 긁적이며 내일 와서 끝내겠다고 하는 이야기를 들으며 달라도 너무 다른 문화적 차이를 느낄 수 있었다. 특별히 중요한 일이라고 당부까지 했는데 오늘 못하면 내일 하면 그만이지 무슨 큰 문제가 되는지 모르겠다는 표정에서 마음에는 답답함만 쌓여갔다. 더구나 수년후의 계획을 예상하고 계획에 맞춰 여러가지 준비를 해야 하는 이유를 이해시키는 것은 참으로 어려운 일이었다.

이들은 인민들은 행복한 생활을 영위하기 위해 8시간 일하고 8시간 휴식하며 8시간 잠을 자야 한다는 호치민 주석의 유지를 마음으로 따르고 있었다. 이들에게는 오토바이를 타고 집으로 돌아가다 사고가 나서 어떻게 될지 모르는 것이 그들의 위태로운 삶이기에 미래보다는 현실에 만족하고 충실한 삶을 살고 있는 것이다. 베트남에서는 일년에 4만건의 오토바이 사고가 나고 1만명 이상의 사망 사고가 발생하는데 통상 오토바이 사고의 25%만 통계에 잡힌다고 하니 얼마나 많은 사고가 발생하는지 짐작할 수 있다. 우리가 베트남 문화를 이해 해야 하는 이유다. 그들과 오래 생활을 하다 보니 쉴 수 있을 때 쉬고 먹을 수 있을 때 먹고 잘 수 있을 때 자는 것으로 나도 모르게 생활패턴이 변해가고 있었다.

의약분업이 실시 되기 전 한국의 좋은 상권은 약국이 독점하고 있다는 얘기가 있었지만 베트남의 좋은 상권은 안경점이 모두 가지고 있다고 해도 틀린 말이 아닐 것이다. 최근 신규 은행들이 많이 설립되면서 이름도 들어보지 못한 은행이나 혼다, 야마하, SYM 같은 오토바이 판매점도 일부 있기는 하나 핵심 주요상권은 대부분 안경점 간판을 달고 있다. 오토바이를 타고 주요 거리를 돌아다니다 보면 핵심상권 요소요소마다 안경점이 아닌 롯데리아가 있는 풍경을 상상하곤 했는데 상상을 현실로 만들기 위해서는 넘어야 할 일들이 너무 많았다.

오토바이를 타고 동물원에서 출발해 웬티민카이 도로를 따라 5거리 방향으로 지나가는데 종합병원 부근에 이르렀을 때였다. 짧은 바지에 허리를 꼿꼿하게 세우고 생머리를 뒤로 날리면서 오토바이를 탄 여자가 옆으로 오더니 특유의 베트남 영어로 말을 걸어온다. 어느 나라에서 왔느냐? 어디 사느냐? 로 시작해서 애인은 있느냐는 등 상대의 대답은 들으려고 하지도 않고 혼자 떠들어 대는 것이 돈이 필요한 모양이었다. 시원치 않은 반응을 보이자 커피를 마시러 가자고 제안했다. 자세히 보니 베트남여자 답지 않게 얼굴에 짙은 화장을 하고 있었다. 말로만 듣던 치킨 걸 이었다.

베트남어 공부를 하면서 오토바이를 구입해서 타고 다닌다고 하자 "란"선생이 웃으며 웬티민카이 키 큰 나무 아래에 오토바이를 세워놓고 있으면 치킨걸이 돌아다니다가 접근하니 조심하라고 했던 생각이 났다. 왜 치킨 걸 이라고 부르는지 물어보았으나 유래에 대해서는 잘 모르지만 사람들이 그렇게 부른다며 길거리에서 얼굴에 화장을 진하게 하고 짧은 옷을 입고 접근하는 여자를 만나면 조심하라던 얘기가 생각났다. 시간이 없어 미안하다고 하고는 회사로 돌아왔다. 오후에는 Big_C 대표를 만나기로 약속이 되어 있었다.

당시 호치민시에는 로컬브랜드가 운영하는 슈퍼체인이 서너 개 있었는데 사이공 콥마트를 제외하면 점포 숫자가 한두개에 불과하거나 영세한 규모였다. 그런 이유로 인해 프랑스계 슈퍼체인인 Big_C내에 입점이 절실히 필요했으나 이미 KFC가 입점해 있어 브랜드력에서 열세인 우리에게는 기회가 주어지지 않았다. 그 동안 수차례 연락을 취했지만 일정이 맞지 않다가 어렵게 만나주기로 약속이 잡힌 것이었다. Big_C 본사가 있는 매장으로 부사장, 통역과 함께 출발했다.

보안검사를 받고 방문증을 교부 받은 후 작은 회의실로 안내되었다. 비서는 감성이 메말라 보이는 앙상한 느낌의 베트남 여성이었다. 10여분 정도 기다리자 회의를 하다가 나왔는지 한 손에 펜을 든 건장하고 무뚝뚝한 모습의 남자가 들어왔다. 명함을 교환하고 자리에 앉자 부사장이 먼저 프랑스어로 간단하게 인사를 하는데 몇 마디 대화를 나누자 긴장되었던 분위기가 다소 누그러졌다. 준비해 간 회사소개 팜플렛을 보여주며 Big_C 매장에 입점을 요청했다. Big_C 대표는 베트남어와 영어를 사용하지 않았다. 한국어로 얘기하면 통역이 베트남어로 하고 그것을 Big_C 통역이 프랑스어로 전달해 주다 보니 시간이 오래 지체되었다. 30분정도 브랜드에 대한 설명을 하자 자신도 푸미흥에 거주하는데 거기서 롯데리아 점포를 이용해 보았다며 약간의 친밀감을 표시했다. Quick Service Restaurant(이하 QSR)은 KFC만 입점하고 로컬브랜드 위주로 구성되어 있는데 폐업을 하는 브랜드가 많아 머리가 아프다며 징글징글한 표정을 지어 보였다. 또한 새로운 타입의 슈퍼마켙 개점계획이 있는데 그때 롯데리아도 입점을 시켜주겠다며 원활한 업무협조를 제안했다. 비즈니스 미팅이 끝나자 부사장이 베트남에 가족과 함께 거주하고 있느냐고 물어보자 혼자 살고 있다며 만족스러운 표정을 지으며 엄지손가락을 치켜세웠다. 무슨 의미인지 알 수 없지만 프랑스인 특유의 자유분방함이 묻어 나왔다. Big_C와의 협업으로 당사는 부족한 지방상권 자료와 도시개발계획 자료를 확보할 수 있었다. 다른 슈퍼체인들과 다르게 Big_C는 신규점포 출점시 방대한 조사자료를 공유했다. Big_C에 출점 뿐만 아니라 지방상권 조사시 유용하게 활용할 수 있는 자료였다. 미팅을 끝내고 나와 슈퍼마켓을 둘러보았다. 1층 식당가는 군데군데 로컬매장이 철수하였는지 비어 있는 곳이 있었으나 슈퍼는 호치민 시민들의 왕성한 소비력을 보여주듯 많은 사람들로 북적이고 있었다.

회사에 돌아와 사이공 콥마트와 유대강화를 하기 위한 방안마련에 고심했다. Saigon co.op Mart는 회사명에서 보여주듯이 호치민시(구 사이공)에 있던 중소 소매상인들이 연합하여 만든 브랜드로써 남부 최대의 슈퍼체인 이었으나 비교적 중소규모로 운영되고 있었다. 베트남 정부의 외국자본 투자유치를 위한 해외 유명브랜드의 베트남 소매시장 진출이 예정되어 있던 터라 중장기 경쟁력 확보를 위해 싱가폴 전문업체에 컨설팅을 의뢰하는 한편 국내 점포망 확대에 주력하고 있었다. 따라서 호치민시 외곽 및 지방진출을 위해서는 놓칠 수 없는 좋은 기회였다. 우리 회사와는 사업 초기 콥마트 웬딘추와 딘띠엔호왕에 점포가 입점하여 좋은 관계를 유지했으나 최근 수년간 신규로 개점한 콥마트에 점포를 입점시키지 않았으므로 다소 냉랭한 분위기가 형성되고 있었다.

한국 본사 및 그룹사 견학과 여행을 추진하기로 하고 본사의 승인을 받은 후 사이공 콥 마트에 연락을 하자 즉시 반응이 왔다. 처음에는 5명을 기준으로 하여 일주일간 한국여행 및 롯데그룹 방문을 하기로 하고 협조공문을 발송하면서 통역에게 이들의 한국 방문 관련 업무를 맡겨서 진행하게 했다. 한국 방문시에 동행하며 편의를 봐 줄 사람이 필요했기 때문이었다. 약 한달 정도 준비기간이 있었다. 다음날이 되자 일부 일정변경을 요청해왔다. 롯데그룹 방문 보다 롯데마트와 이마트를 방문하고 싶다는 것이었다. 몇번의 조정 끝에 별도의 마트측 안내없이 견학만 하는 것으로 변경되었다. 인원에 대한 변경과 조정 요청이 있었다. 비자를 발급받아야 하는데 지속적으로 인원이 변경되고 추가 되었다. 한국 본사에서 보내 주는 신원보증서가 첨부되지 않으면 비자발급에 곤란한 상황이 발생하는데도 아랑곳 하지 않았다. 다음날이 되자 방문자의 남편도 같이 가고 싶은데 가능한지를 물어왔다. 하루 자고 나면 한 가지 변경요청이 기다리고 있었으므로 아무런 요청이 없는 날은 통역을 불러 별도의 요청사항이 없는지 확인을 해야 안심이 되었다. 최종적으로 기존 두 점포의 보드멤버와 앞으로 개점이 예정되어 있는 5점포의 보드멤버를 보내겠다고 알려왔다. 한국으로의 출발을 하루 앞두고 인사를 하겠다며 일곱명의 보드멤버가 사무실을 방문했다. 한 달 동안 20차례에 걸쳐 방문인원 및 스케줄 변동을 요청한 한국 방문자 7명이 모두 여성 임원이었다. 사이공 콥마트 본사임원은 한 명도 없이 전원 점포 임원으로만 구성된 것도 특이했다.

베트남에서 여성의 지위는 매우 중요하다. 오랜 전쟁으로 인한 사회의 공백을 여성들이 훌륭하게 메꾸어 나가고 있기 때문이다. 그만큼 여성의 지위가 높아 남성과 동등하거나 그 이상의 직위를 갖고 있는 경우가 흔하다. 저자도 베트남 재직시 만나보았던 대형 슈퍼체인 3개의 CEO 모두가 여성이었다. 오죽했으면 "첫째는 아내요 둘째는 하늘"이라는 속담이 다 있을까…

사업 초기 혹은 지방 진출 시에 시가지 보다 마트에 집중 하는 데는 몇가지 이유가 있다.

첫째 불안정한 전력사정 및 전기 증설문제 때문이다. 대부분 가정용 전기가 들어와 있기 때문에 전기 증설은 필수인데 증설비용 또한 부르는 게 값이다. 정해진 가격이 없다고 보면 된다. 그런데 이해가 잘 안되는 것이 전기증설 비용이 지역에 따라 2-5천만동을 요구하는데 계약이 끝나고 철거시는 2백만동만 돌려준다. 한국에서는 전신주로부터 200m이내 거리는 별도의 전기인입 비용이 들지 않기 때문에 베트남도 그럴 거라고 생각하면 착각이다. 화동(붉은색 영수증)도 정상적으로 발행해 주기 때문에 차액이 어디로 가는지 알 수가 없다. 또한 불안정한 전력사정으로 인해 150KW급 대형 안정기를 갖추어야 기기의 성능이나 수명연장에 다소 안심이 된다. 이런 큰 문제가 해결되니 마트를 마다 할 수가 없는 것이다.

둘째 알리바바 라고 불리는 좀도둑 문제가 있다. 좀도둑은 베트남의 흰 개미와 같은 존재인데 보이는 모든 것을 다 가져간다고 봐도 무방하다. 점포 개점을 앞두고 시설물을 최종 점검한 후 출입문을 잠그고나서 늦은 시간에 집으로 돌아갔는데 다음날 점포에 도착해 보니 객장이 생각보다 후덥지근했다. 사전에 통보한 데로 개점 행사를 진행하는데 에어컨이 나오질 않길래 확인해보니 건물 외부에 설치된 에어컨 실외기를 밤새 누군가 뜯어가 버린 것이다. 급히 에어컨 판매대리점에 연락하여 긴급보수를 하는 헤프닝이 벌어지기도 한다. 그러기에 영업 종료 후 시설물을 보호하기 위해서는 야간 경비원을 별도로 고용해야 한다. 베트남에서 사업을 하기 위해서는 영업에 30% 관리에 70% 노력을 투자하는 것이 정석이라고 생각한다. 버는 것보다 잃어버리지 않는 것이 이익 확보의 방법이기 때문이다. 얼마나 속을 썩였으면 베트남에서는 윤리과목을 가르치지 않을 거라고 농담삼아 이야기 하곤 했는데 통역의 이야기로는 베트남에서도 윤리과목을 배우고 있다고 했다.

　　마지막으로 개점후의 문제지만 오토바이 분실문제가 있다. 점포의 지정된 주차구역으로 들어오면 오토바이 번호와 주차관리인의 사인이 표시된 보관표를 받고 오토바이를 주차 하게 된다. 나중에 오토바이를 찾아와서 번호표를 돌려주고 오토바이를 가져가는데 종종 마스터키를 이용해 훔쳐 가기도 한다. 2인조가 출현하여 합법적으로 가져가기도 하는데 나중에 오토바이 보관표를 가져와서는 오토바이가 없어졌다고 하는 경우가 있다. 오토바이를 가져가는 방법이 신출귀몰하여 숙달된 주차관리인도 속수무책으로 당하는 경우가 종종 발생한다. 공안에 출석하면 감가상각을 제외한 잔존가격에 따라 배상해 주는 조치가 취해지기 때문에 적당한 선에서 배상금액을 합의하게 된다. 한대에 $7,000씩 하는 혼다 SH, 이태리 베스파 같은 고급 오토바이가 주 대상이다. 이런 오토바이가 들어오면 주차관리인은 관리가 용이한 곳에 주차를 하고 특별히 신경을 집중하게 된다. 몇차례 오토바이 분실로 인해 시간적, 금전적 손해를 감수한 후 인력관리의 효율과 오토바이 분실사고를 대비하여 주차 용역제도를 도입하여 시행하게 되었다.

　　이런 몇가지 이유로 시가지 점포보다는 마트나 대형 슈퍼위주로 우선 입점하게 되는 것이다. 오후 세시가 되자 어김없이 하늘이 컴컴해 지면서 한바탕 스콜을 쏟아 붓는다. 이번에는 얼마전 2군에 새로 생긴 독일계 멤버쉽 할인매장인 메트로에 점포를 입점시킬 방법을 찾아야 한다. 담당자들이 몇 번 찾아가 협의를 했는데 메트로는 도매를 위주로 하는 곳이라서 내부에 식당을 입점시킬 계획이 없다는 보고만 했다.

　　사이공 콥 마트 임원들의 한국관광 결과는 성공적이었다. 호치민시 및 타 중소 도시에 신규로 진출하는 콥 마트에는 롯데리아에 점포위치를 선점할 수 있는 조치가 취해졌다. 싱가폴 컨설팅 회사에 의뢰한 새로운 형태의 사이공 콥 마트는 호치민시 리통키엣에 첫 점포를 열었는데 QSR브랜드는 1층 슈퍼를 중심으로 롯데리아와 KFC가 입점했다. 개점을 앞두고 지금까지 KFC와 동일한 조건에서 경쟁을 해 본 적이 없어 걱정이 되었지만 점포관리자 교육과 품질관리에 중점을 둔 결과 개점 후 KFC대비 평균 30% 높은 매출을 달성했다. 점포 위치선정과 관리자의 열정이 그만큼 중요한 것이다. 이어서 판티엣에 콥 마트가 진출하였는데 롯데리아가 단독으로 입점했다. 처음으로 호치민시를 벗어난 지역에 출점인데 기대이상의 성과를 달성할 수 있었다. 지금은 차로 3~4시간이 걸리지만 당시 밤늦게 출발하면 1시간 30분이면 충분히 도착할 수 있을 정도로 가까운 거리였다. 1개월을 예상하고 호치민시에서 점포관리자들의 개점지원이 있었는데 예상치 못한 매출을 기록하면서 문제가 불거지기 시작했다. 월 10억동이 넘는 매출이 3개월 이상 지속되자 피로에 지친 점포 관리자들의 퇴사가 줄을 이었기 때문이었다. 관리자들의 퇴사를 억제할 수 있는 조치가 필요했다. 본사 직원 중에 판티엣에 주소를 둔 직원들의 가족을 대상으로 점포관리자를 물색했다. 대학을 졸업하고 고향에서 일자리를 찾고 있던 대상자들이 몇 명 있었다. 판티엣으로 가서 면접을 본 후 인력을 충원할 수 있었다. 6개월이 지나 점포 매출이 안정세로 접어들며 지원인력도 철수할 수 있었다.

베트남은 물이 좋지 않다. 석회질이 많아 음용수로는 부적절하기 때문에 대부분 가정에서도 생수를 사서 음용수로 사용하는데 생각보다 물값이 비싸지는 않다. 생수를 판매하는 브랜드는 많지만 La Vie, Aquafina, Vinh Hao가 유명한데 라비에는 네슬레 합작이고 아쿠아피나는 펩시 합작이다. 빈하오는 광천수를 생산하는 로컬 브랜드인데 판티엣이 수원지다. 물이 좋아서인지 푸꾸억과 판티엣, 냐 짱에서 생산된 늑맘(피쉬소스)은 전국적으로 유명세를 타고 있다.

당사와 KFC는 점포수에서 앞서거니 뒷서거니 하며 호치민시 핵심요지를 선점하기 위한 출점 경쟁을 가속화하고 있는데 비해 졸리비는 신규점포 출점이 다소 주춤한 상태에서 시장을 관망하고 있는 것이 출점 전략에 조만간 무슨 변화가 있을 조짐이다.

며칠 전부터 인터넷 속도가 급격히 느려졌다. 알리바바가 해저 광케이블을 잘라간 것이 틀림이 없다. 이전에도 몇차례 그런 사례가 있었기 때문에 알게 된 학습효과 덕분이다. 아침에 걸어 놓은 메일이 퇴근시간이 다 된 지금까지 열리지 않고 있다. 광케이블을 잘라서 팔 때는 $1/1m 미만으로 가치가 거의 없는데 반해 설치를 하기 위해서는 수천달러가 들어간다고 한다. 국가적인 손실인데 한두 번 발생하는 일도 아니기에 이제는 편안한 마음으로 기다릴 수 있다. 인터넷이 안되는 주말에 머리도 식힐 겸 앙코르 왓을 다녀와야겠다.

베트남 인사이드 _ 앙코르 왓과 똔레샵

무작정 가방을 꾸려 시엠립 행 항공기에 올랐다. 탄손넛 국제공항을 이륙한 항공기는 수도 프놈펜에 도착해 1시간을 경유한 뒤 시엠립 국제공항에 우리를 내려 놓고는 하노이를 향해 날아가 버렸다. 앙코르 왓은 유럽인들에게 많이 알려진 관광지였으나 최근 들어서는 동양인들도 많이 찾고 있는데 12월에서 2월을 제외하면 무더위와 한바탕 전쟁을 치를 각오를 해야 한다. 덥고 무더운 나라 캄보디아 누군가 캄보디아를 이렇게 표현했다. 캄보디아는 두 계절이 있다, 더운 계절과 아주 더운 계절…

9세기에서 15세기에 걸쳐 인도차이나 반도 중앙에 왕코르 왕조가 번성하였다. 그러나 흥한 자는 반드시 망한다는 말을 증명이라도 하듯 왕조는 멸망했고 방치되면서 수세기 동안 사람들의 기억에서 사라졌다가 19세기에 이르러 프랑스 탐험가들에 의해 발견되면서 거대한 위상을 세상에 다시 드러내게 되었다.

앙코르(Angkor)는 왕도를 뜻하고 왓(Wat)은 사원을 뜻한다. 크메르족은 왕이 죽으면 그가 믿던 신과 합일하는 신앙이 있어서 사원을 건립하는 풍습이 있었다. 앙코르 왓은 수르야바르만 2세가 힌두교의 비슈누(팔이 네 개인 신으로 인간을 구원하고 우주 질서를 유지하는 신이다)신에게 봉헌한 사원으로 폭 190m 둘레 5.6Km의 해자로 둘러싸여 있다. 크메르 건축에서 해자는 신성한 지역으로의 접근을 막기 위해 만들어졌다고 한다. 우린 서쪽으로 난 길을 통해 앙코르 왓에 들어간다. 서쪽은 죽음의 영역이다. 거대한 돌무더기로 만들어진 이 유적은 사원인지 무덤인지도 분명하게 밝혀진 것이 없다. 다만 사암으로 된 이 도로가 사자를 위한 건축물이 아니었을까 추측하게 할 뿐이다. 폭 12m 길이 210m 돌다리로 해자를 건너면 익랑을 지나 3개의 탑과 중앙사원으로 연결되는 참배로가 이어진다. 돌을 깔아 만든 참배로를 걸어가며 사람들은 무슨 생각들을 하고 있을까? 나는 왜 이곳을 찾는 것일까? 선과 악, 삶과 죽음, 순간적인 것과 영원한 것에 대한 해답을 얻기 위해서인가?

11세기 후반 앙코르 왕조는 왕위 계승을 둘러싼 암투로 국내 정세가 크게 분열되고 이웃 참파 왕국(베트남 중남부)의 침공으로 피폐해 졌다. 그러나 앙코르 왕조의 전성기를 이룬 수르야바르만 2세가 나라를 평정하고 왕에 오르면서 번영의 길로 접어들기 시작한다. 그는 지금까지 와는 반대로 이웃나라들을 침공하여 영토를 확장하는 한편 3만여명의 장인을 동원하여 1113년부터 37년간에 걸쳐 앙코르 왓을 완성하였다.

사원으로 들어가기 전 입구에서 머리가 아홉개 달린 뱀신 나가를 만났다. 나가는 힌두교에서 창조의 신인 브라흐만의 손녀 카드루가 낳은 영물로 얼굴은 인간의 형상을 하고 있으나 타원형의 몸체에 뱀의 꼬리를 가지고 있다. 난 뱀을 싫어하지만 이 뱀은 무섭게 느껴지지 않았다. 그리고 보니 프놈펜에 있는 카지노의 이름도 나가였던 거 같다.

돌로 많든 다리를 지나 이어지는 긴 참배로를 따라 사원 내부로 들어가면 앙코르 왓의 사면을 둘러싼 부조와 마주친다. 부조는 왼쪽에서 오른쪽으로 이어지며 전체길이는 804m에 이른다. 힌두교의 장례법상 무덤에 새기는 부조는 왼편에서 오른편으로 한다고 한다. 앙코르 예술의 중심은 세밀하게 묘사된 부조로 주로 힌두교 신화에 관한 이야기들인데 수르야바르만 2세는 사암으로 된 부조에 인간이 면서 신으로 남고자 했던 자신의 열망을 함께 담았다. 사원은 무지 막지한 돌덩이들을 쌓아서 만들었는데 사원의 내부를 흙벽돌로 쌓 은 뒤 외부에 사암을 덮어 완성했다. 천년의 세월을 견딘다는 흙 벽돌은 그렇게 사암에 덮여 우리를 맞이하고 있었다.

1층은 미물계, 2층은 인간계, 3층은 천상계를 의미한다. 인간계 에서 천상계로 오르기 위해 우린 모두 짐승이 되어야 했다. 75도의 급격한 경사와 협소하고 높게 만들어진 돌계단은 천년의 세월에 깎 이고 닳아 두 손과 두 발을 이용해야 겨우 올라갈 수 있었다. 최대 한 몸을 낮추고 발을 옆으로 디뎌가면서 겸손한 마음으로 기어 올라 갔다. 성소 앞에서 인간은 항상 겸손해 질 수 밖에 없는 것이다. 갑 자기 시원한 바람과 함께 탁 트인 넓은 공간이 눈앞에 펼쳐졌다. 육 신의 제약을 받지 않는 영혼들이나 자유롭게 드나들 수 있도록 만들 어진 천상의 세계⋯ 성소 안 어둠으로부터 수르야바르만 2세가 불 쑥 나타나 말을 걸어올 것 같은 느낌이 들었다. 앙코르 왓의 가운데 있는 성소탑은 높이가 65m로 우주의 중심인 메루산을 상징한다. 힌 두교에서 메루산은 신들이 거주하고 있는 지상 낙원이자 죽은 자의 영혼이 가기를 소망하는 곳이다. 절대적인 선도 절대적인 악도 존재 하지 않는 곳, 몸과 마음이 한결 정화된 느낌으로 사원을 나와 똔레 샵 호수를 향했다.

한쪽으로는 태양의 일몰이, 반대쪽에서는 달이 뜨는 똔레샵은 오 랜 시산 베트남인들의 애환을 묵묵히 담아내고 있었다. 거대한 호 수라는 어원을 지닌 똔레샵은 동양 최대이자 세계에서 세번째 큰 호수로써 경상북도 정도의 크기에 해당한다. 건기와 우기에는 호수 의 크기가 세배이상 차이가 난다고 한다.

　1973년 1월 평화협정이 체결되면서 베트남에서 미군이 모두 철수하게 된다. 그 후 2년이 지난 1975년 4월 사이공은 지도상에서 완전히 사라져 버렸다. 자유를 갈망하던 사람들은 조그만 뗏목에 의지해 기약 없이 바다로의 긴 항해를 시작했다. 일부는 다른 나라 선박들의 외면으로 바다에서 사라지고 일부는 해적에게 귀중품을 빼앗긴 뒤 수장 당하기도 하면서 보트 피플은 세계 각지로 흩어져 갔다. 그 중 일부가 메콩강을 거슬러 올라 똔레샵 호수에 도착했으나 사회 불안을 우려한 캄보디아 당국의 상륙 불허로 호수 위에서의 수상생활이 시작되었다. 바이욘 사원에서 보여주는 크메르의 미소는 신화속에만 존재하던 것이었다. 30여년의 세월이 지나 선거를 의식한 훈센 총리가 이들에게 시민권과 함께 육지에 상륙해서 살 수 있도록 허락했으나 이미 수상생활에 익숙해져 버린 이들은 계속 호수에 남아 지금도 수상생활을 영위하고 있는 것이다. 이들 수상가옥들은 우기에는 호수 깊숙이 이동해 각자 생활하다가 건기가 되면 연안으로 이동해 하나의 집단을 형성해서 살아간다. 수상주택에서는 캄보디아를 대표하는 음식인 털이 많고 커다란 거미와 귀뚜라미 튀김도 팔았는데 그다지 먹고 싶지는 않았다.

　호수 어귀에 접어들자 양은 광주리를 탄 아이들과 소형 보트들이 달라 붙었다. 모두들 구렁이를 한두 마리 씩 목에 감거나 배에 싣고 있었다. 이곳에 사는 아이들의 유일한 장난감은 살아 있는 파충류였다. 주머니에서 1달러짜리 지폐를 꺼내 광주리를 부지런히 저어온 것에 대한 정당한 대가를 지불하자 하얀 이를 드러내 웃으며 다른 배들을 향해 재빨리 노를 저어갔다. 수상가옥은 두어평 남짓한 공간에 대여섯 많게는 열명 이상이 기거하며 온종일 호수에 그물을 내리는 노동을 해야 하루치 양식을 구할 수 있다. 교육이나 의료혜택도 없는 현대문명의 사각지대를 살아가는 똔레샵 사람들이지만 그들은 해맑은 미소로 우리에게 이야기한다. 삶의 질과 깊이는 풍요와 편리함에 있지 않다고, 행복과 평화는 내 안에 있는 욕심을 걷어내는 데서 시작된다고, 물질이나 풍요는 편리와 불편의 문제일 뿐이라고…… 따라서 똔레삽에 사는 사람들이 불행하리라는 생각은 여행자의 관점이며 억지일 뿐이다.

수평선이 보이는 호수 한가운데로 나왔다. 호수에 잠긴 아픈 사연을 아는지 모르는지 수평선 너머로 떨어지는 일몰은 장관이었다. 여행을 하면서 보이는 것은 대화가 되고 회화가 되어 가슴에 들어오지만 재능이 없는 나는 표현할 방법이 없어 그냥 바라보기만 했다. 날이 어두워지자 선착장으로 돌아오는 머리 위로 커다란 둥근 달이 떠올라 있었다. 언제나 새로운 것을 발견할 수는 없지만 항상 새로운 시선으로 바라볼 수 있기에 기대를 모아 떠나는 여행은 희망이자 축복인 것이다.

베트남 인사이드 _ 여러가지 일들과 댕기열

좌충우돌 어떻게 생활했는지 모르는 가운데 1년이 후딱 지나갔다. 아무런 준비없이 주재원으로 나온 대가를 톡톡히 치르고 있는 중이었다. 그 사이 부사장은 공항에서 시내로 들어오는 남키커웅이아 거리에 "오아시스"라는 최고급 레스토랑의 투자와 관련되어 회사에서 자리를 비우는 경우가 종종 있었다. 오아시스는 공산당에서 운영하는 호텔 옆에 위치한 오래되고 낡은 개인 빌라였다. 을씨년스러운 건물에 20만불의 자본을 투입하자 입구가 커다란 가리비 조형물들로 장식된 최고급 씨푸드 레스토랑으로 변신하여 대관업무를 하기에 좋은 장소가 되었다.

그 동안 크고 작은 많은 일들이 있었다. 주말에 푸미흥 점포를 방문했는데 한 무리의 사람들이 모여 있었다. 리더처럼 보이는 한 명이 뭔가 열심히 설명하고 다른 사람들은 듣고 있는 것이었다. 베트남 관광객들에게 푸미흥 신도시에 대해 소개 하나 싶어서 옆에 서서 들어보니 베트남에서 자신에게 얘기하면 롯데리아 가맹사업권을 줄 수 있다면서 푸미흥 점포도 줄 수 있다고 얘기하고 있었다. 무슨 근거로 그런 이야기를 하고 있는지 궁금했지만 아무리 기억을 떠올려도 나와는 일면식도 없는 사람임이 분명했다. 베트남 법인장을 옆에 두고 베트남 가맹사업권이 자신의 것이라니 무모하거나 전형적인 사기꾼이 분명했다. 점포 밖에 나가서 사기를 치라고 말하려다 그만두었다. 그렇지 않아도 현지에 거주하는 교민들과 두어 차례 좋지 않은 일들이 있었는데 더 이상 교민들과 좋지않은 일로

엮이고 싶지 않았기 때문이다. 푸미흥 점포는 여름이 되어 국제학교가 방학에 들어가자 다수의 사람들이 한국으로 일시 귀국하였으므로 매출이 20% 하락 했다.

덕팟(나중에 ABC베이커리로 사명 변경)사장의 아들 결혼식에 초대장이 왔다. "화이트 펠리스"에서 저녁 7시에 예식이 시작된다고 적혀 있었다. 부사장에게 베트남에서는 부조금을 어느정도 하는지 물어보니 $100~$200정도 하면 되니 $200정도 하자고 했다. 고급 예식장 이라서 그런지 그날 저녁에 한 팀 밖에 결혼식이 없었다. 조금 이르게 7시 20분전에 도착했는데 아무도 나와 있지 않았다. 안내하는 사람에게 초청장을 보여주자 이곳이 맞다고 했다. 1시간을 기다려도 아무도 나타나지 않더니 저녁 8시가 되자 한두 명 씩 나타나서 초청장에 적힌 테이블을 찾아갔다. 배도 슬슬 고파 오기 시작하고 기다림에 지칠 무렵인 8시 30분이 되자 많은 사람들이 쏟아져 들어와 예식장을 가득 채우면서 비로소 예식이 거행되었다. 얼굴도장만 찍고 식당으로 직행하는 한국의 결혼문화에 익숙해 있던 우리는 처음 접하는 결혼식 문화에 다소 당황했으나 자리가 마련된 테이블에서 끝까지 예식진행을 지켜보고 있었다. 신랑 신부가 입장하자 예단 좌우기둥에 매달아 놓은 풍선을 위로 당겨서 터트리며 예식이 시작되었다. 겹겹이 높이 쌓은 와인잔에 붉은 와인을 가득 채우고나서 케익을 절단하자 주례선생님의 오래된 경륜과 인생관이 농축된 심오한 내용의 주례사도 없이 양가 부모의 감사인사로 결혼식은 싱겁게 끝이 났다. 뒤이어 밴드가 설치된 무대에 가수로 보이는 사람이 올라와 축하공연을 하는 사이 테이블에는 능숙한 솜씨로 음식이 배달되고 있었다. 갖가지 육, 해군 고급 요리가 코스별로 놓여지자 다들 즐거운 표정으로 와인잔을 채워 건배를 하고 음식을 먹기 시작했다. 그 사이 신랑신부는 하객 테이블을 하나하나

돌며 감사 인사와 건배를 하며 기념사진을 남기기에 여념이 없었다. 베트남에서 처음 접해보는 호화 결혼식이었다. 예식이 끝난 후 집에 돌아오니 11시를 넘기고 있었다. 그 후로는 결혼식에 초대를 받으면 예정 시간보다 최소 1시간 이상은 늦게 도착해 다른 하객들과 보조를 맞출 수 있었다.

렉스호텔 1층에 위치한 렉스점은 공안이 인도의 오토바이 주차를 엄격하게 단속하는 바람에 매출이 수직 낙하 하고 있었다. 호치민시에 출장을 다녀간 하노이 고위직 공안으로부터 하노이는 법규를 잘 지키는데 호치민시 에서도 법규를 엄격히 적용 시키라는 내용의 공문을 접수한 후 호치민시 주요거리의 불법 오토바이 주차를 대대적으로 단속하는 중이었다. 예전 같으면 보름이나 한달 정도면 단속이 끝났을 텐데 하반기 내내 단속이 이어지고 있어 심각한 상황이 지속되고 있었다. 1층 카운터 앞에 고객 오토바이를 임시로 보관 해주고 있는데 최소 10대 이상 보관 장소가 필요하나 공간이 협소하여 2대 밖에 보관을 할 수 없어 영업손실과 이미지 타격이 있었다. 메이트가 점포 앞 인도에서 메뉴판을 들고 기다리고 있다가 고객에게 직접 주문을 받아 카운터에 전달하면 고객은 도로 위 오토바이에서 기다리다가 제품을 전달받아 가는 방식으로 영업을 할 수 밖에 없었기 때문이다.

KFC도 매출이 떨어지는 것은 마찬가지였다. 참다못한 KFC 대표가 또이쩨 신문과 인터뷰를 했는데 주차허가를 받은 구역내에서의 과도한 주차단속 문제점을 지적하는 내용이었다. 공감이 되는 내용이었으나 기사가 나가자 거북이 로터리 인근에 있는 KFC 웬딘추점 주변에는 영업시간 내내 공안의 집중적인 오토바이 단속이 이루어졌다. KFC는 1층 매장을 철거한 후 임시 오토바이 주차장으로 사용하였으나 매출이 80%나 급감했다. 점포를 방문하면 고객이 없는 매장에서 시골 폐가의 분위기가 느껴졌다. 공산당 기관지나 마찬가지인 또이쩨 신문에 정부 정책에 대한 반감을 직접 표현한 것에 대한 대가였다.

조류독감이 발발했다. 조류 독감이라는 생소한 용어를 처음 접했기 때문에 대수롭지 않게 생각했고 위험성에 대해서도 잘 몰랐는데 달걀의 유통을 금지시키고 치킨에 대한 유통관리가 강화되었다. 생선, 돼지고기 등 대체재의 가격이 폭등하면서 중국에서는 가짜 계란을 만들어 베트남 북부지역에 유통시키는 만행을 저질렀다. 당사 주력 품목인 치킨의 판매중단은 총 매출에 미치는 영향이 커서 40%대의 신장세를 보이던 것이 마이너스 신장으로 전환 되었다. 다행히 3개월 만에 조류독감 소식은 언론에서 잠잠해 졌지만 그 영향은 오랫동안 지속되어 예전의 매출 신장세를 회복하지 못하고 있었다. 소고기가 들어간 제품과 새우버거 홍보에 주력하였으나 치킨의 공백을 메우기에 역부족 이었다.

브랜드광고를 시행하기 위해 호치민시 버스정류장 광고판(가로 2.5m 세로1.2m) 40개를 확보했다. HoHoHoHo HoChiMinh City로 타이틀을 정하고 디자인을 한 후 광고심의를 신청했는데 즉시 반려되었다. 호치민 주석의 이름은 기업광고에 사용될 수 없다는 이유였다. 호치민시 광고가 설치되면 하노이 중심부 버스정류장에 HaHaHaHa HaNoi라는 광고를 실시할 계획이었는데 호치민시 광고가 반려 되면서 함께 중단되었다. 몇가지 주의해야 할 것들이 있음도 알게 되었다. 보라색 포스터는 지양해야 했다. 옛날 왕조시절에 베트남 왕족들만 사용하던 칼라이기 때문이다. 호치민시에 있는 건물들을 보면 옥상광고물이 설치되어 있는데 광고물의 1/3이상이 옥상위로 돌출되게 설치할 수 없으며 이때 높이는 1m를 초과할 수 없었다. 년중 3~4회 강한 태풍이 휩쓸고 지나가는 중, 북부와 달리 호치민시는 태풍의 영향이 거의 없는 대신 100년 이상 된 가로수나 공원에 있는 아름드리 나무를 통째 뽑아버리거나 부러뜨릴 수 있는 강력한 돌풍이 있기 때문이다.

8월 하순으로 접어들 무렵 점심식사를 하려고 식당에 갔는데 모기들의 공격이 눈에 띄게 거세지고 있었다. 어떤 종류의 모기(작고 배부위에 검은색과 흰색의 줄무늬가 선명한)는 작고 빨라서 모습을 볼 수도 없었는데 이 모기는 스치기만 해도 몹시 가려웠다. 언제 날아와서 피를 빨고 도망가는지 소리만 들리는데 결과는 가려움과 통증으로 나타나곤 했으므로 우린 특공 모기라고 불렀다. 우기가 막바지로 접어드는 지금이 모기들의 생식기간인지 무자비한 공격을 당한 후 사무실로 돌아왔는데 평소 같으면 시원하게 느껴져야 할 에어컨 바람에서 갑자기 한기가 느껴졌다. 갑작스레 바뀐 생활환경과 연속되는 심야 업무로 인해 체력이 약해진 때문이라고 생각하면서 에어컨을 끄자 몸은 한기를 느끼는데 머리는 고열이 엄습해 왔다.

스팀 마사지를 하는 가게로 갔다. 얼굴을 한번도 본적이 없는 교민이 주인이었는데 여기서는 먼저 마사지를 한 후 몸에 비닐을 덮고 그 위로 스팀에 뜨겁게 데워진 대형 타월을 잔뜩 쌓아 피로를 풀어주는 방식으로 영업을 하고 있었다. 누적된 피로를 푸는 데는 그만이었으므로 피로가 쌓이면 가끔 찾는 가게였다. 마사지를 받고 나왔는데 예전의 개운함을 느낄 수 없었다. 집으로 왔는데 오한이 더 심해져 끓는 물에 설탕을 듬뿍 넣어 한 그릇 마시고 나자 오한이 멈추는 듯 했지만 잠시 뿐이었다. 저녁이 되자 설사가 동반되었고 이 후 아무것도 먹을 수가 없었다. 점점 한기가 심해져서 이불을 다 꺼내서 덮어도 몸은 한기를 느끼는데 머리는 고열로 깨질 듯이 아팠다. 칼로 뼈를 긁는 것 같은 통증이 느껴졌다. 가만히 앉아 있어도 더위에 땀이 흐를 정도인데 한기로 인해 에어컨을 켤 수 없어 두텁게 쌓은 이불을 덮고 끙끙 앓았다.

주재원으로 나온 것을 후회했다. 배가 고프면 코코넛을 마시거나 물을 끓여 설탕을 타서 마셨다. 식사를 하지 못하자 메이드가 중국인들이 좋아하는 고기가 들어있는 주먹만한 빵을 구해왔다. 금요일 오후부터 시작된 오한이 일요일 밤이 되자 조금씩 멀어지는 것을 느낄 수 있었다. 말로만 듣던 댕기열을 경험하고 월요일 아침이 되어 멍한 상태에서 출근을 하기 위해 집에서 나오는데 머리에서 뇌가 따로 굴러다니는 느낌을 받았다. 평소 모기풀을 열심히 먹지 않은 자신을 나무랐다.

모기풀… 베트남의 거의 모든 음식에 기본으로 쓰이는 것이 있는데 이 것 때문에 베트남 음식을 먹지 못하는 사람들도 있다. 라우 텀이라고 하는 향채인데 라우는 채소를 가리키고 텀은 향기로운 이라는 뜻을 가지고 있으므로 향기를 내는 채소로 생각하면 된다. 이 향채가 베트남의 거의 모든 음식에 알게 모르게 들어가 있다. 베트남 음식은 베트남 사람들이 잘 먹게 만든 것이므로 가끔 외국인들의 입맛에는 맞지 않을 수도 있다. 베트남 음식의 지혜는 바로 이 향채에 있다고 해도 과언이 아닌데 이 냄새나는 야채를 먹으면 모기 같은 해충이 달려들지 않기 때문이다. 열대 지역이다 보니 밀라리아 같은 열병을 옮기는 매체인 모기를 퇴치하는 방법을 찾아야 할 텐데 그 방법으로 모기가 싫어하는 강한 향이 나는 음식을 먹는 것을 좋은 지혜로 생각하여 그런 것인지 다양한 음식에 종류에 따라 다양한 향채를 넣어서 먹게 된 것이다.

이런 향채를 일부 한국 사람들은 모기를 쫓는다고 해서 모기풀이라 부르는데 저자도 향채가 지닌 특이한 향에 대한 거부감으로 가까이 하지 않았다. 그러나 한번 댕기열을 앓은 후에는 모기의 공격으로부터 보호받기 위해 대부분의 향채를 먹게 되었다. 또한 이때까지 거부감을 가지고 있던 베트남에서 생산되는 열대 과일들에 대한 생각도 바꿔었다. 특히 셔오링(두리안)은 과일이 지닌 특이한 냄새로 인해 그동안 혐오스러워 하며 거들떠 보지도 않았으나 몇 번 먹어본 후 가장 좋아하는 과일이 되었다. 지인들이 베트남에 오면 모기에 물리지 말고 무사히 돌아가기를 바라는 마음에서 벤탄시장으로 가서 꼭 맛을 보게 한다.

수세기동안 허브는 단지 향기나 맛을 위한 것 뿐만 아니라 약용으로 전 세계에서 널리 사용되고 있다. 하지만 이 세상 어디에도 베트남만큼 신선한 허브를 중요시하는 나라는 찾아보기 힘들다. 어떤 요리를 먹든지 각종 향초와 라우텀 등의 채소를 테이블 위에 가득 내놓는 나라 베트남, 서양에서는 허브를 계절음식에 조금 첨가하는것과 달리 베트남에서는 새우튀김 하나를 먹을 때도 허브 한 두 바구니는 기본이다.

베트남인들은 특히 음식을 뜨거운 것과 시원한 것 두가지로 구분하는데 뜨거운 성질이 있는 육류나 단백질을 섭취할 때는 시원한 성질의 야채나 향채를 반드시 같이 먹어야 한다는 생각을 가지고 있다. 향채는 전반적인 체력증진, 면역성증가, 혈액순환, 소화촉진 등 질병을 이기거나 예방하는 데도 그만이기 때문이다. 향채는 식단에 따라 종류가 달라지는데 쌀국수를 먹을 때와 각종 구이를 시식할 때는 제각기 다른 향채를 사용한다.

베트남에서는 "시어머니도 모르는 향채"라는 말이 있을 정도로 다양한 향채가 존재함을 시간을 투자해 재래시장을 돌아다니면 실감할 수 있다. 여기서는 베트남에서 광범위하게 사용되는 향채에 대해 간략히 소개한다

- 라우 낀 여이(Rau kinh gioi): 잎과 꽃 전부를 식용으로 사용할 수 있다. 향은 다소 은은한 편으로 다른 허브와 함께 생으로 먹거나 생선회 또는 삶은 고기를 싸서 먹기도 한다. 분(bun)이랑 같이 많이 먹는다.

- 라우 훙 루이(Rau hung lui): 모양은 박하 잎 비슷한데 그 향은 박하향을 능가한다. 해산물, 요리, 반세오(베트남 빈대떡)와 잘 어울린다.

- 라우 훙 궤(Rau hung que): 베트남 쌀국수(pho)를 먹을 때면 항상 따라 나오는 이 향채는 그리 강하지 않은 향에 쌀국수와 함께 곁들여 먹으면 입 맛을 개운하게 만들어준다. 외국인들이 가장 쉽게 접할 수 있는 향채이다.

- 띠어 또(Tia to): 깻잎 같은 모양으로 향이 그리 강하지 않다. 우렁 요리와 라우예(염소탕)에 제격이다.

- 라우 응오(Rau Ngo): 베트남에서 가장 흔하게 보이는 향채로써 자그만 잎들이 강한 향을 만들어 외국인들은 음식에 손도 못 대는 사람들이 많다. 가장 대표적인 향채이자 우리나라 파와 같은 역할을 해 국물이 있는 음식에 많이 사용한다.

- 라우 엽 까(Rau dap ca): 매운맛과 함께 비린내가 나는 이 향채는 월남 쌈(Goi cuon)이나 반세오에 빠질 수 없으며 새우튀김이나 스프링롤에 믹스하여 먹으면 맛이 훨씬 좋아진다.

- 라우 응오(Rau ngo): 줄기가 하얀 것이 특색이며 베트남인들은 매일 일상에서 흔히 먹는 허브지만 독특한 향 때문에 한국인이 적응하기는 쉽지 않다.

- 라우 티 라(Rau thi la): 맛과 향이 상당히 강렬하다. 비린내를 제거하는데 최고로써 리우까(물고기나 게를 넣은 스프), 짜까(생선 요리의 하나로 향료 잎과 섞어 숯불에 구워 먹음), 혹은 각종 해산물에 곁들여 먹는다.

- 라오 람(Rau ram): 잎이 잘고 작으며 다소 매운 맛이 나는 것이 특징이다. 가늘게 채를 썰어 생선 스프, 깐쭈어(새콤한 맛이 나는 국)나 각종 분 요리 등에 잘 어울려 이들 음식의 맛을 살려주는 것은 물론 소화촉진 효과도 있다.

- 라오 무이 따이(Rau mui tay): 쌀국수를 먹을 때 빠지지 않는 향채로 입안 가득 맴도는 향과 매운 듯한 맛이 조금은 먹기 힘들다. 밥을 지을 때 조금 넣으면 은은한 향이 베어 나와 한층 입맛을 돋구어 준다. 베트남인들은 샐러드로 만들어 먹기도 한다.

약용 라우텀은 식용으로 널리 쓰이지만 병을 예방하고 치료하는 등 각각 독특한 약리 작용을 하기도 한다. 몇가지 대표적인 허브들을 소개하면 다음과 같다.

- 까이훙짠(Cay hung chanh): 지네, 전갈에 물렸을 때나 벌에 쏘였을 때 잎을 잘게 갈아 소금과 함께 상처에 바르면 붓기가 빠지면서 즉시 효과가 나타난다. 기침, 천식 환자들의 경우 갈아서 꿀과 함께 쪄 먹기도 한다.

- 라우 람(Rau ram): 뱀에 물렸을 때, 배 아플 때 소화불량, 발

기부진, 성욕감퇴, 여드름 등의 치료에 효과가 있다. 해산물 탕을 만들 때 조금 썰어 넣어주면 새우, 생선, 오징어 등에 잠재되어 있는 각종 독소들을 중화 시켜 준다. 일반적으로 가공하지 않고 그대로 사용한다. 생으로 먹거나 양념으로 사용할 때 살균 효과가 크기 때문이다.

- 까이 티 라(Cay thi la): 배 또는 치아가 아플 때 기력이 허할 때 소변을 자주 보거나 용변을 본 후 고통을 느끼는 경우 잎을 말려 가루로 만든 후 소금물에 타 먹는다. 찰떡을 만들 때 속에 넣어 먹기도 하는데 신장이 약한 사람들은 매일 50~100g의 씨를 갈아 마시면 좋다. 열병, 말라리아 환자들의 경우는 씨를 잘 갈아 물과 함께 마신다.

- 까이 무이 따우(Cay mui tau): 보편적으로 널리 쓰이는 식용, 약용 겸용 허브로써 전형적인 소화촉진제다. 자연 상태에서 말린 후 가루로 만들어 물에 타 하루 2회 3일 정도 마신다.

시중에서 허브를 구입할 때는 눈으로 볼 때 흠이 없고 파릇파릇한 것을 선택한다. 또한 직접 사용하기 전까지 물에 씻지 않는 것도 요령이다. 먹을 때는 적당한 크기로 자른 후 차가운 물에 30분 정도 담가 두었다가 물기를 제거한 후 사용한다.

세상에서 가장 못생긴 것 세가지를 고르라고 하면 하마와 타조 그리고 코코넛 나무라고 저자는 생각한다. 이처럼 못생긴 코코넛이지만 나무 뿌리는 장인의 손질을 거쳐 훌륭한 장식물이 되며 나무는 용도에 맞게 자르고 손질해서 각종 조각물이나 생활용품 등을 만든다. 코코넛을 싸고 있는 껍질은 말려서 땔감으로 사용하기에 충분하며 코코넛 음료는 시원한 곳에 보관하였다가 갈증 해소나 특히 감기에 좋은 비상약이 되기도 한다. 이렇듯 코코넛 나무는 어느 것 하나 버릴 것 없이 사람들의 생활에 도움이 되는 존재인데 35℃를 넘나드는 골프장에서 운동을 하다 갈증이 폭발하려 할 때 그늘집 냉장고에 보관된 코코넛을 한 개 꺼내서 마시면 남은 경기를 무리없이 마칠 수 있다. 원래 코코넛은 맛이 조금 밍밍한데 태국에서 종자개량을 해서 단맛이 강화되어 맛이 좋은 코코넛 나무가 베트남에도 많이 보급 되었다. 코코넛 나무의 키가 2~3m내외로 작은 편에 속하는 개량 코코넛은 껍질을 벗긴 상태에서도 쉽게 구분할 수 있는데 크기가 베트남 코코넛 보다 훨씬 작다.

이 밖에도 물에서 자라는 코코넛도 있는데 물 야자수의 줄기는 잘라서 지붕을 덮을 때 사용하며 줄기 사이 사이에 물 야자 열매가 커다란 공처럼 달려 있는데 큰 열매를 쪼개어 보면 작은 공처럼 생긴 물야자들이 뭉쳐서 이루어진 것이다. 작은 공처럼 생긴 열매의 껍질을 벗기면 투명하면서도 새하얀 우유 빛 과육인 물 야자가 모습을 드러내는데 야자수와 같이 특별한 맛은 없으므로 기호에 따라 설탕을 넣어서 먹기도 한다. 물야자는 껍질을 일일이 벗겨내야 하는 수고와 함께 생산되는 수량도 적어서 현지인들도 아주 귀하게 생각해 몸이 허하다고 느낄 때 구입해서 먹거나 가까운 사람들에게 선물하기도 한다.

란 선생이 연락도 없이 물 야자 한 봉지를 들고 사무실에 왔다. 주재원으로 베트남에 파견되어 지금까지 베트남어 강의와 파트타임으로 회사 통역도 하면서 베트남인들의 생활과 관습, 문화에 대한 도움을 받고 있었기에 반갑게 맞이했다. 자연스레 베트남의 직업문화에 대해 이야기를 나누었는데 가방을 뒤적이더니 은행에서 현금을 묶는데 사용하는 기다란 띠 종이를 꺼내 보여주었다. 2백1십만동(140,000원)정도의 숫자가 띠지에 적혀 있었는데 그것이 자신의 이번 달 월급이라고 했다. 또한 월급은 후불로 준다는 얘기를 하며 교수들이 투잡을 할 수 밖에 없는 이유를 설명했다.

들고 보니 퇴근시간이 되면 미리 준비한 것처럼 5분 이내에 사무실에서 사라지는 직원들을 보며 내심 좋지 않게 생각하던 것이 몹시 부끄러워졌다. 적어도 주재원들은 먹고 사는 문제에서 자유롭기에 한가지 일에만 집중할 수 있었지만 현지인들은 먹고 사는 문제를 해결하기 위해 퇴근시간이 되면 눈치를 보며 사무실을 빠져나가고 있었던 것이다. 투잡을 뛰지 않아도 될 만큼의 월급을 주지도 않으면서 희생만 강요한 거 같아 미안한 마음이 들었다. 이야기를 마친 란 선생이 환하게 웃으며 작별 인사를 했다. 한국어 박사과정 공부를 위한 입학전형에서 합격통지를 받아 곧 한국으로 유학을 갈 예정이라고 하면서…

베트남 인사이드 _ 베트남 보양식

여행이 주는 즐거움의 백미는 음식이다. 좋은 여행이 되기 위해서는 어떤 음식이든 잘 먹고 아무 곳에서나 잘 자는 것이 되어야하는데 눈은 익숙해져도 혀는 익숙해지기 힘든지라 도전하는 정신으로 포크를 들 때도 있다. 그러나 베트남에서는 그런 걱정을 덜어도 될 거 같다. 알 수 없는 베트남어로 쓰여 있는 메뉴판을 해독하는 것만이 유일한 문제이기 때문이다.

중국의 불도장, 일본의 장어구이, 필리핀의 발룻 등 세계 각국에는 자국을 대표하는 보양식이 존재하듯 베트남 역시 수십가지 보양식으로 체력을 보강한다. 몬순과 열대기후가 만들어내는 후덥지근함을 이겨낼 수 있는 보양식에 대해 소개하면 다음과 같다.

- 쯩빗론(Trung vit Lon): 열대지방 베트남의 독특함을 보여주는 보양식 중 하나인 쯩빗론은 가장 대중적인 보양식 가운데 하나다. 이 요리는 부화직전의 오리알을 삶아 놓은 것으로 껍질을 깨면 새끼의 날개나 부리 등을 볼 수 있는데 서민들의 건강 지킴이로 이보다 좋은 게 없다는 소문 덕에 길거리나 시장 등에서 쉽게 볼 수 있다.

- 찜새(Chim Se): 베트남인들이 좋아하는 참새고기는 정력을 증강시키는 강장제이자 식욕을 돋우는데 탁월한 효과를 보이는 음식이다. 베트남 고전의학에서도 참새는 신을 보하고 양기를 강화 시켜주며 무릎과 허리강화, 기력증진, 신경쇠약, 생리통,

두통, 빈혈 및 손발이 찬 증세에 탁월한 효과가 있어 예로부터 왕께 올리는 진상품으로 쓰였다. 술, 소금, 파, 후추, 생강, 대추 등으로 참새고기를 양념한 후 구워서 통째로 씹어 먹으면 닭고기와는 비교할 수 없을 정도로 쫀득하며 고소한 맛이 일품이다.

- 예 누이(De Nui): 보양식의 최고봉 예 누이(야생 염소)는 일반 염소고기와는 비교가 되지 않는 야생의 염소고기 요리이다. 염소고기가 보양식으로 으뜸이라는 사실은 누구나 다 아는 공공연한 비밀이지만 베트남 북부 닌빈 산악지대에서 삼지구엽초를 즐겨먹고 자란 덕분에 300마리 이상의 암놈을 거느린다는 예 누이야 말로 최고의 보양식이 아닐 수 없다. 모양과 맛이 소고기 볶음 비슷한 예 느응(염소 구이)은 육질은 매우 연하고 부드러우며 염소의 잡내도 나지 않아 염소고기에 관한 편견이 사라진다. 라우예 또한 소뼈로 고아낸 국물처럼 뽀얀 국물에 소금으로 간을 하고 몸에 좋은 각종 약초를 듬뿍 넣고 삶아내어 국물이 진하면서 담백하다.

- 까짯(Ca Trach): 장어와 비슷하게 생겼으나 장어는 아니다. 맛이 달며 간장, 신장, 비장 기능을 도와 여름철 스테미너 식품으로 널리 알려진 까짯은 허약체질의 원기를 돋구어 오장육부의 기능을 돕는 작용을 한다. 여성의 붕루(월경기간이 아닌데 갑자기 많은 양의 피를 쏟는 것), 장풍하혈(똥누기 전에 피가 나오는 것), 여성대하, 빈혈, 여러 외과질환 등에 널리 쓰인다. 특히 까짯을 먹으면 난치성 피부질환이나 오래된 눈병을 낫게 하고 사람 몸에 오염물질이 들어갔을 때 이겨낼 수 있는 힘을 길러준다. 또한 암 예방과 피부노화를 막아주므로 젊음을 지킬 수 있는 음식이기도 하다. 효과가 대번에 나타난다는 스테미너식

까깟은 시들시들 힘이 없을 때 한 마리 구워 먹으면 최고의 효과를 볼 수 있다.

- 보깝(Bo Cap): 전갈 튀김 이야말로 모든 곤충요리의 으뜸이자 즐겨먹는 대표적 먹거리다. 주로 튀기거나 볶아서 먹는데 굵은 소금으로 여러 차례 표면을 문질러 씻어 꼬리의 독을 완전히 뺀 후 통째로 튀겨낸다. 먹는 방법도 간단해서 늑맘 소스에 찍어 먹으면 되며 두통과 허리통증, 신경통에 좋으며 인체 면역력 강화에도 탁월하다. 파스퇴르 연구소에서는 전갈요리가 인체에 아무런 해가 없는 완전식품이란 평가를 내리기도 했다.

- 러우바바(Lau Ba Ba): 원기충전의 대명사 자라탕은 한국과 마찬가지로 베트남에서도 인기있는 영양식이다. 자라탕은 자라에서 나온 피를 보혈제라 하여 넵머이(베트남 소주)와 섞어 마시는 것부터 시작한다. 자라탕의 백미 중에 백미는 붉은 색의 자라피 술과 녹색 빛이 감도는 쓸개즙 술이다. 자라탕의 주원료인 자라는 3~7년 정도 키운 것으로 1~2Kg짜리가 적당하다. 요리는 우선 임금 왕자가 새겨진 가슴을 세로로 칼집을 내 벌린 다음 감초와 계피 조각들을 깊숙이 넣어 비린내를 제거하는 일부터 시작한다. 여기에 각종 한약제를 넣고 내장을 그대로 둔 채 요리한다. 깔끔하고 쫄깃한 맛의 자라 내장 볶음, 자라를 먹기 좋게 잘라서 튀긴 자라 튀김, 역시 먹기 좋은 크기로 잘라서 석쇠에 굽는 바비큐 구이, 마지막으로 자라탕을 만드는데 닭고기 맛과 비슷한 자라의 살코기는 쫀득쫀득하면서 감칠 맛이 난다.

- 꼰두웅(con Duong): 옛날부터 황제가 농민들에게 매일 잡아오라고 시켜 흰 쌀밥에 쪄 먹었다는 꼰 두웅은 누에처럼 생긴 애

벌레이다. 혐오스럽게 생긴 외모에 특유의 고약한 냄새까지 나는 애벌레지만 야자수나 대추나무 잎을 먹고사는 아주 깨끗한 곤충이자 단백질, 마그네슘, 칼슘, 아연, 철분 등이 가득한 영양 덩어리이며 엑기스 그 자체다. 버터구이, 튀김, 숯불구이 등으로 조리해 먹으며 배추 잎에 싸서 쪄 먹기도 한다. 그러나 산채로 늑맘이 담긴 접시에 담가 두었다가 늑맘을 먹고 익사할 즈음 건져내서 한 입에 꿀꺽 삼키는 것을 최고의 방법으로 친다.

- 보꿍라롯(Bo cung la Lot): 라롯 잎에 말아 불에 구운 소고기 요리인 보꿍라롯은 호치민 사람들이 차가운 맥주와 함께 즐기는 별미로 라롯은 보통때는 별 냄새가 안 나는데 갖가지 양념에 잘 버무린 소고기를 라롯 잎으로 싸서 뜨거운 불위에서 튀기기 시작하면 고소하고 향긋한 냄새가 진동을 해 100m앞을 지나가던 행인들도 냄새에 이끌려 찾아온다. 이러한 신비한 매력을 발산하는 보꿍라롯 이지만 10개를 담은 한 접시의 가격은 1만동(670원)으로 이렇게 싸게 팔아도 되나 싶을 정도로 저렴하다. 주머니 사정이 좋지않은 학생이나 서민들을 위해 수십년 전 가격을 유지하고 있는 서울의 허름하지만 정겨운 맛집이 연상되는 광경이다. 레탄똥이나 하이바쯩 사거리 모퉁이에서 모락모락 피어 오르는 연기를 둘러싸고 앉아 보꿍라롯을 정신없이 먹는 모습들을 언제까지 볼 수 있을지 모르겠다. 라롯이란 재래시장에서 흔히 파는 식물로서 싱싱한 초록빛에 약간의 윤기가 나는 것이 좋으며 어둡고 습한 곳에서 자라는 식물로 주로 음식 맛을 내는 향초로 쓰인다. 배 아플 때, 머리 아플 때, 어지럼증, 손발이 찰 때, 손발이 마비 되었을 때 심지어 각종 해독작용까지 있어서 감초처럼 널리 쓰이는 약용식물이기도 하다.

갈등을 넘어 재도약으로

베트남 인사이드 _ 파트너와의 갈등

베트남에서 보낸 첫해를 돌아보면 신규점포 5개를 개점한 것 외에 눈으로 보여지는 결과는 기대 이하였다. 탄산음료 시럽가격 인하에 따른 원가개선과 점포 환경개선에 따른 매출증가 효과는 조류독감 발생과 정부의 오토바이 주차 통제로 인한 매출부진으로 상쇄되었다. 마치 1년이 10년처럼 힘들고 바쁜 시간을 보냈다고 생각했는데 결과만 보면 낙담에 빠질 정도로 개선된 것이 없었다. 또 한가지 아쉬운 점은 모든 것이 계획대로 움직이지 않았는데 본사 직원들의 수동적인 업무 태도가 문제였다. 모든 것이 대강, 대충, 튀지 않으려고 노력하는 것처럼 보여졌다. 그렇다 해도 도약을 위한 끈을 놓아 버리기에는 새롭게 준비하고 시도해 봐야 할 일들이 많이 남아 있었다. 다만 끝이라고 생각하면 진짜 끝일 것 같았고 아직 남았다고 생각하면 또다른 시작이 있을 뿐이었다.

부사장이 새로운 레스토랑에 지분을 투자했다면서 주재원들을 초대했다. 처음 베트남 법인에 부임할 때의 일들이 생각났다. 주어진 목표와 사명감으로 몇 달에 걸쳐 부지런히 조사한 결과 호치민시에 우리 점포가 있어야 할 위치들을 표시해 점포개발 방향에 대해 부사장과 회의를 했다. 부사장은 잠시 알아볼 시간을 달라고 하더니 며칠 뒤에 지도를 가져와서 전부 안 된다고 했던 적이 있었다. 노틀담 성당 주변은 카톨릭 교회 땅이기 때문에 영리를 목적으로 하는 식당에는 임대가 되지않고 레두안 거리는 영사관이 주변에 있기 때문에 사람들이 많이 모이는 식당이나 가라오케 허가가 안되는 지역이었으며 동득탕 거리는 군부대가 있는 지역이기 때문에 레스토랑 허가가 나지 않는다고 해서 할 말을 잃게 만든 적이 있었다. 부사장 말에 의하면 시 외곽이나 쇼핑센터가 레스토랑 영업허가를 받을 수 있는 곳이었는데 사업 초기에 점포를 내고 싶지 않은 지역들이었다. 결국 모든 것은 주재원들의 몫이 되었으며 우린 나쁜 사마리아인이 되어야 했다. 외국인 투자자금이 들어오기 이전의 기준으로 볼 때 부사장의 말이 틀린 것은 아니었다. 모든 정책이나 환경은 필요에 의해 변경될 수 있는 것인데 변화하는 환경에 따라가지 못하고 기존의 원칙만 고집하는 것이 문제였다. 부사장이 공무원들의 대변인처럼 느껴졌다. 모든 것은 기존의 관습에 따라 움직이고 있었으며 선례를 만들어 나가는 것이 어려운 일이었다.

주재원들과 함께 오아시스에 도착했다. 부사장이 레스토랑 외부에서 기다리다가 환한 웃음과 함께 반갑게 맞아주었다. 외부에서 본 고급스러운 이미지에 맞게 내부 인테리어는 간결하면서도 품위를 유지하고 있었다. 새로운 레스토랑 개점을 축하하고 나서 자리에 앉자 메뉴책자를 가져와서 메뉴와 와인을 선택하라고 했다. 레스토랑에서 추천해 주는 와인으로 하겠다고 하니 무똥까데(Mouton Cadet)를 가져와 시음을 해 보라고 했다. 처음 마셔보는 와인이지만 향과 맛이 무난하게 느껴졌다. 또한 병에 $40정도의 저렴한 가격은 주머니 사정이 별로 좋지않은 주재원들이 마시기에 크게 부담이 되지 않았다. 와인을 선택하자 부사장이 요리를 추천해 주겠다고 하더니 웨이터를 불렀다. 웨이터가 미리 준비하고 있었던 것처럼 싱싱하고 커다란 바닷가재 한 마리를 가져다 보여주었다. 웨이터가 보여준 가재를 요리하기 위해 주방으로 가져간 후 부사장이 처음으로 전년도 점포개발 실적에 대해 얘기했다.

먼저 한국인들의 근면성을 추켜 세우더니 이전에 일본에서 법인을 운영할 때는 5년 동안 5점포를 개점했는데 한국에서 일년만에 5개를 개점했으니 이제 점포개발을 그만 하는 것이 어떻겠는지 조심스레 물었다. 눈앞이 캄캄하게 어두워졌다. 본격적으로 사업을 시작하기도 전에 부사장이 벌써 보드멤버 미팅에 대비하고 있구나 하는 생각이 들었다. 법인 인수절차가 끝난 후 사내 회의에서 5년내 100점포를 개점하는 것이 중장기 목표라는 발표를 할 때도 영 미심쩍은 눈빛이었는데 벌써 파트너와의 갈등이 시작되는 조짐이 보여 또 한가지 해결하기 어려운 숙제가 던져지는게 아닌지 내심 걱정되었다. 결국 그날 식사는 자연스레 새해 사업계획에 대해 논의하는 자리로 변했다. 관습과 문화가 다른 환경에서 살아온 사람들의 이질적인 생각이 하나의 구심점으로 모아지기엔 더 많은 시간이 필요하다는 것을 느낄 수 있었다. 또한 투자자본에 대한 인센티브를 기대하고 있는 파트너들의 알력이 점점 커지고 있다는 생각이 들었다. 매출이 부진한 상태에서 적정 점포수를 확보하기까지 개점시마다 수십만불의 자본이 투자되어야 하는 것에 대한 불만도 가지고 있었다. 기존의 점포를 활성화해서 조금이라도 이익이 발생하면 이익을 공유하고자 하는 것이 파트너들의 생각처럼 느껴졌다. 본사 비용과 고정비 지출로 인해 현실성이 없는 생각이었다.

웨이터가 살아 있는 가재를 가져오더니 뱃속에서 베트남 전통소주 넵머이(Nep Moi)를 한잔 씩 따라 주고는 요리를 하기위해 다시 가져갔다. 잠시 후 신선한 가재회가 가재와 함께 접시에 담겨져 나오자 무똥까데를 잔에 채우고 신년축하 건배를 하면서 식사를 이어갔다. "쭉멍남머이(새해 축하합니다)"

새해를 맞아 5군 동물시장에서 토끼를 한 마리 샀다. 다 자란 커다란 흰색 토끼였는데 메이드가 보더니 토끼집을 땅에서 높게 설치하라고 했다. 1m정도 되는 나무를 몇 개 구해서 그 위에 토끼집을 설치했는데 거실에서도 토끼가 잘 보였다. 토끼가 먹을 풀은 메이드가 근처에 있는 떤미 시장에 가서 사 오던지 슈퍼에 갈 때 야채를 좀 많이 사서 같이 먹기도 했다. 소형빌라의 손바닥만한 마당이었지만 토끼로 인해 집안에 활기가 도는 것처럼 느껴졌다. 그러나 이런 작은 행복이 오래 가지는 못했다. 며칠 뒤 아침부터 밖이 시끄러워 나가 보았더니 메이드가 뭔가를 열심히 쫓아내고 있었다. 자세히 보니 앞발을 들고 뒷발로 서 있는 커다란 쥐였다. 세상에… 지금까지 쥐를 많이 봤지만 그렇게 큰 쥐는 처음이었다. 부유한 동네에 사는 쥐는 체형부터 다르구나 생각했다. 거실에서 슬리퍼를 들고 나와 거만하게 서있는 쥐를 향해 힘껏 던졌다. 그제서야 멀뚱멀뚱 쳐다보던 쥐가 도망을 가기 시작하는데 캥거루처럼 앞발을 모은 채 뒷발을 이용해 껑충껑충 뛰어서 사라졌다.

다음날 큰 쥐가 또 나타났다. 이번에는 어떻게 하는지 보려고 가만히 버려 두었는데 한치의 망설임도 없이 토끼장이 있는 곳으로 다가갔다. 토끼장속에 있는 토끼를 잡으려고 하는지 뒷발로 서서 앞발로 토끼장을 떠받히고 있는 나무를 잡고 서는데 키가 토끼장에 조금 못 미칠 정도로 컸다. 토끼는 놀라 좁은 우리 안에서 안절부절 못하고 바삐 돌아다니고 있었다. 이런 믿지못할 상황이 며칠 더 지속된 후 결국 토끼는 메이드의 차지가 되었다. 뜻밖의 횡재를 한 메이드는 사랑스러운 표정으로 토끼를 자전거에 싣고서 어딘가로 가져갔다.

재도약의 발판을 마련하기 위한 올해 업무 목표를 호치민시 핵심 지역에 거점점포 20개를 확보하는것과 점포 투자비 합리화, 현지화를 위한 신제품개발 그리고 공동체문화 형성에 두고 세부실행계획 마련에 들어갔다. 3월이 되어 보드멤버 회의(이사회)가 개최되었다. 베트남 측에서는 티엔난이 일본측에서는 닛쇼이와이 에서 투자자 자격으로 참석하였는데 주요 안건은 전년도 투자 및 경영실적 보고 와 금년도 계획과 투자비 조달에 대한 것이었다. 경영현황과 점포 개발, 영업 실적에 대해서는 별다른 이견이 없었다. 금년도 투자 계획에 대해 보고하자 예상했던 대로 베트남 파트너 측에서 투자에 반대 의사를 표했다. 처음 개최된 보드멤버 회의였으므로 파트너에 게 5개년 사업계획과 회사의 중장기 목표를 설명하며 앞으로 5년간 신규점포 개점을 위한 투자의 필요성을 설명하자 더 이상 반대를 하지 않았다. 이어서 투자계획에 따른 증자계획에 대해 설명하자 별 다른 이견이 없었으므로 동의하는 것으로 생각했다. 주요안건에 대한 보고가 끝나고 투자계획부에 제출하기 위해 미리 준비한 결산 보고서와 함께 이사회 자료에 공동으로 서명을 했다. 회의가 끝나 자 닛쇼이와이 대리인은 돌아가고 베트남 파트너들은 부사장 방으 로 가서 무엇인가 논의를 한 후 돌아갔다. 파트너가 돌아가자 부사 장이 방으로 와서 파트너들의 의사를 대신 전달했다. 파트너들은 증자에 참여하지 않는 대신 지분율은 유지하고 싶다고 했다. 당시 베트남에 투자한 외투법인들에게 베트남 투자자들이 즐겨 사용하는 방법이었다. 베트남에서는 투자계획부의 지도에 따를 수 밖에 없었 으므로 외투법에 따른 의사결정비율은 사실상 무의미했다. 다소 당 황스러운 제안을 두고 부사장에게 의견을 구하자 파트너 지분만큼 회사에서 대여를 해 주었으면 좋겠다고 했다.

투자계획부에 결산보고서를 제출하고 증자관련 자료에 승인이 나 기까지 4개월이 걸렸다. 외투법인에서 투자계획부로 서류를 보내면 투자계획부에서 인민위원회 산하 전 부서의 합의를 거친 후 최종적

으로 부위원장이 사인을 하면 다시 투자계획부로 전달되는 형식이
어서 서류처리를 위해 정해진 기간이란 것이 무의미했다. 출장이
많은 공무원들의 특성과 개인휴가 등 예기치 못한 일들이 생기면
그만큼 결재기간이 연기될 수 밖에 없기 때문이었다. 당장 신규점
포 개발에 자금이 필요했는데 투자계획부의 증자승인이 나지 않은
상태에서 중앙은행의 허가가 필요한 자금을 국내로 들여올 방법이
없었다.

　파트너 증자대금 대여건에 대해 수일간 고민을 해 보았는데 다른
좋은 방법이 떠오르지 않았다. 파트너와의 결별까지도 염두에 두었
으나 코카콜라의 전철을 밟고 현지사회에 나쁜 이미지를 심어주고
싶지 않았다. 파트너 측의 제안에 대해 수일내로 알려주기로 하고 본
사에 보낼 보고서를 작성했다. 증자계획이 계획대로 되지 않으면서
회사의 자금사정은 급격하게 나빠지고 있었다. 처음부터 중장기 투
자계획에 따른 충분한 자본확보가 되어있던 것이 아니었기에 직원들
의 급여일이 가까워지면 매일 오후 세시에 사무실 밖으로 나가 스콜
이 내리는지를 확인하였다. 당시 스콜은 정확하게 오후 3시를 전후
하여 내렸기 때문이었다. 스콜이 내리는 시간이 늦어져 저녁시간대로
옮겨가면 점포의 매출에 영향을 주기 때문에 가슴을 졸여야 했다.

　파트너에 대한 자금대여와 증자대금 송금에 대한 결정이 내려졌
다고 본사로부터 연락이 오자 그동안 자금부족 문제로 마음 졸이던
것에서 비로소 벗어날 수 있었다. 금년도 사업계획을 자금계획에
맞추어 수정해야 했다. 기 결의된 증자대금이 회사 계좌로 입금된
것이 확인된 것은 일년의 2/3가 지난 7월이었기 때문이었다.

베트남 인사이드 _ 점포투자 합리화

지인이 베트남에서 사업을 하기 위해 방문했다가 돌아가는 날이었다. 공항으로 가기 전 방탄박에서 함께 저녁을 먹었는데 항공기 출발시간이 많이 남아있어 편한 장소에서 이야기를 나누기 위해 공항 인근에 있는 로컬 가라오케로 자리를 옮겼다. 당시 한국행 비행기는 출발시간이 밤 12시에서 1시 사이여서 11시 정도에 공항에 도착해도 충분했기 때문이다. 이런 저런 이야기를 하다가 인감에 대한 이야기가 나왔는데 잘 이해가 되지 않는다며 의아해 했다. 사용인감 문화에 익숙하니 아마 그럴 것이었다. 한국인 이라면 누구나 한두 개 도장을 가지고 있으며 인감을 등록하고 자신의 법률행위에 사용하는 경우가 일반적이다. 국가에 등록된 임감보다 더 신뢰할 수 있는 수단이 없는 면에서는 타당하지만 제 3자에 의해 부정하게 사용되는 경우가 있어 불의의 피해를 볼 경우도 많은 것 또한 사실이다.

베트남도 한국과 같은 인감제도가 있으나 국가 등의 정부기관이나 경제단체 등에만 인감의 사용을 허락하고 있어 개인이 별도로 인감을 등록, 발급받는 제도는 존재하지 않는다. 단지 개인의 경우 공증인 앞에서 서명하고 동일성을 공증받는 방법을 사용한다. 베트남에서 인감을 규율하는 법은 기업법과 인감의 관리 및 사용에 관한 시행령에 규정되어 있는데 인감은 회사의 본점에 보관되어 있어야 하고 회사의 대표자에게 인감의 관리 및 사용에 대한 책임이 있다고 규정하고 있으며 회사는 제 2의 인감을 발급받을 수 있다고 되어 있다.

한국에서 실무자들이 사용인감을 들고 다니면서 계약서 등에 날인하던 습관이 남아있어 베트남에서도 습관대로 인감을 달라고 하다가 마찰을 빚는 경우가 가끔 있으므로 주의해야 한다. 또한 대표자의 날인이 된 위임장이 있어야 거래 상대방으로부터 인감사용에 대해 의심을 받지 않을 수 있다. 인감 관리에 관해서는 한국보다 엄격한 기준을 적용하는 것이 베트남의 인감제도이다.

공항에서 아쉬운 작별인사를 하고 집으로 돌아오는 길에 콥 웬딘추 점포 앞에 이르렀다. 점포에서 영업을 종료하고 있는 중이었다. 교통신호에 걸려 잠시 기다리는데 메이트가 검은 액체가 든 둥근 통을 들고 나오더니 점포 앞 도로에 쏟아버렸다. 조금 있으니 오토바이를 타고가던 여자가 우회전을 하기 위해 방향을 틀다가 미끄러지면서 넘어졌다. 점포에서 사용하고 난 폐식용유를 도로에 쏟아버렸던 것이었다. 자세히 보니 배가 불룩하게 나온 임산부였는데 무표정한 얼굴로 넘어진 오토바이를 일으켜 세워 가던 길을 갔다.

다음날 폐유처리 관련 회의를 했다. 콥 웬딘추 점포의 폐유처리 이야기를 하자 분위기가 심각해졌다. 예전부터 계속 그렇게 해 왔는데 뭐가 문제인지 모르겠다는 불만에 찬 표정들이었다. 지금까지 그렇게 한 것을 말하는 것이 아니라 앞으로 어떻게 하면 좋을지 토의해 보자고 하자 굴레를 벗은 망아지 마냥 생기와 해방감이 넘치는 분위기가 되었다. 구매팀을 통해 폐 식용유를 공급하는 거래처에서 회수하는 문제를 협의하게 했다. 회수된 폐유는 어떻게 활용되는지 물어보니 아마 정제를 거쳐 시장이나 식당에 저렴하게 공급될 것이라고 했다. 폐 식용유로 판촉물로 사용할 비누를 만들어 납품하도록 했다. 구매팀장이 다른 직원들의 눈치를 보더니 고개를 끄덕이며 회의실을 나갔다. 우리가 상생을 위한 노력을 보일 때 그 만큼 현지인 들과 마음의 거리도 줄어드는 것이다.

또 한가지 점포에서 개선되어야 할 문제가 있었는데 개인 위생 문제였다. 베트남 인들은 몸을 자주 씻는다. 습도가 높고 날씨가 더운 이유도 있겠지만 옷을 짧게 입고 생활하다 보니 혹시라도 채취가 날까 봐 하루에도 몇 번씩 시간이 날때마다 깨끗이 하는 것이다. 오토바이를 타고 다녀서 그런지 베트남인들은 행동이 무척 날렵했다. 바람처럼 돌아다닌다고 해도 될 만큼 작은 체구들이 점포를 돌아다녔다. 그렇게 돌아다니다가 주방에 들어가기 위해서는 의무적으로 비누를 이용한 손세척과 알코올을 이용해 손 살균을 해야 하는데 습관이 되어 있지 않아서 제대로 지켜지지 않았다. 여기에 더해 오토바이를 타다 보면 매연과 먼지를 많이 들이마시게 되어 코딱지가 많이 생기는데 시도 때도 없이 코딱지를 파기위해 손가락을 코로 가져가고 있었다. 습관화된 무의식을 바로 잡으려면 오랜 시간과 노력이 필요하지만 노력을 투자하지 않으면 아무것도 변하는 것이 없다. 우린 시간과의 싸움을 시작했다.

호치민시에서 점포를 개점하기 위해서는 한국 대비 3~40% 높은 투자비가 들어갔다. 인테리어 시공자재를 대부분 수입에 의존 하다 보니 수입관세 문제로 인해 나타나는 결과였다. 투자는 많은데 비해 점당 매출은 로컬식당 수준으로 낮았으므로 투자비 합리화를 추진 하기위해 인테리어 공사를 하고 있던 파트너사들과 협의를 시작하는데 반응은 대부분 부정적이었다. 인테리어 시공 견적서를 산출하기 위해서 일위대가표(공사 원가자료)가 있어야 했는데 베트남에서 일위대가표 만들기가 매우 어려웠으며 파트너사의 몫이 되어야 했기 때문이었다. 자재 판매상은 대부분 영세하고 정해진 가격이 없었다. 동일한 타일가격이 한 군데서는 20만동이나 옆집에서는 12

만동이었다. 그나마 한번 수입한 타일들은 판매가 종료되면 더 이상 구할 수가 없는 것이 문제였다. 시공 표준화를 위한 물량 확보를 위해 대량주문을 하면 단가가 올라갔다. 필요한 물건을 제때 확보하는 것이 최대 현안이 되었다. 중소 상인과의 거래에서 수요와 공급의 법칙은 적용되지 않는 무용의 이론이었음을 빨리 이해해야 했다. 역내에서 공사자재 구매의 효율성 증대를 위해 계획경제에 익숙해질 이유만 늘어났다.

스틸은 대기업을 통한 시장공급으로 비교적 안정된 가격에 구입이 가능했으나 절곡은 공급자가 키를 쥐고 있어서 적시에 공급받는 것이 중요했다. 스틸 절곡시 퀄리티를 보장하기 위해서는 V커팅을 해야 했는데 당시 호치민시에서 V커팅이 가능한 곳은 방화문을 제작하던 공장 한 곳 뿐이었기 때문이다. 결국 방화문 제작이 끝나면 스테인리스 강철을 잘라 절곡을 해야 했는데 물량이 많지 않다 보니 단가와 작업시간 문제로 스틸 작업을 축소하고 다른 공법으로 시공을 해야 했다. 당시 5성급 호텔의 인테리어도 스테인리스 절곡시 V커팅을 하지않아 두루뭉실하게 마감 처리된 곳이 있을 정도로 공사 품질이 열악했다.

의탁자와 간판은 긴급히 개선을 해야 했다. 수량과 투자비 그리고 유지관리의 어려움 때문이었다. 스틸은 높은 습도를 견디지 못해 시간이 지나면서 녹이 슬기 시작했고 레쟈는 훼손이 되었을 때 보수가 문제였다. 누구의 소행인지는 분명치 않으나 점포에 새 의탁자를 설치해 놓으면 예리한 칼 같은 도구로 의자의 레쟈 부분을 훼손하는 경우가 많았기 때문이다.

주방기기는 구입단가도 비싸고 부품공급이나 사후관리가 제대로 되지 않는 것이 문제였다. 기술과 부품이 열악한 로컬 수리공에게

3. 갈등을 넘어 재도약으로

A/S를 맡기다 보면 2~3일내에 동일한 고장이 반복되는 경우가 많았기 때문에 기기 수선비용이 과다하게 지출되고 있었다. 베트남의 불안한 전력사정 만큼이나 불안했던 전기계통 공사에는 무자비한 쥐의 공격으로부터 안전을 확보할 수 있는 시공 매뉴얼과 화재발생에 대비한 전기자재의 성능을 보장할 수 있는 규격과 안전조치 마련이 필요했다. 안전이 우선인 가스시설은 가스 누출 시 알람과 자동 차단기능이 가격보다 우선되어야 했다.

SV로부터 웬티민카이 점포 벽이 배를 불룩하게 내밀고 있다는 보고가 들어왔다. 웬티민카이점은 호치민시 최대규모의 외국어 학원과 인접해 있는 가구판매점을 임차한 것으로 100평이 넘는 대형점포이자 당사의 플래그십 점포였다. 오래된 건물인 관계로 2층 바닥이 콘크리트가 아닌 나무로 되어 있어 그 위에 타일을 덧붙여 시공했으므로 뛰면 바닥이 출렁거리는 것이 신기했는데 고 매출 점포였다. 점포공사를 한지 1년도 지나지 않았기에 문제점을 확인하기 위해 점포에 가서 보니 MDF합판위에 붙여 놓은 실사 일부가 벌레가 파 먹은 것처럼 울퉁불퉁 보기 흉하게 변해 있었고 한쪽에서는 MDF합판이 습기를 먹었는지 심하게 휘어져 있었다. 영업 종료 후 보수를 하기로 하고 인테리어 시공사는 마감자재를 챙겨서 점포에서 만나기로 했다. 인부를 동원해서 벽면을 뜯어내자 울퉁불퉁하게 변해 있는 MDF합판에서는 예상대로 흰 개미가 쏟아져 나왔다. 배가 부풀어 올랐던 MDF합판은 습기를 머금어서 그렇게 된 것으로 보였으므로 벽면을 전부 걷어내고 실리콘을 이용해 3mm아크릴을 벽면에 붙인 후 그 위에 실사처리를 했다. 이 후 시가지 점포 인테리어에서 MDF합판은 퇴출되었는데 방수가 제대로 되지 않는 베트남 주택구조에서 기인되는 구조적인 문제였기 때문이다.

미리 조사를 시켜 놓았던 가구공장과 전시장을 둘러보러 갔다. 푸미흥이 한국인들을 포함한 합리적인 임차료를 선호하는 외국인들에게 인기있는 신도시인데 반해 영국 국제학교가 있는 2군 지역은 베트남 부자들과 유럽인들이 다수 거주하는 전통적인 부촌이었다. 처음 가 본 곳은 사이공강 건너 2군 베트남 부유층들의 거주지에 있는 영국계 가구회사 였는데 여기서 만들어진 가구는 대부분 유럽으로 수출되고 있었다. 보기에도 단단하고 고급스러워 보이는 검은색 나무와 가죽으로 만든 식탁, 의자 등을 만들어 전시해 놓고 있었는데 물속에 담그면 가라앉는 나무로 만들었다고 자랑스럽게 설명했다. 무척 탐이나는 식탁 세트였으나 점포에서 사용하기 어려운 가구였기에 쇼룸을 나와 공항근처 윙반쪼이 거리에 있는 킴스 퍼니쳐로 갔다. 주인이 한국인 이었는데 고급스러운 소파와 식탁, 의자들이 다양하게 준비되어 있었으나 너무나 사치스러운 느낌의 가구들이라 QSR용으로 사용하기에 적당한 것을 찾기가 어려웠다. 가격역시 한국에 비하면 저렴하였으나 생각하던 가격과 비교해서 고가였다. 주문을 하면 원하는 사양으로 제작해 줄 수 있다는 얘기를 듣고 호치민시에서 30분 가량을 달려 구찌 방향으로 가는 도중에 있는 로컬 의탁자 제조 공장으로 갔다. 주변이 논밭인 들판에 썰렁하게 들어서 있는 공장에서는 100여명의 공원들이 공장 바닥에 모여 앉아 흰색과 커피색상의 프라스틱으로 된 끈을 철제프레임에 감고 고정시키는 작업을 하느라 정신이 없었다. 주로 프라스틱과 철재를 활용하여 30여가지 제품을 만들고 있었는데 로컬 커피점에서 외부에 내어놓고 전천후로 사용하는 의탁자 들이었다. 제품 브로슈어를 보니 의자 하나당 가격이 $15~$25정도로 매우 저렴하였는데 국내에서 수입하던 의탁자와 비교하면 1/4정도의 좋은 가격이었다. 몇가지를 골라 점포 외부용으로 사용했는데 문제가 발생하지 않을 정도로 품질도 좋았다.

베트남인들의 소파 사랑은 끝을 몰랐다. 점포에 들어오면 제일 먼저 소파를 차지하고 다음으로 쿠션이 좋은 의탁자를 찾으며 프라스틱 재질의 의자는 잠시 들어와 식사를 하는 경우나 외부용으로 주로 사용했다. 따라서 객장 설계를 할 때 소파존을 별도로 설치해야 했는데 점포마다 객장의 모양이 다르기 때문에 도면에 맞춰 제작 설치해야 했다. 한국에서 가져온 소파를 보여주면서 비슷하게 쿠션을 넣어 줄 것을 당부했는데 막상 설치해 놓은 소파를 보면 한숨만 나왔다. 화를 내지 않으려고 노력해도 저절로 화가 날 수 밖에 없는 상황이었다. 애꿎은 인테리어 사장한테 화풀이를 하고 밤새 소파를 뜯어서 충진재를 많이 넣었다고 하는데 보면 마음에 들지 않았다. 다른 것은 한번 보여주면 짝퉁인지 모를 정도로 비슷하게 만들어 오는데 소파 만큼은 세번 네번 재시공을 해야 50%정도 만족스러운 제품을 만들었기에 신규점포 객장을 점검하러 가면 인테리어를 시공한 사장은 항상 가시거리를 벗어난 곳에 피해 있었다. 이렇게 시작된 소파 제작기술이 여러 차례의 시행착오 끝에 확보되자 다양한 모양의 1인용 소파제작을 무리없이 할 수 있게 되었다. 지금 돌이켜 보면 당시에 중국산 의탁자를 수입해서 판매하는 비즈니스를 했다면 큰 돈을 벌었을지도 모르겠다는 생각이 든다.

간판을 현지에서 제작하기 위해서는 좀더 기술적인 지원이 필요했다. 5mm아크릴을 균일한 색상과 두께로 뽑아내는 것부터 시작해서 몰더 제작, 돌출형 아크릴 간판이 프레임에 단단히 고정되도록 성형을 해야 했는데 모든 것이 수작업으로 이루어져야 했기 때문이다. 이를 위해 한국에서 간판제작 매뉴얼과 함께 기술자가 출장을 나와서 간판제작에 관한 기술이전을 해주고 돌아갔다. 땀과 노력으로 만들어진 간판 샘플을 보니 사이공스퀘어나 벤탄 시장에서 파는 짝퉁 물품들이 괜한 것이 아니었구나 하는 생각이 들었다. 투자비 절감효과도 매우 커서 간판 제작비가 수입가격의 25%정도밖에 되지 않았다. 수입가격에는 제반 운송비용과 관세가 포함되어 있었기 때문이었다.

인테리어를 하던 최사장이 동나이 타일 판매점들을 돌아다닌 결과 타일 샘플을 20여장 구해 가지고 왔다. 수입타일과 베트남에서 생산된 타일이 6:4정도였는데 수입타일은 가격이 개당 60~80만동이었고 로컬타일은 15~25만동 수준이었다. 베트남 타일의 문제는 내구성이었는데 표면에만 유약이 발라져 있는 경우가 많기 때문이다. 타일을 직접 갈아내면서 내구성검사를 하였는데 타일의 1/2정도를 갈았는데도 타일 색상의 변화가 나타나지 않았으므로 굳이 수입산을 고집할 이유가 없었다. 또한 양산을 요청하면 동일한 타일을 계속해서 공급 받을 수 있었으므로 더 이상 타일을 찾아 길위에서 시간을 소모할 이유를 찾지 못하게 되었다.

코참(Korcham)에서 매월 실시하는 조찬 모임을 갔다. 당시 호치민시에서 유일하게 공개되는 정보를 습득할 수 있는 좋은 기회였기에 특별한 일이 없는 한 참석했는데 S전자 베트남 법인장의 베트남의 인력 및 인건비 현황에 대한 설명이 있었다. 말미에 믿을 수 없는 TV 판매가격 구조에 대해 이유를 설명했는데 수긍이 갔다. 신용거래가 없는 베트남은 모든 것이 현금거래로 이루어지는데 공장도가격에 구입해간 TV가 메콩델타 지역에서 인건비 정도의 마진만 붙여 판매되고 있는 현상을 이해할 수 있어야 베트남 사업에서 경쟁력을 확보할 수 있겠다는 생각이 들었다.

롯데리아는 전통적으로 대중브랜드와의 가격경쟁에 초점을 맞추어 왔다. 한국 롯데리아에서 처음부터 가격결정의 중요한 비교기준이 되었던 것은 국민음식인 짜장면 가격이었다. 이 기준은 저자가 입사한 후 베트남 법인장으로 부임하기까지 한결같이 지켜지던 원칙이었다. 이제 베트남에서 로컬브랜드와 경쟁하여 품질과 가격우위를 점하기 위해 점포투자 합리화를 통한 점포당 투자비용을 기존 투자비 대비 40% 이하로 억제하는 것을 최종 목표로 삼았다. 투자비 절감과 더불어 물류비용 최적화를 통해 재도약을 위한 경영환경 구축에 일조하기로 했다.

베트남 인사이드 _ 공동체문화 형성

느리지만 정상화를 향한 노력들이 조금씩 결과를 보여주고 있었다. 한국 사람들은 성질이 급하고 화를 잘 낸다고 알려져 있어서인지 초기 부임시의 냉랭하고 쌀쌀맞던 태도들도 시간이 지나면서 서로를 배려하고 부족한 것을 채워 주는 상호 보완적인 관계로 변하고 있었다. 그러나 본사와 점포 직원간, 점포에서도 친한 집단과 다른 집단과의 관계에서는 보이지 않는 울타리가 있는 것처럼 자유로운 의사소통과 정보흐름이 되고 있지 않았다. 가족적인 문화의 나쁜 점이 바로 이런 것이구나 생각이 들었다. SV가 본부방침을 전달할 때도 자기와 친분이 있는 점장에게는 전달을 하고 다른 점장들은 내용을 모르고 있는 경우도 허다했다.

회사에 로안이라는 여직원이 있었다. 로안은 58년 개띠로 저자보다 나이가 네 살 많았다. 법인설립시 점포 관리자로 입사해 렉스점 점장으로 근무하다 나이가 많아 본사 영업팀에서 근무중이었다. 한번 토론을 시작하면 자신의 생각은 조금도 굽히지 않는 고집불통이지만 달변가였다. 가끔 몇 시간씩 의욕적인 토론을 해 보았지만 한번도 결론을 내릴 수 없었는데 사소한 부분조차도 주장을 굽히지 않는 외골수성격 때문이었다. 주장은 강하되 설득과 경청은 찾아볼 수 없는 메마른 토론이었다. 마이는 대학을 졸업한 이십대 중반으로 점포관리자를 거쳐 점포지원 업무를 담당하고 있었다. 점포 확대에 대비해 신규점 지원과 지점 교육을 담당할 유연한 성격의 여직원이었다. 영업회의에서 점포 확대에 대비한 지원방안을 토론하다

지원방법을 두고 두 명 사이에 의견충돌이 발생했다. 사소한 문제였기에 자유스럽게 토론을 하도록 했다. 몇차례 대화가 오가더니 갑자기 분위기가 급변했다. 급기야 돌고래와 같은 고성으로 서로에게 삿대질을 하며 자신의 주장을 정당화했다. 회의에 참석한 직원들은 무표정한 모습으로 듣기만 했다. 토론을 진정시켜 보려 했으나 잠시만 지나면 다시 분위기가 험악하게 돌변했다. 계속 회의를 할 분위기가 아니어서 회의를 끝내고 두 명은 결론이 날때까지 남아서 자유토론을 하게 했다. 오전 내내 싸움같은 토론이 이어졌다. 자존심을 굽히기 싫어하고 판단이 잘못되었다는 것을 인정하기 싫어하는 관습과 문화가 회의를 통해 나타난 것이었다. 결론은 두 명을 영업팀에서 떠나 보내는 것으로 해결되었다. 칡과 등나무가 서로 반대방향으로 자라 얽히고 설켜 있는 모습을 갈등이라고 하는데 이미 갈등의 골이 너무 깊었기 때문이었다.

주재원들이 모여서 대책회의를 했는데 팀웍 구축을 위한 워크숍을 해보자는 의견이 도출되었다. 몇개 업체에 행사비용을 문의한 결과 예상밖으로 저렴한 견적으로 보내왔다. 전체 스케쥴은 주재원이 관리하고 세부 실행계획은 현지 직원들이 수립하는 것으로 진행했는데 한꺼번에 모두 참여할 수는 없었으므로 25명씩 2차로 나누어 1박 4일간 진행하였다. 거리가 멀어 2박은 버스안에서 해결해야 했기 때문이다.

직원들에게 가장 가고 싶은 장소를 조사한 결과 단연 냐짱이 선정되었다. 판티엣(무이네)이나 붕따우 등도 있있지만 서민들이 주로 이용하는 휴양지였기 때문인지 선호도가 떨어졌다. 호치민시에서 버스로 가면 8시간 정도 걸리기 때문에 저녁에 출발하도록 하고 주재원들은 현장 점검을 위해 오후가 되자 먼저 출발했다. 다음날 아침이 되자 직원들을 태운 버스가 도착하였으므로 방 배정을 한 후 잠시 휴식을 취한 뒤 본격적인 훈련에 돌입하였다.

동양의 나폴리, 냐짱(Nha Trang)의 영어식 표현은 나트랑이라고 부르는데 호치민시에서 북쪽으로 442Km 하노이에서 남쪽으로 1,287Km에 위치한다. 칸화성의 성도로써 호치민시에 거주하는 중상류층들이 주로 찾는 휴양지인데 8km에 달하는 길고 아름다운 해변을 개발하여 해안 휴양지가 발달한 곳이다. 판티엣, 푸구억과 더불어 베트남 최고품질의 늑맘 산지이면서 질 좋은 천일염의 생산지이기도 하다. 베트남 응우옌왕조의 마지막 황제 바오다이의 별장이 있으며 예로부터 군사도시로 유명하다. 냐짱과 칸화성은 과거 참파왕국의 카우타라 지역에 속하였는데 유적으로는 참족이 세운 포나가르 신전이 남아 있다. 관광지로는 진흙목욕탕이 있는 "탑바"와 냐짱 주변 5개섬을 돌아보는 보트여행이 있다. 특히 5개섬은 베트남에서 물이 맑기로도 유명하지만 무자격자도 스쿠버다이빙과 스노쿨링을 할 수 있는 장소로 인기있는 곳이다. 깜란 공항에서 냐짱 해변으로 가는 길목 왼쪽으로 보이는 흰 모래밭이 이국적인 느낌을 주는데 인근에 군사비행장이 있어 베트남 전쟁당시 미군들이 고엽제를 많이 살포한 지역이라고 한다.

먼저 해변 모래밭에서 2km 단축마라톤을 했다. 세 걸음 이상 거리는 오토바이를 타는 베트남 사람이기에 격한 운동을 하기에 앞서 몸을 풀어줄 필요가 있었기 때문이었다. 단체 마라톤을 해보는 것이 처음인지 처음에는 웃고 장난치며 오합지졸이던 직원들이 반환점을 되돌아 올 때가 되자 얼굴에서는 땀을 흘리며 제법 오와 열을 맞추고 진지한 표정으로 훈련에 참여했다. 한 명의 낙오자도 없이 끝까지 마라톤을 끝내자 남녀 비율에 맞춰 팀을 나눈 후 해변 모래밭에서 좋아하는 해변축구를 했다. 여직원들은 대부분 수영복을 입은 채 몸을 사리지 않는 열정으로 축구경기에 임해 베트남 여성들의 축구사랑과 용맹한 모습을 보여주었다. 평소 가지고 있던 여직원들에 대한 편협한 생각들이 기우임을 알게 되었다. 이후 베트남 롯데리아의 모든 평가와 인재선발기준이 오직 열정과 능력으로만 평가하는 계기가 되었다. 축구경기를 마친 후 결과에 상관없이 다 함께 바다로 뛰어들어 축구공을 던지며 모두가 하나 되는 즐거운 시간을 보냈다. 리조트에서 준비한 점심식사를 마친 후 섬으로 자리를 옮기기 위해 버스에 올랐다.

섬으로 가는 나무보트를 타기 전 잠시 혼쫑을 구경하고 싶다는 의견이 있었다. 혼쫑은 냐짱 해변 북쪽에 위치해 있었는데 두개의 바위그룹으로 되어 있었다. 첫 번째 그룹은 바다로부터 불쑥 솟아난 크고 작은 암석들이 무리를 이루고 있었는데 다양한 암석들과 푸른 바다가 멋진 조화를 이루고 있었다. 두 번째 그룹은 육지 쪽의 모래언덕 끝자락에서 바다와 접해 있는데 거인이 커다란 바위들을 가지고 놀다가 바다에 흩뿌려 놓은 것처럼 뒹굴고 있었다. 이 암석무리 상단에는 손바닥 모양이 깊게 파여 있었다. 첫 번째 그룹은 혼쫑(남편바위)이고 두번째 그룹은 혼버(부인바위)라고 불렀다. 지방에 전해지는 이야기에 의하면 혼쫑에 새겨진 손바닥 자국은 술에 취한 거인 신선이 해변에서 목욕하는 선녀를 하늘에서 내려보다 아래로 떨어지면서 생겼다고 한다. 땅에 떨어진 신선은 완력으로 선녀를 붙잡아 함께 살았다. 그러나 하늘의 신들이 제멋대로 일탈을 한 거인 신선을 붙잡아 가 버렸다. 이미 사랑을 알아버린 선녀는 남편이 돌아오기를 학수고대하다가 상사병에 걸렸고 오랜 시간이 지나도 돌아오지 않자 몸져눕게 되었다. 몸져누운 선녀는 그대로 돌로 변해 선녀산이 되었다. 한참 후 신선 남편이 돌아왔으나 아내가 이미 돌로 변한 것을 알고는 한없는 비탄에 잠겨 남편도 돌이 되어버렸다고 한다. 전해오는 대부분의 전설처럼 혼쫑 역시 지역에 남아있는 실물을 바탕으로 한 이야기들이다.

혼쫑에 얽힌 전설을 뒤로한 채 우리를 태운 나무보트는 혼쩨섬을 향해 출발했다. 얼마 지나지 않았는데 슈퍼바이저 히엔이 얼굴이 사색이 되어 보트 난간을 잡고 쭈그려 앉아 있는 것이 배 멀미를 하는 모양이었다. 잔 파도에 이리저리 흔들리던 보트는 40분 정도를 달리다가 작은 섬의 선착장에 우리를 내려 주고는 돌아갔다. 오후 게임에서 꼴지를 하는 팀은 리조트로 돌아가지 못하고 섬에 남아서 밤을 보내야 한다고 하자 분위기가 엄숙해 졌다. 해변의 모래를 이용해서 회사와 관련된 주제의 모래탑 쌓기를 했는데 하나같이 진지한 모습으로 열심히 토의하고 협심해서 모래탑을 쌓아 올리는 모습을 보면서 이런 분위기가 일상 업무에까지 이어지기를 간절히 기원했다. 배 멀미로 전의를 상실한 듯 했던 슈퍼바이저 히엔도 정신을 차리고 모래탑 쌓기에 동참했다. 평가는 다른 팀에서 하는 것으로 하고 팀에서 과제해결을 위해 가장 열정적으로 참여한 팀원을 정해서 바닷물에 담그기를 했는데 약간의 시간이 지나자 모두들 물속으로 들어가서 머리만 물밖으로 나와 있었다. 모두가 열정적으로 참여했고 모두가 승자였다. 깨끗한 냐짱 바다를 마음껏 느끼게 놓아두고 레스토랑에 설치된 그늘집으로 가 시원한 코코넛을 주문했다.

섬에서의 일정을 마치고 돌아오자 직원들의 노고를 위로하기 위한 저녁 회식이 준비되어 있었다. 한 무리의 젊은 남녀들이 모여 있는 곳을 지나가는데 누군가 우리를 부르길래 돌아보니 회사 직원들이었다. 짧은 시간에 어쩌면 그렇게 완벽하게 변신을 할 수 있는지 놀라울 따름이었다. 수더분한 남자 직원들과 달리 남자를 유혹할 정도의 야한 드레스와 짙은 화장으로 무장한 여직원들이었다. 하루 종일 운동을 한 덕분인지 냐짱 앞바다에서만 잡힌다는 생선요리와 커다란 얼음이 들어있는 맥주가 더해져 좋은 분위기에 운치를 더하는 밤이었다.

이틀째 일정은 탑바 진흙온천 체험과 유적지 방문 그리고 전통시장 방문으로 계획되어 있었다. 아침이 되자 간단한 개인용품들을 챙겨서 버스에 올랐다. 진흙온천까지 가는 데는 시간이 많이 걸리지 않았다. 매표소를 지나 각자 수영복으로 갈아 입은 후 안내인을 따라 가니 2인용, 가족탕을 지나 단체로 진흙목욕을 할 수 있는 커다란 탕이 있는 곳이었다. 굵은 호스를 통해 온천수에 진흙을 섞은 물이 공급되고 있었다. 시간당 400명의 고객을 수용할 수 있는 이 온천에서 사용하고 있는 순수한 자연산 진흙은 냐짱에서 60km떨어진 곳에서 가져온 것이라고 하는데 이 온천의 진흙목욕은 신경계 질병과 각기병, 림프계 이상 등에 큰 효능이 있다고 한다. 진흙목욕이 끝나고 야외에 마련된 온천탕에서 수영을 하려고 했는데 40℃의 온천수가 너무 뜨거웠기 때문에 오래 있을 수가 없었다. 마치 한여름에 뜨거운 탕에 들어가 있는 그런 느낌이었다.

진흙목욕을 끝내고 나오다가 온천 입구에 있는 참족 유족 포나가르 신전으로 갔다. 탑바라는 지명은 포나가르 신전으로 인해 생기게 되었는데 탑바는 비엣족들이 부르는 이름이고 참족들은 포이누나가르 사원이라 불렀다. 참파 왕국의 국모신을 모신 사원으로 비문을 통해 보면 당시 국모신에 대한 숭배가 널리 퍼져 있었고 장기간 계승되어 왔음을 알 수 있다. 참파 왕국은 2세기에서 15세기까지 번성하였는데 지금의 미손(My Son)주변에서 시작하여 냐짱, 판랑까지 세력을 뻗어 나갔다. 참족들은 힌두교를 신봉하고 인도 언어인 산스크리트어를 신성한 언어로 채택하여 건축과 미술 양식을 받아 들였다. 이들은 산악에 접한 해안지대에 거주하여 농사지을 땅이 부족하였으므로 해양무역을 통해 번성하였으며 때로는 지나는 상선들을 공격하는 해적이 되기도 했다. 참족들은 중요한 날이나 축제 때 사원을 찾아 벼농사의 풍년과 자손의 번성, 불행과 재난으로부터의 보호를 빌고 기도했는데 일설에 의하면 여신은 97명의 남편과 38명의 딸을 두었다고 전해진다.

참족은 한창 번영을 구가하던 시기에는 베트남 중부 지역에서 캄보디아에 이를 정도로 방대한 제국이었으나 크메르족의 공격을 받아 국력이 약해졌으며 17세기 북쪽으로부터 비엣족의 침략을 받아 베트남에 흡수된 것으로 역사는 기록하고 있다. 캄보디아 시엠립의 앙코르 왓 사원 부조에는 참족이 배를 타고 톤레샵 호수로 침공하였으나 용사들이 수영을 해서 배에 구멍을 뚫어 물리쳤다는 사실을 사암으로 된 벽에 남겨 놓았다. 한때 동남아를 주름잡던 제국은 영광을 뒤로한 채 초라한 몇 개의 탑만 남기고 사라져갔다. 시원한 바람이 불어오는 포나가르 신전에서 내려다보는 냐짱의 풍광은 아름답기 그지없었다.

베트남 마지막 황제 바오다이, 호치민이 베트남민주공화국 독립을 선언하자 1945년 퇴위하고 동 정권의 고문이 되었으나 1년 후 홍콩으로 망명했다. 이후 프랑스와의 독립협정에 따라 원수로 취임하였으나 향락을 추구하는 방탕한 생활을 지속하다 국민투표에서 패배한 후 프랑스로 망명하였으므로 베트남 인들은 마지막 황제 그 이상의 의미를 부여하지 않고 있다. 냐짱에는 바오다이의 별장이 남아있는데 일반인들도 숙박료만 지불하면 투숙이 가능하며 식당만 이용하는 것도 가능하다. 투숙이나 식사가 싫다면 약간의 입장료만 내고 입장이 가능한데 신발위에 버선을 덧 신으면 황제의 집무실을 비롯하여 각종 취미용품이나 침실까지도 구경할 수 있다. 바오다이 별장을 돌아본 후 함께 모여서 기념사진을 남기고 전통시장으로 향했다.

냐짱 전통시장에서는 지금까지 보지도 못했던 진귀한 물건들을 잔뜩 쌓아 놓고 판매하고 있었다. 시끄럽고 활기찬 분위기처럼 가격도 무척 저렴하여 상어 지느러미 말린 것이 $20에 판매되고 있었다. 해안 절벽에서 따 왔다는 제비집도 판매하고 있었는데 흰색보다는 붉은색이 조금 더 비싸게 팔리고 있었다. 특별한 중국요리의 원료인 제비집은 엄밀히 말해 바다제비가 지은집이 아니다. 금사연이라고 하는 새인데 몸 길이는 12-17cm정도이고 날개에는 연한 금빛 털이 조금 섞여 있어 금빛제비라 부르기도 한다. 금사연은 해초와 작은 물고기 등을 삼켰다가 침샘에서 끈적이는 분비물을 뱉어내 암벽에 둥지를 만드는데 첫번째로 지은 관연이 최상품이고 다시 집을 짓는 과정에서 털이 섞인 것이 모연, 침이 부족해 피가 섞인 것을 혈연이라고 한다. 자연산 바다 제비집이 부족해지자 금사연을 사육해서 얻은 집은 적연이라고 부른다. 북부 하롱베이나 냐짱 등의 바위절벽에 집을 지어서 많이 살고있다. 그 외에도 해변도시 답게 각종 조개껍질이나 생선, 쥐포, 말린 바다뱀이나 바다거북 등 다양한 수산물들을 판매하고 있었으므로 개인시간을 주어 시장구경도 하면서 필요한 물품을 구입할 수 있게 했다. 이렇게 책갈피에 담아가야 할 아름다운 냐짱의 추억들이 하나 둘 쌓여가고 있었다. 냐짱은 천혜의 관광자원을 빠짐없이 갖춘 곳이다. 아름다운 풍광, 다양한 볼거리, 편리한 교통, 다양한 숙박시설, 값싸고 맛있는 음식, 스쿠버다이빙, 스노클링 같은 해양 스포츠와 낭만이 넘치는 까페와 바 등 모든 것이 구비되어 있다.

베트남에서 처음 실시한 워크숍 첫번째 팀을 버스에 태워 보내고 다음날 아침에 도착할 두번째 팀을 기다리는 사이 냐짱 시장조사를 해 보기로 하였다. 몇 달 전 부사장을 통해 칸화 성에 당사 점포 투자를 해 줄 수 있는지 문의가 들어온 적이 있었기 때문이다. 주요 도로를 따라 형성된 상권을 돌아 보았는데 관광지 답게 대부분 상권이 해변에 인접한 도로를 따라 형성되고 있었다. 기본적으로 지방도시에 출점시에는 현지인들을 대상으로 영업계획을 수립해야 하기에 조금 더 구체적인 조사가 필요할 것 같았다.

저녁 식사 후 해변을 잠시 거닐다가 피로를 풀 겸 발마사지를 받으러 갔다. 마사지 가게를 찾아 갔는데 카운터는 비어 있고 좋지 않은 느낌이 들었다. 그냥 나오려고 하는데 주인인 듯한 여자가 나타나서 방으로 안내했다. 방으로 들어가 옷을 갈아입고 마사지를 받는데 누군가 방에 드나드는 인기척이 있어 확인하려고 하면 머리를 눌러서 보게 못하게 하는 것이었다. 조금 더 있으니 마사지가 끝나서 나오는데 개운하기는 커녕 찝찝한 기분만 남아 있었다. 가게를 나와 걸어가면서 영업팀장과 서로 그런 이야기를 나누었는데 같은 느낌이었다. 혹시나 싶어 바지에 들어 있던 지갑을 꺼내 보니 고액 화폐는 대부분 없어지고 달러 소액권과 베트남동 약간만이 남아 있었다. 화가 나서 가게로 돌아가자 간판과 가게 전등을 모두 꺼버렸다. 잠시 후 상의를 입지않은 건장한 체격의 남자가 나와 셔터를 내려버렸다. 분위기가 심상치 않게 돌아가자 영업팀장이 그만 가자고 했다. 생각해보니 한번 지갑에서 나간 돈을 찾아 오는 것은 낙타가 바늘구멍을 빠져나가기 보다 어렵다고 들었기에 감정을 억누르며 숙소로 돌아왔다.

이렇게 2005년부터 시작된 팀웍 구축 워크숍은 2010년까지 판티엣, 붕따우 등으로 장소를 바꿔가면서 개최되었다. 이를 통해 직원 상호간, 본사와 점포, 주재원과 현지인 사이를 가로막고 있던 울타리를 걷어낼 수 있었음은 물론 자부심과 애사심을 고취시키는데 결정적인 기여를 하게 되었다. 나중에 전국적으로 점포망이 확대되어 더 이상 한 장소에 모이는 것이 어려워지자 중남부와 북부로 이원화해서 시행했다. 소규모집단의 개성미 넘치는 가족중심 문화가 만연하던 기업문화가 하나의 목표를 향해 구심점을 갖게 되는 계기가 되게 해 준 팀웍 구축 훈련의 시작이었다. 처음에는 서로 간에 마음의 장벽을 허무는 단순한 프로그램으로 운영되었으나 해가 거듭되면서 전문 레크레이션 강사를 초빙하여 모두 하나가 될 수 있는 행사가 되었다.

베트남 인사이드 _ 점포개발 사례

현지에서 식품 수출입 일을 하는 정 사장한테서 연락이 왔다. 쩐 광카이에 로컬 레스토랑을 한군데 알아 놓았으니 함께 식사를 하자는 것이었다. 쩐광카이는 딘띠엔호왕 도로에서 시작해서 호치민시에서 오토바이 교통량이 최고로 많은 도로중의 하나인 하이바쯩 도로로 연결되는데 휴대폰 판매점과 로컬 가라오케가 밀집되어 있으며 인근에는 재래시장이 있다.

호치민시에는 수 많은 거리가 있다. 이 거리에는 각각의 이름이 있는데 나름대로 역사와 역사속에 등장하는 수많은 사람들의 이름으로 명명된 것이 많다. 호치민시에서는 거리의 이름만 확실하고 주소만 올바로 알고 있으면 택시건 쎄옴이건 누구라도 찾기가 쉽도록 되어 있다. 주소는 한쪽은 전부 홀수고 다른 쪽은 전부 짝수로 되어 있으며 간판에는 주소를 알리는 숫자가 적혀 있기 때문이다. 한국은 거리이름에 대한 유래도 모르고 역사도 모르기 때문에 잊어버리기 쉽지만 베트남은 그렇지가 않다.

거리 이름이 똑 같은 것은 베트남의 전 도시가 동일하다. 하노이, 호치민, 다낭, 냐짱, 하이퐁, 붕따우 등 전국의 주요 도시마다 똑 같은 거리 이름이 있는 것이다. 세계적으로 베트남처럼 전 도시가 같은 거리이름을 쓰는 경우는 드물다. 어찌 보면 역사속의 사건과 인물들을 이렇게 거리 이름으로 명명을 해 놓으면 쉽게 잊어 버리지 않고 살아있는 교육이 될 수 있을 거라는 생각이 든다. 주요 거리이름 중 대표적인 것 몇 개를 소개하면 다음과 같다. 베트남을 여행하거나 방문할 일이 있을 때 조금만 신경 써서 보면 눈에 익은 거리이름을 만나볼 수 있다.

1. 역사속의 사건을 기리는 거리 이름

1) 바탕하이(3 Thang 2): 2월 3일을 뜻하는데 1930년 2월 3일부터 7일까지 홍콩에서 호치민의 주도 아래 인도차이나 공산당이 결성되며 출발한 날을 기념하기 위해 만든 거리 이름이다

2) 까망탕땀(Cach Mang Thang Tam): 8월 혁명이란 뜻으로 1945년 8월 일본이 패망하자 8월 15일부터 말일까지 전국적으로 국민들이 봉기하여 베트남의 자주 독립을 위한 궐기대회를 벌인 것을 기념하기 위해 만든 거리 이름이다.

3) 하이탕찐(2 Thang 9): 9월 2일을 뜻하며 베트남의 신탁통치를 반대하면서 베트남 초대 국가주석 호치민이 하노이 바딘 광장에서 베트남이 독립국임을 선포하는 날을 기념하기 위해 만든 거리 이름이다.

4) 딘빈푸(Dien Bien Phu): 베트남 북부 지역 이름으로 1953년 11월 시작된 제 1차 인도차이나 전쟁(베트남과 프랑스간 전쟁)에서 6개월간에 걸친 치열한 전투 끝에 베트남이 승리를 거둠으로써 프랑스 100년 식민정치로부터 해방되는 계기가 되는 전승지를 기념하기 위하여 만든 거리 이름이다.

2. 역사속의 인물을 기리는 거리 이름

1) 하이바쯩(Hai Ba Trung): 쯩씨 성을 가진 두 자매를 기리기 위한 거리 이름으로 중국의 1천년 동안 지속된 지배에 맞서

처음으로 싸움을 벌여 잠시나마 독립의 기쁨을 맛보게 한 역사 속의 인물로 베트남 어느 도시를 가더라도 있을 정도로 유명한 거리다.

2) 쩐흥다오(Tran Hung Dao): 쩐 왕조의 장군 이름이며 왕의 동생이자 당시 최고의 장수로 징기스 칸의 몽고군이 중국과 한반도를 유린하였으나 베트남은 이 장군이 있어 세번에 걸친 몽고군의 침략을 물리칠 수 있었다. 수를 다하여 죽음을 맞이할 즈음 왕이 직접 찾아가서 어떻게 하면 외세의 침략을 물리칠 수 있는가를 묻자 "우리나라는 국력이 약하고 무기도 빈약하다. 그러나 우리 국민들만 굳건히 단결한다면 어떤 침략도 무서워할 필요가 없다"라는 말을 했다고 한다. 나중에 이 말이 인도차이나 1, 2차 전쟁때도 그대로 인용되어 거대한 프랑스와 미국을 물리치는 계기가 되었다고 한다.

3) 웡훼(Nguyen Hue): 광쯩(Quang Trung)황제의 이름이다. 18세기 중반 베트남 혼란기에 따이선에서 의병을 일으켜 응웬 가문을 멸한 뒤 전국을 평정하고 형 응웬 냑의 뒤를 이어 황제의 지위에 오른다. 재위기간은 4년에 불과했으나 경제, 문화, 사회, 교육 부문에서 훌륭한 정책을 세우고 공표하여 후세에 이름을 남겼다.

4) 레홍퐁(Le Hong Phong)과 웬티민카이(Nguyen Thi Minh Khai): 베트남의 근세사에 이름을 남긴 사람들로 부부인 동시 젊은 나이에 죽음을 당하였다. 두 사람 모두 호치민의 고향인 응에 안 출신이며 베트남 독립을 위해 투쟁하다가 레 홍 퐁은 40세의 나이에 감옥에서 병을 얻어 세상을 떠났고 웬티민카이는 남편이 옥중 생활을 할 때 독립 투쟁을 하다가 남편보다 1년 먼저 31세의 젊은 나이에 총살을 당했다.

길을 따라 늘어선 가라오케의 현란한 네온과 각종 조명들로 도배된 쩐꽝카이의 밤거리는 화려하게 우리를 맞이했다. 음식과 맥주 가격도 한국인이 운영하는 가라오케에 비해 절반 정도로 저렴하였는데 이곳은 아침부터 시작해 점심 시간대에 손님이 가장 많이 찾는다고 했다. 여성의 권위가 절대적인 베트남에서 공무원들은 퇴근 시간이 되면 정시에 퇴근해서 집으로 돌아가는 것이 일상이기에 공무원 접대를 위해서는 아침 출근시간부터 시작해 점심시간 즈음에 종료하는 접대문화가 정착되어 있기 때문이었다. 이른 저녁시간에도 불구하고 퇴근하거나 퇴근을 준비중인 종업원이 많았다. 우리는 이제 시작인데 로컬 가라오케는 벌써 파장 분위기였다. 별로 감흥이 일지않아 간단하게 식사를 마치고 밖으로 나오자 현란한 네온사인과 오토바이로 혼잡스런 삼거리 코너에 불이 꺼진 채 흉물스럽게 서있는 건물이 눈에 들어왔다. 도로와 주소를 메모한 후 돌아왔다.

귀신 붙은 건물이었다. 다음날 회사에 출근해 도로와 주소를 내밀자 대뜸 이런 소리가 돌아왔다. 처음에는 무엇을 잘못 들었나 해서 다시 물어보니 그 건물은 귀신이 붙어서 아무도 임차를 하지 않는다면서 조사를 중단하는 것이 좋겠다고 이야기 했다. 이유를 물어보자 오래전부터 그 집에서 장사를 하면 집안에 좋지 않은 일이 생기거나 사업이 안되서 망했기 때문에 지금은 아무도 살지 않고 비워져 있는 건물이라며 근심스런 표정을 지어 보였다. 최근에는 여성 패션의류 매장을 열었는데 장사가 안되어 문을 닫았다며 호치민시에 사는 사람들은 귀신 붙은 건물이라면 누구나 다 알고 있다는 것이었다. 호치민시 1군 도심에 귀신 붙은 건물이라니… 쉽게 납득이 되지 않았다. 주인을 찾아보라고 했는데 며칠간 소식이 없다가 건물주와 연락이 되었다는 보고를 했다. 건물주는 현지인들 사이에서도 신상에 관해 외부로 알려진 것이 거의 없어서 중국으로부터 의류를 수입해서 판매하는 일을 한다고 하기도 하고 하노이에 거주한다고도 했는데 나중에 알고 보니 쩐꽝카이 건물과 그리 멀지 않은 곳에 거주하고 있는 40대 초반 정도의 자매였다. 어렵게 만나서 임차조건을 협의했는데 최장 1년계약을 제시했다. 이유를 알고 보니 이 건물에서 장사를 하던 사람들 대부분이 장사가 잘 안되자 임차료를 제때 지급하지 않았고 또 계약 기간 중에 손실을 줄이기 위해 점포문을 닫음으로써 임차인에 대한 불신이 있었다. 투자규모가 커서 5년 이하로는 계약이 어렵다고 하면 생각해보고 연락을 주겠다고 하고는 잠적에 들어갔다. 기다리다 못해 연락해서 만나보면 2년이상 계약은 절대 안 된다고 하면서 처음부터 다시 임차협상이 시작되었다. 임차기간을 길게 요구하면 임차료 상승은 물론이고 1년 혹은 2년 단위 월세를 한꺼번에 선납하는 조건으로 계약을 하자고 했다. 점포는 불이 꺼진 채 1층을 함석으로 막아 놓아 흉물스러운 모습으로 서 있는데 임대를 할 의사가 없는듯 4개월에 걸쳐 지루한 협상이 계속되었다. 협상 초기 1년계약에 월 $1,800이던 임차조건이 중간조정 없이 5년계약에 월 $2,800로 최종 협의가 되었다. 월세는 많이 올라갔지만 충분히 영업이 될 만한 자리였고 주변 임차료와 비교해봐도 저렴한 수준이었으며 5년간 중간조정이 없었기 때문에 불리한 조건은 아니었다. 베트남에서 점포개발을 하다 보면 건물주로부터 임대를 하겠다는 확답을 얻는 과정이 길고 힘들었지만 쩐꽝카이점은 임차조건 협상에 너무 오랜 시간과 노력이 들었으므로 다음부터 하노이(?)사람이라면 임차계약을 가능한 지양하자는 농담을 했다.

　베트남에서 인지도가 낮은 브랜드를 보유한 외국법인이 현지인 소유의 건물을 장기 임차한다는 것이 얼마나 어려운 일인지 상상하기가 쉽지 않다. 물론 두배 세배 임차료를 지급하면 쉽게 해결 되겠지만 플래그십 점포가 아닌 수익을 내기 위한 점포이기에 과도한 조건으로 임차계약을 해서는 어려움이 따르는 것이다. 단언컨데 점 포계약을 하는 과정에서 사연 없는 점포가 없다고 해도 될 정도로 하나 하나의 점포계약에는 땀과 노력으로 이루어진 비하인드 스토 리들이 많다. 당시 롯데리아를 포함한 QSR브랜드에 대한 도시거주 민의 인지도가 5%가 채 되지 않았기 때문이다.

쩐꽝카이점 계약서에 사인을 하며 사람들이 왜 귀신 붙은 건물이 라고 얘기하는지 이해가 되었다. 아무 일도 없었다는 듯 천연덕스 럽게 웃으며 계약서에 사인을 하는 건물주를 보며 계약기간 5년 동 안이라도 또 다른 협상 건이 생기지 않게 되기를 마음속으로 기도 했다. 시간이 지날수록 베트남은 주재원들을 거친 남자로 만들어가 고 있었다.

Big_C에서 연락이 왔다. 내년에 하이퐁에 진출계획이 있는데 입 점 의향이 있으면 입점하라는 연락이었다. 새로운 타입의 마트를 개점할 때 연락을 주겠다고 했는데 하필이면 호치민시에서 1,400Km 떨어진 하이퐁에 신축하는 마트가 새로운 타입의 점포라 니… 당사 브랜드에 대한 평가가 여전히 비우호적이라는 것을 보 여주는 것이었다. Big_C에서는 당사의 입점 요청에 대해 이렇게 공 을 넘겼고 결정은 우리 몫으로 남게 되었다.

Big_C의 제안에 고민이 늘었다.

첫번째 고민은 도미넌트 전략이었다. 지금은 호치민시에 집중해서 경쟁력을 확보한 다음 인근 도시로 확대해가는 것이 여러가지 면에 서 이점이 많기 때문에 호치민시에 점포를 집중해서 개발하였는데 남부와 북부지역으로 역량이 분산될 우려가 크기 때문이었다.

두번째 고민은 배송 문제였다. 표준화된 원재료를 균일한 품질로 점포에 공급하기 위해서 콜드체인 시스템 확보와 일일 배송체제가 필요했는데 북부지역은 QSR시장의 볼모지나 다름이 없어 점포에서 필요로 하는 번스나 레터스같은 기본적인 원재료도 구하기 어려운 것이 현실이었다. 결국 호치민시에서 대부분의 원재료를 차량이나 항공기를 통해 배송해야 했는데 호치민시에서 하노이까지 가는 데는 트럭으로 5박 6일이나 걸렸다. 거리에 비해 시간이 많이 걸리는 데는 몇가지 이유가 있었다. 첫째 열악한 도로사정이다. 당시 베트남 도로사정은 고속도로와 국도, 비포장도로가 무질서하게 연결되어 있었으며 군데군데 도로확장이나 보수를 진행중인 곳이 많아 차량들이 가다 서다를 반복하며 운행해야 했다. 두번째는 도로를 따라 형성되어 있는 주택구조 때문이다. 차를 타고 외곽으로 나가 보면 도로를 따라 길 옆으로 마을이 형성되어 있는 것을 볼 수 있는데 이 경우 시속 40Km이하로 서행 해야 한다. 베트남에서는 호치민시에서 일어난 일이 며칠 뒤면 하노이에서도 알 수 있다고 할 정도로 베트남인들의 도로사랑이 얼마나 큰지 알 수 있다. 예를 들어 호치민시에서 아무개가 결혼을 하게 되면 그것을 옆집에 이야기 하게 되고 옆집은 또 그 옆집에 이야기를 하다 보면 며칠 뒤 하노이에서도 알게 된다는 말 그대로 발 없는 말이 천리를 가게 되는 것이다. 세번째는 행정단위별로 활동하는 경제공안(사복경찰)문제가 있다. 지인들과 골프를 하다가 들었는데 베트남에서 물류사업을 하기위해 화물트럭을 타고 호치민시에서 하노이까지 동승해 봤더니 실제로 82번이나 공안 혹은 경제공안의 검사를 받았다고 하는 이야기를 들었다. 트럭에 실려 있는 물품과 물품이동명령서에 있는 내용이 동일한지 여부를 검사하는 것인데 이것을 제대로 검사하게 되면 많은 시간이 소요되므로 약간의 금전을 주고서라도 해결하는 것이 최선의 해결방안이다. 일부 화물트럭은 이런 경제공안의 검사를 받지 않기 위해 빈 트럭으로 이동시에는 화물을 싣는 화물칸의 한쪽문을 열어서 고정시켜 놓기도 한다. 그래서 베트남에서는 외곽을 다니다 보면 컨테이너의 한쪽문을 개방해 놓은 채 다니는 트럭들을 종종 볼 수 있다.

마지막으로 시설공사와 점포관리자, 메이트 확보 및 교육 문제를 해결하기 위한 방안도 고려되어야 했는데 순전히 법인장이 고민해 서 결정해야 할 사항이었다. Big_C를 하이퐁에 개점 하기까지는 1년 정도 여유가 있으니 충분한 시간을 가지고 고민해 보기로 하고 북부지역 시장조사팀을 구성하여 출장계획을 수립했다. 기회는 기다리는 자에게 주어지는 것이 아니라 만들어가는 것이기 때문이다.

호치민시에는 사거리 코너에 빈 공터나 혹은 오래된 노후 주택들이 가끔 있다. 어렵게 주인을 찾아 보면 비엣 키우(해외거주 베트남 교포)인 경우가 많아 허탈한 경우가 있는데 오랫동안 해외에 거주하다 보니 금전적으로 어려움이 없는 사람들이 대부분이라 토지를 개발할 의사가 없는 경우가 대부분이다. 그냥 방치하거나 지인들에게 관리를 맡기게 되는데 이런 건물의 경우 1년 미만의 단기 임차밖에 할 수가 없어 많은 투자가 수반되는 사업은 하기 어렵지만 투자비가 별로 들어가지 않는 단순 물품 판매나 대리점 같은 개인사업은 시도 해 볼만 하다. 건물주는 대부분 해외에 거주하기 때문에 대리인을 통해서 계약을 하게 되며 시내 요지에 위치하고 있어 사업을 히기에 최적의 조건을 확보하고 있기 때문이다. 단지 헌지 사정에 밝아야 하고 공증이 되는지에 대해서는 물건 별로 확인해 볼 필요가 있다.

경쟁력 강화를 위해 호치민시에 마지막 남은 회원제 슈퍼체인인

METRO를 찾아갔다. 그 동안 수차례 점포개발 담당을 보내 협의해 보았으나 회원제 슈퍼의 특성으로 인해 점포내 F&B시설 입점 협의가 되지 않았는데 일단 한번 부딪혀 보기로 한 것이다. 최근 메트로를 방문하는 고객 사이에서 편의시설이 없는 것에 대해 클레임이 증가한다는 내부 정보가 있었기 때문이었다. 부사장과 함께 본사를 출발해서 하노이로 가는 고속도로를 타고 30분쯤 가자 거대한 메트로 간판이 눈에 들어왔다. 회원권을 확인하는 곳으로 가서 여권을 제시하자 일회용 입장카드와 여권을 돌려주길래 들어가서 매장구조를 살펴보니 내부에는 레스토랑 판매시설이 들어갈 공간이 없어 보였다. 매장을 나와서 사무실로 갔다. 미리 연락을 해 놓았기 때문에 곧바로 회의가 시작되었다. 보고대로 슈퍼내에 조리시설을 둔 매장 입점 계획이 없다고 하는데 100% 동감을 표했다. 앞으로 매장을 확대할 계획이 있는지 묻자 베트남에 13개의 매장확대 계획을 이야기하길래 앞으로도 메트로에 F&B 매장 입점 계획이 없는지를 묻자 기본적으로는 없지만 매장별로 검토를 해봐야 한다는 대답이었다. 시간을 내어준데 대해 감사드리면서 회의를 마치기전에 한 가지 부탁을 했다. 메트로 외부나 출입구에 롯데리아 점포를 설치할 수 있는지 검토해 주기를 요청한 후 회사로 돌아왔다.

메트로에서 연락이 오기까지 오래 걸리지 않았다. 역시 업무처리 속도도 글로벌 기업 다웠다. 메트로 출구 외부에 좌우로 45m²을 롯데리아 매장으로 임대해 줄 수 있다는 연락이었다. 도면을 넘겨받아 즉시 레이아웃 작성에 들어갔다. 다이아몬드 백화점에 입점한 8평 규모의 점포를 제외하면 두번째로 작은 소형점포 였으나 상징하는 의미는 컸다. 우선 메트로에 간판을 부착하면서 하노이 고속도로를 오고 가는 수많은 사람들에게 브랜드 인지도를 높일 수 있었다. 편의시설에 목말라 하던 고객들에게 휴식과 식사를 할 수 있는 공간을 제공함으로써 기대 이상의 매출을 달성할 수 있었으며 메트로의 고객만족도를 제고함으로써 신규 진출하는 메트로에 롯데리아 점포를 입점시킬 수 있었기 때문이다.

사이공 중앙공원을 사이에 두고 레러이 맞은 편에는 데탐길이 있다. 베트남을 여행하는 사람들이 한번씩은 들린다는 이곳은 태국의 카오산 같은 지역인데 관광안내를 겸하고 있는 중저가 호텔들을 비롯하여 다양한 음식점과 바들이 밀집해 있는 여행자 거리이다. 베트남 관광업계에 촉발된 가격인하 경쟁에서 최종적으로 살아남은 씬까페를 비롯하여 킴까페, Open Tour여행사들이 많아 여행이 시작되는 이른 아침부터 세계각국에서 몰려온 여행자들로 북적인다. 이 여행사들은 매우 저렴한 반나절 짜리 국내여행부터 캄보디아, 라오스까지 여행할 수 있는 다양한 프로그램으로 여행객들을 유혹하는데 이곳에서는 국적이 다른 여행객들이 펍이나 바에서 만나 맥주나 음료수를 마시며 여행정보를 공유하고 함께 여행할 다목적팀을 구성하기도 한다.

데탐거리 입구에 당사 점포로 적당한 물건지가 있었다. 현지 직원들을 통해 건물주의 주소를 알아낸 후 건물주를 만나기 위해 집으로 찾아갔다. 호치민시 시내에서 다소 떨어진 외각에 있는 주택에서 건물주를 만날 수 있었는데 나이가 여든 가까이 되어 보이는 할아버지로 롯데리아에 대한 설명자체가 어려운 상황이어서 건물임차를 하고 싶다는 의사만 전달한 후 돌아올 수 밖에 없었다. 몇 일 후 재 방문을 통해 설득을 시작했는데 뜻밖의 어려움이 기다리고 있었다. 건물주에게는 아들이 있었는데 건물을 임대를 주게 되면 자살을 하겠다고 했기 때문이다. 결국 다시 방문하겠다는 말씀을 드리고 아무런 소득없이 돌아올 수 밖에 없었다. 건물주가 고령인 점을 감안하여 한국산 인삼차를 선물로 준비해 재차 방문해서 설득에 들어갔다. 계속된 방문에 건물주 할아버지로부터 건물을 임대해 주겠다는 구두약속과 아들을 설득해 보겠다는 이야기를 들을 수 있었다. 안도와 기쁜 마음에 들떠 가벼운 기분으로 돌아왔으나 아들은 요지부동이었다. 그 건물은 이미 매물로 나와 있었고 임대를 주게 되면 매매가 어려우므로 자식은 건물매매 대금을 물려받지 못할 생각에 자살을 하겠다고 까지 강하게 나오고 있는 상황이었다. 아들을 직접만나 설득해보려 했으나 만나지 않겠다고 하여 부인을 만나 설득하기로 방향을 바꾸었다. 데탐 물건지에서 부인을 만났는데 1층은 허름한 로컬 식당이었고 부부는 2층에 거주하며 문구 잡화점을 운영하고 있었다. 부인과 몇 시간에 걸친 대화 끝에 남편을 설득해 보겠다는 이야기를 듣고 돌아왔다. 몇일 후 계약을 하겠다는 연락이 왔고 베트남 가정에서 부인의 역할이 얼마나 중요한지 다시 한번 알 수 있었다. 그동안의 노력과 수고가 베트남 법인이 존재하는 한 주재원들 사이에서 추억속의 이야기로 전해질 것을 기대한다.

어렵사리 계약을 한 만큼 인테리어 공사도 신경을 써서 진행해야 했다. 한창 인테리어 공사가 진행되고 있던 어느 날 최사장이 풀이 죽어서 사무실로 찾아왔다. 전기공사를 하던 하청회사와 논쟁이 있었는데 뜻밖에 공사 중이던 모든 전기 시설물들을 뜯어내서 철수해 버린 것이었다. 공사를 하다 보면 공사금액과 공사자재 문제에서 약간의 의견차이는 발생할 수 있으나 지금처럼 공사 중이던 점포에서 설치중인 시설물을 뜯어내서 가져가는 경우는 처음이어서 이야기를 들으니 황당하기가 그지없었다. 긴급히 다른 전기공사 업체를 수배하여 공사를 재개했다. 건물은 오래되고 노후화가 심해 전체를 헐어낸 후 다시 건축을 하는 것이 비용면에서 유리할 것으로 생각되었으나 인허가 문제에서 발생될 위험을 감수할 수는 없었다. H빔을 세워 건물이 붕괴되지 않도록 보강을 한 후에 거의 철거 후 재설치를 하는 수준으로 공사를 했다. 베트남에서 지은지 수십년이 지난 일반 주택을 임차해서 내장공사를 하다 보면 인테리어 공사를 하는지 대수선을 하는지 구분이 안 될 정도로 건물이 낡고 모호한 경우가 대부분이었다. 옥상에는 어닝으로 지붕과 펜을 설치하여 야외에 별도의 공간을 마련했는데 여행객들은 날씨가 너무 더운 나머지 시원한 맥주와 흥겨운 음악, 아름다운 여성 보조원들이 있는 바혹은 펍으로 몰려갔다. 점포 내장공사가 끝나고 몇 달 후에 본사 시설팀에서 감사를 나왔다. 평당 시공단가가 기존점포에 비해 과다하게 지출되었기 때문이었다. 감사업무에 원활하게 협조하기 위해 인테리어를 담당했던 시공사 사장을 조사에 참여하게 했다. 감사팀은 결과에 대해서는 함구한채 조사가 종료되자 자료를 가지고 한국으로 돌아갔다.

시간이 지나 전기공사를 하다가 일방적으로 철수를 한적이 있는 회사의 브로슈어를 우연히 보게 되었다. 사무용 가구를 주문 제조하는 회사였는데 회사소개서에는 다수의 롯데리아 공사를 시공한 것으로 홍보하고 있었다.

데탐거리 초입에 현대식 QSR점포가 개점하면서 이곳을 여행하는 외국 여행객들을 통해 브랜드 홍보가 많이 이루어졌다. 말레이시아, 싱가폴에까지 베트남에 가면 롯데리아 라는 현지 패스트푸드가 있다고 소개되었으며 말레이시아에서는 프랜차이지를 하겠다고 직접 연락이 오기도 했다. 베트남 에서도 롯데리아가 베트남 브랜드인 줄로 알고 있는 사람들이 많았으므로 이상하게 들리지 않았다. 지금은 로컬 브랜드든 글로벌 브랜드든 사람들에게 많이 알리는 것이 중요한 과제였기 때문이다.

데탐거리 뒤로 쩐흥다오 도로가 있다. 쩐흥다오 도로는 베트남 어느 도시를 막론하고 최고의 메인 도로 중 한 곳이다. 쩐흥다오 도로 사거리에 소니 핸드폰 매장이 있었는데 몇 달을 지켜봐도 영업이 잘되는 것처럼 보이지 않았다. 5층짜리 건물이었는데 1~2층은 소니 매장으로 사용하고 3~5층은 비어 있는 상태였으며 외부가 검은색 유리로 둘러져 있어 도시의 미관을 헤치고 있었다. 무엇보다 건물 4~5층에 걸려있는 옥외광고판에 눈길이 갔다. 소니 핸드폰 광고를 하고 있었는데 광고판을 임차하려면 최소 년 $100,000을 지급해도 구하기 어려운 핵심지역 이었기 때문이다. 주변지역을 다녀보니 초,중,고등학교가 배후에 있고 길 건너편에도 중학교가 3부제 수업을 하고 있었기 때문에 점포입지로는 최고였다. 베트남은 학생수에 비해 학교시설이 부족해 대부분 2~3부제 수업을 했다. 건물주를 만나 임차협상에 들어갔다. 건물주도 건물 위층이 오랫동안 비어 있어서 걱정이 많았으므로 적극적으로 협상에 임하였다. 수년간 관심을 가지고 지켜보던 소니 매장은 계약기간이 얼마 남아있지 않아 협상이 문제될 것은 없었다. 옥외광고판을 사용하는 조건으로 월 $4,800에 계약을 했다. 당시 임차조건은 타 매장과 비교할 때 2배정도 높았으나 옥외 광고물을 포함하면 매우 저렴한 조건이었다. 1~3층을 점포 매장으로 사용하고 4층은 콜센터, 5층은 자재창고로 활용하면서 건물을 감싸고 있던 어두컴컴한 유리를 모두 걷어내자 도시의 미관이 한층 밝고 활기찬 모습으로 변화했다. 초기 예상대로 개점 후 지금까지 베트남에서 최고 매출을 기록하고 있다. 쩐흥다오점이 개점하고 얼마 있지 않아서 인근에 있던 데탐점은 계약기간 종료와 함께 폐점에 들어갔다. 롯데리아가 입점해서 건물가치를 많이 올려놓은 상태였으므로 건물주는 좋은 임대조건으로 임대를 놓을 수 있었다. 건물매각 가격도 2배이상 높은 금액에서 형성되고 있었다.

베트남 인사이드 _ 식품 가공 공장 설립

주재원 회의를 시작하는데 사무실이 소란스러웠다. 무슨 일인가 나와 보았더니 팀장들이 모여서 심각한 표정으로 회의를 하고 있었다. 호주에서 수입하고 있는 슬라이스육이 사이공항 세관 서류심사에서 한달 째 통관이 지연되고 있었다. 수개월 전 POS통관 지연사건이 떠 올랐다. 점포에서 사용하는 금전등록기를 POS로 변경하기로 하고 수입하는 과정에서 주재국에 판매를 하기위해 수입을 하는 것이 아닌지 세관원과 실랑이가 있었기 때문이다. 기존 20점포에서 사용하던 금전등록기를 교체하는데 필요한 POS 수량이 60대 였는데 수량이 너무 많다는 것이 이유였다. 통상 POS 1식 및 프린터로 서류를 작성해서 수입을 진행하는데 POS외에 액정, 동전박스, PC 본체, 전원코드와 프린터, 그리고 본체와 프린터 연결 케이블 등에 모두 별도의 수입코드를 기재할 것을 요구해 담당자를 이해시키는데 시간이 많이 소요되었다. 어렵게 통관은 되었는데 40℃를 오르내리는 고열에 냉방장치도 없는 밀폐된 컨테이너에서 1달 이상을 방치된 액정이 정상적인 작동을 할 리가 없었다. 약 20% 정도의 액정이 초기불량이 되어 오작동을 일으켰다. 항구에 방치된 컨테이너의 내부온도가 90℃를 상회할 정도로 뜨거웠기 때문이다.

슬라이스육은 냉동 컨테이너로 입고 되기에 항구에 적재된 채로 방치 하더라도 고기가 상하거나 할 우려는 적었지만 과다한 전력사용료가 부과될 여지가 있었다. 세관에서 클레임을 거는 이유는 간단했다. 국내 소고기 가격과 비교할 때 지나치게 낮은 수입가격으로 인해 수입관세가 낮아지는 것을 트집 잡고 있었다. 호주에 있는 수입사로부터 수입가격에 대한 확인서와 수년간 월별 슬라이스육 가격추세, 수출입 관련자료를 구비해서 제출해도 인정을 하지 않기는 매 한가지였다.

호주산 소고기가 안전하면서 가격이 저렴한 이유는 좋은 환경의 자연상태 초지에서 소를 대량으로 사육하는데 있다. 송아지 때부터 곡물 사료를 먹고 자란 소는 맛이 고소하고 품질이 좋은 반면 생산원가가 높아지는 단점이 있으나 호주는 사시사철 자연상태의 초지에서 방목이 가능하기에 그만큼 생산원가면에서 유리한 면이 많았다. 당사가 소고기 슬라이스육을 공급받는 브랜드는 호주대륙에서 생산되는 소를 도축하기 위한 공장이 생산지와 인접한 다수의 지역에 구축되어 있었다. 퀸즈파크 인근에 있는 한 도축시설은 시설정비에 소요되는 2개월을 제외하면 매일 3천마리의 소를 도축하여 부위별로 가공, 수출하고 있었는데 공장을 방문해보면 대규모 도축시설에도 불구하고 위생적인 공장관리와 작업환경에 머리가 끄덕여질 정도이다. 공장은 처음부터 외부 방문객들의 시설물 견학을 고려하지 않은 듯 공장내부에는 견학로가 설치되어 있지 않았다. 특별하게 허락을 받아 위생복으로 갈아입고 소독을 마친 후 공장견학을 할 수 있었는데 덕분에 자세한 설명을 곁들여 작업현장을 아주 가까이에서 볼 수 있었다. 매일 대량의 소가 도축되기에 초지에서 사육된 소를 실은 대형트럭들이 쉴 새 없이 소를 실어 나르고 철로가 공장 내부까지 연결되어 있어 열차로 이송하는 방법을 동시에 사용했다. 이렇게 이송된 소는 도축 전까지 별도로 마련된 축사에 머물며 농장에서 배합한 레시피로 만든 곡물사료를 먹으면서 지내게 된다. 공장장의 이야기로는 초지에서 사육된 소는 사료를 먹고 자란 소에 비해 마블링 형성이 적으므로 한달 정도 축사에서 특별하게 제조된 곡물사료를 먹이면 적당한 마블링이 형성되며 육질개선을 이룰 수 있다고 했다. 와규, 블랙 앵거스, 기타 육우 등 종류별로 구분하여 사육이 끝난 소들을 지하수를 이용해 만든 샤워시설을 통과한후 도축시설로 보내게 된다. 샤워와 산들거리는 바람이 불어오는 통로를 지나며 최고로 기분이 좋은 상태에서 도축이 이루어진다. 도축은 1단계와 2단계로 나뉘어서 이루어지는데 1단계에서는 머리와 발, 내장 및 가죽을 벗겨낸 상태의 소고기가 갈고리에 매달린 채 해체를 쉽게 하기 위해 3℃로 온도가 유지되는 냉장보관실에서 2~3일 정도 숙성을 거친다. 2단계는 냉장 숙성된 소고기를 해체라인으로 보내 정해진 부위별로 해체작업을 해서 포장 후 출고를 하게 된다. 소고기는 해체작업을 하기 위해서는 2단계의 육질검사를 통과해야 하는데 검사기계를 통한 육질검사와 육안검사를 통한 색상기준에 합격한 소에 한해 등급이 설정되고 해체라인으로 이동한다. 기계와 육안 검사를 통과하지 못한 저 등급의 소고기는 전량 갈아서 물고기 사료로 사용한다고 했다. 해체라인으로 옮겨진 소고기는 전기 톱이나 칼 등을 이용해 부위별로 해체된 후 판매용으로 포장된다. 갈고리에 매달린 채 라인을 따라 이동하며 잘라내고 남은 소고기가 슬라이스육인데 부위에 따라 소고기에 포함된 고기와 지방 함량이 각각 다르다. 슬라이스육 가운데 QSR업계에서 필요로 하는 소고기만 선별해 패티 제조용으로 사용한다. 햄버거 패티 제조에 대한 상식이 부족한 사람들이 내장이나 기타 부산물을 섞어서 패티를 만드는 것이라고 하기도 하는데 쓴 웃음밖에 나오지 않는다. 의도적으로 썼다면 나쁜 일이고 모르고 썼다면 부끄러워 해야 할 일이다. 극히 일부라 생각되지만 잡육으로 햄버거를 만드는 양심불량 수제 햄버거에서나 있을 수 있는 일이기 때문이다. 최근 중국에서 슬라이스육 수입을 시작하면서 물량 부족으로 확보가 어려워지고 가격이 급등 하기도 했다. 한 마리에서 생산되는 슬라이스육이 소량이기 때문이다. 무엇이든 중국인들이 관심을 보이기 시작하면 심각한 수급 불균형과 가격상승이 동반되는 결과로 이어진다. 슬라이스육에서 소고기와 지방함량을 정확하게 체크하기 위해 필요한 것이 Chemical Lean(이하 C/L)검사다. C/L검사는 검사기를 통과하는 박스단위로 고기함량이 정확하게 측정되고 기록되기에 신뢰성이 높은데 기기 설치에 필요한 공간과 설치 및 유지비용 문제, 작업자의 건강문제, 슬라이스육 이외에 활용도가 낮은 이유로 중소규모의 도축장에는 설치되어 있지 않는 경우가 많다. 도축과정도 소들이 두려움을 느낄 수 없을 정도의 짧은 시간내에 이루어지는데 자세한 설명은 다음에 기회가 있으면 하기로 한다. 공장에서의 도축과정에서 발생되는 엄청난 양의 내장 등 부산물은 그라인딩 처리되어 물고기 사료로 사용되는데 국내에는 소의 부산물들만 전문적으로 취급하는 식당들이 많으므로 선별적으로 수입해서 공급하는 사업을 해보면 어떨까 하는 아쉬움이 남았다.

따라서 변변한 사육이나 도축시설 하나 없는 베트남과 비교할 때 소고기 가격비교를 할 수 없는 것이 정상인데도 불구하고 국내 소고기가격에 비해 수입가격이 낮다고 생떼를 부리고 있는 것이다. 세관원들도 소고기 국제가격을 알고 있기에 난감한 일이었다. 게다가 세관원들은 부정부패 방지차원에서 2년 이내의 기간으로 순환보직을 실시하고 있었기에 우호적인 세관원을 만들기도 어려웠다. 확인되지 않은 소문에 의하면 세관원들은 정상적으로 업무처리를 해도 2년이면 집을 살 수 있는 최고의 보직이었기에 군이 위험이 수반되는 일에 손을 대려고 하지 않았다. 대관업무를 주로 하던 부사장도 가장 어려워 하는 부문이 세관원들을 상대로 하는 업무였기에 그때 그때 상황에 맞게 대처하는 방법밖에 없었다. 일이 꼬이자 구매담당 직원은 세관에 가는 것을 두려워 하고 있었다. 외국인을 동행해서 세관원을 만나면 기본적인 예의를 갖추고 합리적인 방법으로 업무를 처리하지만 현지인을 세관에 보내서 일을 처리하다 보면 협박과 위협적인 언행으로 업무를 처리하기 때문이었다. 지원팀장을 함께 보내서 협의한결과 이번 건에 대해서는 통관을 해 주기로 했으나 어디까지나 임시방편에 불과했다. 앞으로 세관당국의 필요에 의해서 혹은 세관 담당자가 변경 될 때마다 집중 관리대상이 될 것이기 때문이었다.

2005년 하반기가 되자 호치민시 근교에 있는 공단을 돌아다니며 공장부지를 찾는 것이 주요 일과가 되어 버렸다. 년말이나 내년 상반기가 되면 20점포를 넘길 것으로 예상되기에 라이센스 허가조건이었던 식품가공공장 부지를 구하기 위해서 였다. 호치민시에 있는 공단들은 m²당 임차가격이 너무 높았으며 임차기간 역시 30년 정도밖에 남지 않아서 대상에서 제외했다. 동나이로, 빈증으로, 구찌터널까지 대상으로 삼아 식품공장 부지를 물색했는데 대부분 공단이 5,000m²가 최소 임대 기준이었다. 공단이 아닌 곳은 대상지가 많았는데 전기 발전시설 및 오폐수 처리시설을 별도로 만들어야 했기 때문에 과투자가 될 우려가 있었으며 임차가격 또한 인프라가 잘 조성된 공단에 비해 좋은 조건이 아니었다. 또한 생산된 원료는 점포로 이동하여 판매 되어야 했으므로 호치민시 에서 차량으로 1시간 정도의 거리내에 공장이 위치해야 했다. 직원들과 지인들을 통해 이런 조건들을 갖춘 공장용 부지를 찾아 다니고 있었는데 호치민시에 오래전부터 거주하며 수산물 수출입과 건축일을 하고 있던 박 사장으로부터 빈증에 위치한 VSIP공단에서 2차 산업공단부지를 분양하고 있으니 알아보는 것이 좋겠다는 연락을 받았다. VSIP 공단에서는 1차로 산업공단부지를 조성해서 분양했는데 모든 전선을 지중화 작업을 했을 정도로 공단 환경이 좋은데다 m^2 당 임대가격이 저렴하여 분양이 성공적으로 완료되자 2차 산업공단 개발을 시작하려던 참이었다.

VSIP 1공단 사무실에서 2공단 개발계획 설명을 듣고 1공단을 한번 둘러보자고 기사에게 얘기하자 공단을 구석구석 차량으로 안내했다. 다른 곳은 모두 토지매각이 완료되었거나 공장건축 중에 있었는데 변전소 부근에 있는 두 필지가 구획 정리만 된 상태로 남아 있었다. 혹시나 하는 마음에 공단 사무실에 가서 확인해보니 5,000m^2 짜리 부지중 일부를 공단에서 사용하고 나머지를 2,000m^2 씩 쪼개서 남겨두었는데 부지가 너무 적어서인지 분양이 안되고 남아 있던 것이었다. 공단에서 분양 받을 수 있는 최소면적으로 토지사용료가 년 \$1/m^2 로 매우 저렴하였으며 사용기간은 44년이 남아 있었다. 계약의사가 있음을 얘기하자 해당부지에 대한 계약을 당분간 보류해 주기로 했으므로 회사에 돌아와서 보고서를 작성해 본사에 보고했다.

며칠만에 본사로부터 내려온 지시내용은 다소 절망적이었다. 공장부지가 너무 크니 더 작은 부지를 찾아보라는 것이었다. 지금까지 알아본 바로는 공단내에서 이것보다 작은 부지를 찾는다는 것은 불가능했다. 가정용 주택을 임차해서 공장으로 전용하는 방법이나 기반시설이 되어있지 않은 나대지를 구해서 공장을 건축하는 것 외에는 본사의 방침을 수용하기가 어려웠다. 어느 것이라도 인허가와 보안문제, 투자문제가 복잡하게 얽혀 있었다. 또한 투자계획부에서 외투법인에 기대하는 것은 그런 공장이 아닌 것이 분명했다. 본사도 경기위축에 따른 영업실적 저조로 마른 수건도 한번 더 쥐어짜보는 분위기였기에 이해를 하지 못하는 바는 아니었다. 아마도 공

장운영을 한번도 해본 경험이 없는 주재원들에 대한 걱정에서 우러
나는 배려라 생각했다.

강원도 거니고개에서 보낸 저자의 어린시절은 넉넉하지는 않았으
나 부족할 것도 없는 산골 오지의 삶이었다. 고철수집과 목수가 생
활수단 이었던 아버지는 아름드리 소나무를 쪼개면 가끔 나오는 굼
벵이를 모아두었다가 저자가 도착하면 불에 구워 주셨는데 그 구수
한 맛은 지금도 기억으로 남아있다. 부모님을 따라 전기도 들어오
지 않는 산골마을에 네 가구가 정착해서 각자의 삶을 살아가고 있
었는데 어느 날 부모님이 하시던 사업이 잘못되면서 생활이 곤궁해
졌다. 결국 10년간의 강원도 산골생활을 정리하고 고향으로 돌아오
게 되었는데 국민학교 3학년이었다. 이후 아버지는 사람들을 멀리
하고 금호강에 나가 모래채취를 하며 평생을 보내셨다. 저자 또한
넉넉치 못한 환경에서 학창시절을 보낸 탓에 일찍부터 하천에서 일
을 거들며 힘든 삶을 살아야 했다. 공업입국의 기치가 한창이던 공
화국 시절에는 직업훈련원에서 선반 기능사 2급 자격증을 취득하여
삼성전자 수원공장에서 짧은 공원생활을 하기도 했다. 대학을 다니
면서 등록금을 마련하기 위해 근처에 있는 공장에서 다양한 알바를
해봤기에 공장생활이 낯설지 않았는데 이런 부문들은 이력서에는
나타나지 않는지라 대부분 사람들은 조용한 샌님으로만 생각하고
있었다.

며칠 시간을 끌며 고민하다가 지금은 고인이 되신 사장님께 전화
를 드렸다. 보고서에 기록하시 못한 현시 상황에 내해 자세하게 보
고를 하면서 여의치 않으면 나중에 전대를 해도 회사에는 손해가
없을 것으로 생각된다고 말씀을 드리자 호탕하게 웃으시며 관련부
서에 지시를 해 놓겠다고 하시길래 그제야 한 숨을 돌릴 수가 있었

다. 의사결정을 함에 있어 매사에 신중하면서도 결정을 내려야 할 시점에는 화끈하게 결정하는 직원들로부터 존경받는 CEO였다. VSIP공단에 연락하자 그 동안 일본계 회사에서 부지계약과 관련한 요청이 수차례 있었다며 빠른 시일내 공단에 와서 계약체결을 하자고 했다.

공장 설계와 건축, 투입되는 기기의 종류 및 투자비, 공사일정은 본사에서 결정했는데 현지법인에는 그런 일을 할 만한 인력, 기술 등 모든 역량이 부족했기 때문이었다. 오직 점포사업을 하는데 노력을 집중해도 모자랄 판이었다.

투자계획부로부터 식품가공공장 설립허가를 받아 년말을 일주일 남겨두고 공장 기공식을 진행했다. 공장건축을 감독하기 위해 본사 시설팀에서 인력이 파견되어 6개월간 VSIP공단 인근에 숙소를 정해 기거하며 공사 감독을 했다. 공장은 3층으로 설계 되었는데 지열을 고려하여 1층 아래 반지하층을 두었기 때문이었다. 베트남은 화산지대가 아니므로 지열이 없음에도 불구하고 날씨가 더우니 지열이 많을 것으로 생각해서 설계를 한 것 같았다. 전문가 그룹에 의뢰해서 설계를 했을 것이기에 옳은 판단을 했을 거라 생각하기로 했다.

우기임에도 불구하고 6개월간 쉬지 않고 공장건물 건축공사가 강행되었다. 공사장 뒤쪽에는 임시 사무실로 사용할 에어컨이 달린 컨테이너와 철근이 산처럼 쌓여 공사를 기다리고 있었고 본사 시설팀에서는 단기로 공사감리 및 감독을 할 전문가를 파견해 주었기에 건축에 관해서는 무지하였으나 무리없이 공장을 건축할 수 있었다. 공사 과정에 온갖 음해와 유언비어가 난무했는데 공사장에서 해고를 당한 사람들의 근거없이 날조된 거짓말이 대부분이었다. 시공회사 사장에게 확인해봐도 전혀 근거 없는 사실들이었는데 6개월을 넘기지 못하고 무너진다며 장담하던 공장건물은 10년이 훨씬 넘었지만 아직 별다른 문제점을 보이지 않고 있다. 그렇다 하더라도 시공회사 말을 믿고 현장을 확인하지 않는 것은 책임의식이 부족한 일이었다. 공장을 방문하면 후레쉬를 들고 허리를 완전히 굽혀야 이동할 수 있는 지하공간으로 들어가 조금이라도 크랙이 가거나 바닥이 내려앉는 이상이 발생하는 부위가 있는지 꼼꼼하게 확인했다. 그러다 보면 옷은 땀에 흠뻑 젖어 걷기도 어려운데 바람한점 없는 지하공간은 현기증이 날 정도로 무더웠다. 이름도 모르는 공장 설계자를 향해 화풀이를 하자 기분이 조금 좋아졌다. 우여곡절을 겪으며 공장건축이 완료되자 협진기계에서 기술자들이 나와 패티 제조라인을 설치하고 점검 및 사용자 교육을 했다. 공장장에는 정년을 앞두고 있던 상품팀장이 주재원으로 파견되었다. 장기 근속인력에 대한 회사차원의 배려였다. 식품 가공공장 준공식은 빈증성과 호치민시의 관련인사들을 초청하여 공장견학을 한 후 2층 사무실에서 조촐하게 진행했다. 호치민시 투자계획부에서 외투법인의 사후관리 업무를 담당하고 있다는 관리가 다가왔다. 악수를 청하던 관리는 롯데리아에서 베트남 투자 10년만에 투자 라이센스 조건을 충족함으로써 자신의 큰일이 해결되었다며 감사와 축하인사를 했다.

식품가공공장 가동이 회사에 미치는 영향은 컸다. 호주산 슬라이스육을 수입하고 공장에서 직접 제조해서 점포에 공급함으로써 경쟁사 대비 가격과 품질경쟁력이 확보되었다. 냉동창고를 활용하여 치킨을 비롯한 치킨 관련제품의 제조와 재고 확보를 통한 가격조절 기능도 확보할 수 있었다. 그 동은 치킨가격이 낮은 비수기에 치킨을 비축해 놓았다가 가격이 올라갈 때 사용하고 싶어도 치킨공급 회사인 CP등 도계업체에서는 월 사용량 외에 충분한 물량을 공급해주지 않았는데 이런 문제가 해결이 된 것이다. 또한 여유 냉동시설은 포테이토 보관 창고로 활용하여 냉동식품의 제조, 보관, 배송 거점으로 활용할 수 있었다. 부수적인 효과로 점포에 공급하는 주요 냉동제품을 본사에서 직접 배송차량을 구입하여 운행함으로써 지급수수료 절감과 원재료 품질관리에 일조를 할 수 있었다. 그러나 무엇보다도 공장시설 및 기계투자로 인해 단기적으로는 원가압박 요인이 발생 하였으나 중 장기적인 관점에서 원가경쟁 우위를 확보함으로써 베트남의 QSR시장확대를 위한 발판을 마련할 수 있게 된 점이었다. 베트남 롯데리아가 경쟁사와 비교해 우위를 확보할 수 있었던 것은 식품가공공장 운영과 복잡하지만 효율적으로 운영되는 배송시스템 덕분이었다.

베트남 인사이드 _ 거리의 풍경

베트남의 거리는 두가지 유형의 사람들이 있다. 하나는 무엇이 그리 바쁜지 끝없이 달려가고 있는 오토바이 위의 사람들, 다른 하나는 길거리 까페에 죽치고 앉아 하염없이 시간을 보내며 움직이지 않는 사람들이다. 마치 정(靜)과 동(動)이 조화를 이루고 있는 모양새인데 베트남의 경제가 다른 동남아 국가들에 비해 성장율이 높아서인지 몰라도 저자가 본 동남아 국가의 거리들보다 훨씬 활발하게 움직이고 있다고 느껴진다. 사람들은 활기가 있고 거리도 재미가 있다.

베트남의 어디를 가도 복권판매를 하는 사람을 만나게 된다. 지방도시의 길거리 까페나 공원, 사이공스퀘어, 재래시장 주변 등 사람이 있는 장소는 어디라도 복권을 판매하러 다니는 사람이 찾아온다. 복권을 판매하는 사람들도 다양하다. 예닐곱살 되는 꼬마부터 허리가 꾸부정한 할머니, 신체장애자 등 남녀노소를 불문하고 아무나 복권을 팔러 다닌다. 복권은 베트남 돈으로 보통 2,000동 짜리인데 당첨금액은 2,000동부터 50,000,000동까지 다양하다. 복권판매는 전국적 규모가 아니고 보통 1개 성단위를 기준으로 하는 규모이며 발행과 당첨자 선정은 매일 1회이며 당첨금 지급기한은 1개월이다. 당첨자 발표는 신문이나 매체를 통해 하는 것이 아니고 복권을 팔러 다니는 사람들이 한달 이내분의 당첨번호를 책자로 만들어서 가지고 다닌다. 그래서 복권을 산 사람들과 팔러 다니는 사람들이 어느때, 어디서라도 만나서 수급이 이루어지는 것이다. 베트남 여행을 하다 보면 전혀 모르는 사람이 불쑥 나타나 무슨 종이를 내미는 것을 경험하는데 그 사람이 복권을 판매하는 사람이다. 동냥이나 금전을 요구하는 것이 아니고 떳떳하게 직업을 가진 사람으로 대해주면 된다. 단지 복권을 팔러 다니는 사람들 중에 혐오감을 줄 만한 모습으로 외국인에게 강매를 하는 사람들도 있기는 하지만 사지 않겠다는 의사표시를 하면 별다른 행패없이 넘어갈 수 있다.

베트남의 서민들은 아직 가난한 사람들이 많다. 그래서 자본이 많이 들지 않으면서 체력을 이용해 물건을 팔러 다니는 사람들이 많으며 종류도 다양하다. 낮에는 없다가 밤만 되면 들어서는 이동식 쌀국수 판매대, 밤에는 없다가 아침에만 잠깐 나타나는 아침식사 대용의 죽이나 국수, 떡, 빵을 파는 노점상들, 아예 일반 점포처럼 행거에 옷을 걸어 놓고 진열까지 해 놓은 노점상, 다양한 종류의 신발을 늘어놓고 파는 신발가게, 과일을 바구니에 들고 다니는 행상, 쩨 혹은 갓 삶아 낸 옥수수를 자전거에 싣고 다니는 사람들과 돗자리를 리어카에 싣고 팔러 다니는 리어카 행상, 낮 시간동안 잠깐 들어서는 길거리 까페 등 생활에 필요한 모든 것들이 다 길거리에 있다 해도 될 정도이다. 이런 노점상들도 가끔 길거리 미화 차원에서 공안의 단속이 시작되면 간이 의자와 탁자를 치우는 모습이 마치 운동장에서 일어나는 파도응원과도 같이 공안의 모습이 보이는 곳에서 시작하여 멀리 떨어진 노점상에게 이어진다. 진정한 삶의 모습, 생활과의 싸움을 볼 수 있는 모습들이다. 호치민시의 거리는 노점상, 행상들로 하루를 시작하고 한 밤의 어둠으로 끝을 맞는다고 해도 틀린 말이 아니다.

베트남 길거리에는 의자 하나, 거울 하나를 걸어 놓고 이발을 해주는 말 그대로 거리의 이발사들이 많이 있는데 요즘은 점점 자취를 감추고 깨끗한 점포로 단장을 해가는 추세에 있다. 헛 똑(HOT TOC)이라고 부르는데 영어식으로 읽으면 홋톡이 된다. 그래서 잘못 들으면 호떡집에 간다고 들리기도 하는데 여하튼 거리 곳곳에 이런 이발소가 많이 있다. 여기서는 머리만 깎는 것이 아니라 손톱 정리, 귀 청소, 샴푸, 면도, 얼굴마사지, 염색 등등 영업 품목이 다양하며 품목별로 가격이 정해져 있어서 원하는 것만 해 달라고 하면 된다. 베트남 사람들은 손재주가 좋다는 말이 있는데 이발소에 가 보면 정말 그렇다는 느낌이 든다. 손톱, 발톱 청소를 시키면 먼저 손톱을 깎고 손톱에 붙어있는 군살을 가위와 손톱깎기로 떼어내는데 절묘하게 도려낸다. 발톱도 마찬가지인데 베트남 여성들의 손톱, 발톱을 보면 어떤 여성이라도 손톱과 발톱이 깔끔하게 정리가 되어있다. 이렇게 자주 손, 발톱을 청소하다 보니 그 기술이 과히 세계적이다. 베트남 전쟁이후 전세계로 흩어진 보트 피플 들이 낮선 이국 땅에서 가진 돈도 없고 별다른 기술은 없었지만 손톱, 발톱 청소로 자리를 잡은 사람들이 많다고 한다. 그래서 1980년대 이후 미국에서 손톱, 발톱을 청소하는 사람들은 대부분 베트남 사람이라고 하며 그렇게 번 돈을 다시 베트남에 남아있는 친척들에게 보내 오늘날 베트남 경제발전에 한 몫을 하게 된 것이다.

댕기열을 몇차례 앓은 후 면역력이 떨어졌는지 조그만 일에도 이상이 자주 왔다. 며칠전에는 이발을 하러 갔는데 보통 이발후에는 귀소지를 함께 받는다. 대여섯 가지 기구를 이용해 귓속에 있는 찌꺼기를 제거하는데 먼저 귀 안에 면두를 해서 잔털을 없애고 귓밥을 파는데 귓속 피부가 상하지 않게 귓밥과 피부를 이완시키고 이완된 귓밥을 핀셋을 이용해 끄집어 내는데 조금도 아프지 않고 저절로 잠이 올 정도였다. 종업원이 귀소지를 처음 하는지 그날 따라 핀셋으로 귓속을 찌르는 것이 자주 느껴져서 귀소지를 중단하고 돌아왔다. 시간이 지나자 귓속이 점점 아파오더니 결국 참을 수 없을 정도로 통증이 심해져서 SOS병원으로 갔다. 후덕한 인상의 흑인의사가 가늘고 긴 손전등을 이용해 귓속을 몇 번 비추어 보더니 중이염이라면서 응급치료와 치료약을 처분해 주었다. 마사지가게를 가지 말라는 주의사항과 함께

SOS병원은 말 그대로 응급처치만 하고 모국 혹은 치료가 가능한 가까운 인근 국가로의 이송을 전문으로 하는 병원으로 다국적 의사들로 구성되어 있다. 일전에 한국에서 치료를 받은 치아가 붓고 통증이 심해 SOS를 간 적이 있었다. 의사가 대충 보더니 마취를 한 후 드릴로 치아 가운데 큰 구멍을 뚫어 시멘트 비슷한 물질을 가득 채운 후 나중에 귀국해서 치료를 받으라는 것으로 응급치료를 한 경우가 있었는데 15년이 지난 지금까지 아무 문제없이 잘 사용하고 있다. 조금 있으니 앞 이빨이 반쯤 떨어져 나간 환자가 들어왔는데 조금의 망설임도 없이 부러진 치아를 의료용 본드로 붙여주는 것으로 간단하게 치료가 끝이 났다. 응급처치는 가능하지만 비용 또한 만만치 않게 나온다. 저자가 법인장으로 주재할 당시 호치민시에 있었는데 나중에 하노이로 이전을 했다. 해외에서 근무하다 보면 아프지 않은 것이 누릴 수 있는 최대의 행복이므로 평소 자기관리에 철저를 기하는 것이 최선이다.

봄이 오면 꽃이 피고 가을이 되면 낙엽이 진다. 일년 내내 여름인 것 같은 호치민시도 별반 다르지 않았다. 사무실에서 내려다보는 가로수 위로 빨갛고 노란 꽃을 피워 봄이 왔음을 알리고 오래된 가로수 아래 떨어진 잎들이 쌓여 있으면 가을이 왔다는 표시였다. 계절이 바뀌고 얼마 지나지 않아 QC팀 짱의 부친상이 있어서 조문을 갔다. 먼저 조화를 조치하게 하고 상가에 도착하니 거실에는 고

인을 모신 관과 빈소가 차려져 있었다. 고인에게 예를 갖추자 미망인과 상주들이 빈소 앞으로 나왔다. 위로의 뜻과 함께 부의금을 전달했다. 베트남에서 애사가 있으면 직접 조문을 가는 것이 전통적인 문화에 부합한다. 또한 부의금을 꽃이나 과일과 함께 전달해야 하며 부의금만 전달하는 것은 예의가 아니다.

조문을 마친 후 빈소를 나와 상가를 둘러보았다. 베트남의 장례는 상주와 가족들이 장의복에 두건을 쓰고 조문객을 맞이하는 것과 조화와 부의금을 받으며 그리고 조문객이 예를 갖출 때 상주가 곡을 하고 조문을 마친 사람들에게 술과 음식을 대접하는 것은 우리나라와 비슷했다. 그러나 상가에 제복을 차려 입은 밴드가 상주하며 북과 드럼, 트럼펫이나 전자악기 등으로 조문 기간 내내 어떠한 형태로든 음악으로 고인을 기리고 상주의 아픈 마음을 달래 주는 것은 처음보는 광경이었다. 이렇듯 베트남이나 대만 같은 남방국가에서 음악이 없는 장례식은 상상조차 할 수 없는 것으로 여겨진다.

조문이 끝나면 화장을 하거나 집 근처 전답에 시멘트로 묘를 만들어 3년간 곁에 두고 모시다가 이장을 하게 된다. 어린 아이들이 죽거나 도시에 사는 사람들은 주로 화장을 하지만 전답을 가지고 있으면 화장보다는 매장을 선호하는데 한 평생을 무더운 환경에서 살았는데 죽어서 까지 뜨거운 불로 태우는 것에 대한 반감 때문이다. 메콩델타 지역으로 버스나 차를 타고 가다 보면 논이나 밭 어딘가 시멘트 묘지가 많이 보이는데 베트남 남부지역은 산이 거의 없고 땅을 파다 보면 물이 올라오기 때문에 땅 위에 시멘트로 묘를 만들어 조상을 모시는 것이다.

쩐흥다오와 원지풍이 만나는 코너에 롯데리아 원지풍점이 있는데 주변에는 안빈병원과 7A군사병원, 종합병원이 밀집되어 있으며 점포 뒤로 원지풍 영안실이 있는데 장례에 사용되는 트럭이 적게는 10여대 많게는 수 십대가 대기하고 있다. 이곳에서 장례를 치른 고인들은 화려하게 장식된 트럭위 커다란 관에 모셔져 시립 화장장인 빈홍호아 장제장으로 향하게 된다. 호치민시에서 장례산업은 중국인 독점이라는 이야기가 있다. 그래서인지 장례에 사용되는 트럭을 보면 황금색 용으로 화려하게 치장되어 있고 거기에 실려 있는 관 또한 우리가 상상하는 것 보다 훨씬 크다. 우리나라는 화장 후 몇시간 정도 기다려서 유골을 찾아가지만 베트남에서는 하루나 이틀정도 지난 뒤에 찾아간다고 한다.

끝없이 이어지는 폭염에 몸과 마음은 지쳐가고 주변에서 흉흉한 일들이 자주발생 하면서 그런 일이 일어나서는 안 되겠지만 지인을 통해 운구비용을 알아본 적이 있었다. 국내로의 항공 운구는 냉동상태로만 가능한데 절차도 복잡하고 비용도 만만치 않아 당시 $25,000정도 들어간다고 했다. 필요시 항공사에 문의하면 절차와 필요한 서류, 과정을 자세히 설명해 주니 참고로 하면 되겠다. 우리는 우스개 소리로 돈이 없으면 죽어서도 모국으로 돌아갈 수 없을 거라며 푸념을 하기도 했는데 그 후 회사에서 종합보험에 가입하여 이런 걱정없이 업무에만 전념 할 수 있도록 조치가 취해졌다.

베트남에서 주재근무를 하다 보면 주말에 할 수 있는 일들이 매우 한정되어 있다. 대부분 종교 시설을 찾아 종교 활동을 겸한 네트웍을 강화하거나 골프나 테니스 같은 운동을 하든지 바 혹은 노래방 같은 곳에서 유흥을 즐기는 정도가 전부인데 시간과 팀을 갖추어야 할 수 있는 것들이 대부분이었다. 저자는 점포 개점과 시장조사를 위해 지방으로의 출장이 잦다 보니 다양한 도시를 방문하면서 접하는 지역의 풍경이나 지역 주민들의 삶이 고스란히 녹아 있는 아름다운 풍물을 경험하며 아쉬움이 많았다. 가까운 미래에 사라져버릴 모습들이기 때문이었다. 베트남에서 붐이 일고 있는 DSLR 사진이 생각났다. 사진을 배워 보리라 마음먹었다. 인터넷에서 검색을 해보았는데 카메라 종류도 많고 브랜드별로 각각의 특징과 표현되는 색감이 달랐으며 가격대도 달라 사진 입문자로써 어떤 모델로 시작해야 할지 막막했다. 대중적인 카메라라는 캐논과 니콘 같은 브랜드였다. 캐논으로 찍은 인물사진들을 보면 복숭아 속살 같이 모델의 피부가 아름다웠다. 반면 니콘은 풍경사진에 적합하였는데 렌즈의 성능이 중요한만큼 렌즈가격도 타 브랜드와 비교하면 비싼 편이었다. 가장 대중적인 캐논을 구입하기로 했다. 니콘은 인물사진 촬영시에 노란색이 조금 끼는데 사진클럽에서는 이를 두고 시체색이라고 했다. 아름다운 피사체를 시체처럼 만들기위해 비싼 장비를 구입하는 것이 아니었으므로 캐논으로 결정했다. 카메라를 결정하고 보니 크롭 바디, 풀프레임 바디, 프레스 바디 등 바디의 종류도 다양하고 렌즈의 종류는 더 다양했다. 렌즈는 부르는 애칭이 있었는데 아빠백통, 엄마백통, 오이만두, 여친렌즈, 대포 같은 식으로 불렸다. TAX플라자에 있는 카메라 도매점에 가서 캐논 50D와 축복 렌즈를 구입했다.

푸미흥 단지내에 만들어 놓은 소공원에는 주말이 되면 사진을 촬영하기 위해 몰려드는 아마추어 사진가와 결혼사진을 찍으러 스튜디오에서 나오는 사진작가들로 거대한 인공 세트장이 만들어졌다. 인터넷으로 익힌 공부를 현장에서 실습을 해볼 수 있었는데 초상권 문제가 대두되는 한국과 달리 함께 카메라를 가지고 있다는 이유 하나만으로 처음보는 누구라도 모델이 되어주었고 또한 기꺼이 모델이 되기도 했다. 부푼 기대를 않고 돌아와 촬영한 메모리를 PC에서 확인해 보았다. 당연히 복숭아 속살 같은 피부색을 상상했는데 결과는 실망이었다. 사진가로서 자질이 모자라는지 수평이 맞는 사진도 별로 없었다. 사진이 원하는 대로 나오지 않는 이유를 알아보기 위해 사진 포럼을 뒤지자 크롭 바디의 단점에 대한 이야기들만 눈에 들어왔다. 결론은 풀프레임 카메라가 좋다는 것이었다. 사진실력이 없음을 탓해야 하는데 장비가 나빠서 그런 것으로 위안을 삼았다. 카메라 도매점으로 가서 50D와 추가금을 내고 5Dmk^2(오두막)로 기종을 변경했다. 캐논 카메라는 카메라 전면에 붙어있는 숫자가 적을수록 고급 기종이면서 가격 또한 고가였다. 고급카메라 사용자들을 위한 배려이자 고가의 카메라를 구입하여야 할 이유를 만들어 주는 상업적인 계산이 포함되어 있었다. 한국에서는 박스를 개봉하는 것으로 2~30% 가치하락을 감수해야 했지만 베트남에서는 합리적인 수준에서 중고거래가 되고 있었다. 렌즈는 계륵이라 불리는 표준줌으로(24-70mm)결정했다. 카메라에 렌즈를 결합하고 메뉴얼을 공부하는데 렌즈의 만듬새나 화질이 왜 계륵이라고 부르는지 이해가 되지 않았다.

사진은 시간과 빛이 만들어내는 예술이기에 시간과 빛의 관계에 대해 공부하기 시작했다. DSLR은 렌즈에 조리개도 없는데 조리개를 열고 조인다는 말이 이해가 되지 않았다. 필름 카메라 시절에는 렌즈에 조리개날이 있어서 조리개를 열고 조이는 것을 눈으로 확인할 수 있었는데 디지털 카메라의 전자식 조리개에 무지한 탓이었다. 충분한 이해를 하지 못해도 사진을 촬영하는 데는 아무런 문제가 없었다. 자동이나 조리개우선 등 반자동 방식의 메뉴가 있었기 때문이었다. 놓쳐서는 안될 상황에서는 자동모드로 일반적인 촬영조건에서는 조리개 우선모드로 사진을 찍어 보기 시작했다. 빨간 테두리가 있는 렌즈 탓도 있었지만 오두막이 50D보다는 확실히 심도 표현에서 유리하였으며 특히 아웃 포커싱 효과가 좋아 보였다. 플라시보 효과가 분명했는데 카메라에 포함된 사진편집 프로그램을 배우고 나서야 복숭아 속살 같은 피부톤이 어떻게 해서 나오는지 알 수 있었다. 사진 편집 작업은 원본에 외과적 수술을 하는 것이나 다를 바 없었는데 아름다움을 추구한다는 것에서는 목표가 같았다. 시간과 조리개를 다양하게 세팅해 가며 사진을 촬영하고 결과를 서로 비교해 가면서 기초를 어느정도 다질 수 있었다. 컴펙트 카메라나 모바일 같은 간편한 촬영기기를 두고 굳이 크고 무거운 DSLR을 고집하는 것은 찰나의 순간을 포착하고 사진이라는 평면에 공간감을 부여하기 위해서이다. 이 미세한 차이를 위해 사진가들은 많은 시간과 돈과 노력을 투자하고 있는 것이다. 촬영한 사진은 후보정을 위해 RAW파일로 저장했는데 사진상으로는 나타나지 않는 암부에 숨겨진 모습을 보정작업을 통해 끌어낼 수 있었기 때문이었다. 차츰 사진에 재미가 붙자 한 장의 사진에 더 많은 내용을 담고 싶은 욕심에 광각렌즈를 추가했다. 사진의 고수들도 사용하기 어려워하는 광각렌즈의 용도조차 모르고 내린 결정이었다. 사진에 적당한 원근감과 왜곡효과를 주어 표현하고자 하는 의미를 강조하고자 할 때 사용하는 렌즈인데 과욕이 부른 결과는 금전적인 손실로 되돌아왔다. 초보 사진가들이 기본적으로 구비해야 하는 렌즈 3총사로 광각(16~35mm), 표준 줌(24~70mm), 망원 줌(70~200mm)렌즈가 있다. 거리의 사진을 주로 촬영하다 보니 왜 표준 줌렌즈를 계륵이라고 부르는지 비로소 납득이 되었다. 광각렌즈로 쓰기에는 그저 그렇고 줌렌즈라고 하기에는 턱없이 모자라는 망원으로 인해 좋게 말하면 더없이 편한 렌즈, 나쁘게 말하면 이것도 저것도 아닌 평범한 화각의 렌즈였음을 느꼈기 때문이었다. 좀더 자연스러운 거리의 모습을 얻기 위한 욕심에 아빠백통을 추가했다.

캐논 5Dmk^{2}는 15만회 내구성의 셔터 유닛을 보증했다. 이 정도

스펙이라면 주재생활을 하는 동안 카메라에 대해서는 고민하지 않아도 될 것으로 생각했다. 주말이나 지방 도시로 출장을 갈 때면 항상 카메라를 들고 다니며 다양한 기록들을 화면에 담았다. 마치 회사원이 자신만의 필기도구를 곁에 놓아두고서 사용하는 것과 같은 이치였다. 이렇게 해서 역동적인 생명력이 꿈틀대는 아름다운 베트남의 풍물이 사진속으로 들어왔다. 사진을 시작하고 3년 정도 지나자 셔터 유닛에 에러가 발생하기 시작했다. TAX 플라자 도매상에 가져 갔더니 싱가폴에 보내서 수리를 해야 한다고 했다. 셔터 유닛만 교체하면 되는 간단한 작업이었는데 베트남에 A/S센터가 개설되지 않은 이유 때문이었다. 오두막을 넘겨주고 크롭 바디인 7D로 기종을 변경할 수 있었다. 7D는 풀 프레임 카메라에 비해 저렴한 가격과 거리의 사진을 촬영하기에 화각의 차이에서 오는 장점이 있었다. 카메라를 교체하고 얼마 지나지않아 인도네시아에 파트너가 확정되었다는 연락이 왔다. 동남아시아 업무를 총괄하게 되면서 사진활동을 중단하고 인도네시아 법인설립을 위한 새로운 업무에 매달려야 했다. 자연스레 세번째 카메라인 7D는 제습함 속에서 보내는 시간들이 늘어났다.

좋은 사진을 남기기 위해서는 남들과 다른 시선으로 남들보다 더 많은 시간과 노력을 투자해야 하는데 신규법인을 설립하고 안정적으로 정착시키는 새로운 업무가 부여된 주재원에게 그런 여유는 사치스러운 것이었다. 이런저런 이유로 사진을 찍기보다 카메라를 꺼내 보면서 만족을 느끼는 유저들이 더 많다는 라이카를 추가했다. 취미로 하는 사진생활에 이런 카메라가 필요할까? 라는 질문을 수없이 해 봤다. 결론은 취미이기 때문에 가능하다는 것이었다. 어차피 자기 만족이고 로망이기 때문이다. 라이카는 사진을 촬영할 때 버려야 할 것과 포기해야 할 것이 많은 불편한 카메라였다. 다만

만듦새가 좋고 RF(Range finder camera)방식의 수동 포커싱에서 오는 조작감과 오래된 렌즈를 사용할 수 있는 즐거움을 주는 카메라였다. 이렇듯 불편함이 많은 카메라지만 출시된 지 5~60년이 지난 오래된 렌즈들을 보고 있으면 괜스레 사진보다 장비에 더 욕심이 갔다. 현행 렌즈와 비교되는 수차에서 오는 부족함을 자신만의 개성 있는 표현으로 담아낼 수 있기 때문이다. 또한 저자와 동시대에 출시되어 오랜 세월 본연의 역할을 다한 것에 대한 연민의 정을 느꼈기 때문이었다.

사진을 하면서 배우게 되는 것은 많은 경우에 더 많이 버릴수록 더 좋은 사진을 얻을 수 있다는 사실이었다. 골프나 등산, 우리의 삶을 살아가는 과정과 별반 다르지 않았다. 또한 수치적으로 표현되는 기계적 특징보다 수차가 만들어내는 부족과 왜곡현상이 사람들에게는 더 따뜻한 사진으로 기억된다는 사실이었다. 디지털 기기에 묻혀 살아가지만 마음으로는 아날로그 시절을 그리워하듯 따뜻한 감성이 묻어나는 사진을 만들기 위해 많은 시간과 노력을 투자하는 것이다.

베트남 외식시장 개척

베트남 인사이드 _ 솔개

KFC가 하노이 진출을 준비하고 있다는 소식이 들려왔다. 하노이는 보수적인 사고에 브랜드에 대한 로열티가 매우 높은 도시이다. 다시 말해 신규 브랜드에게는 무덤이라는 의미이기도 했다. 아마 Big_C의 하이퐁 진출에 맞춰서 KFC는 북부지역을 공략할 계획을 수립한 것으로 생각되었다. 치킨 전문점은 햄버거 점포에 비해 제품수가 단순한 이유로 인해 원재료 수급이 간편하기에 신규지역 진출에 비교적 유리한 면이 있었다. 졸리비는 호치민시에서 벗어나 외곽 중소도시 집중공략으로 점포 확대방향을 선회하고 있었다. 롯데리아에서 콥 마트 임원들에 대한 한국 관광을 시행한 후 콥 마트와 신규점포 출점에 대한 협력이 강화되자 콥 마트내 점포출점 경쟁에서 소외 받던 졸리비는 콥 마트 임원들에 대한 필리핀 관광을 주선하면서 분위기 반전을 노리고 있었다. 따라서 롯데리아가 입점하지 않는 지방의 콥 마트에는 졸리비가 대신하여 출점하고 있었으며 특히 메콩델타 지역에 집중하여 점포를 개설하고 있었다. 현 시점에서 콥마트와의 협력강화가 필요하였으나 중 장기적인 면에서는 마트 운영능력이나 시설규모, 자금력 등을 감안할 때 글로벌 브랜드인 Big_C 및 Metro와의 협력 강화가 더욱 중요하다고 판단되었다.

하노이… 뭐라 콕 찝어 말하기 힘들지만 베트남 다른 도시에 비해 가기가 조금은 망설여지는 곳이다. 여름에는 40℃를 웃도는 기온에 습도마저 90%를 넘나들어 매우 습하고 더운 날씨가 지속되지만 겨울에는 해가 지고 나면 체감온도가 영하로 떨어져 옷을 대충

차려 입고 길거리에 나서면 매서운 칼바람에 혹독한 신고식을 치러
야 한다. 날씨 만큼이나 남부와 북부 사람들은 사람들의 성격까지
도 판이하게 달라서 남부 사람들은 잔정과 웃음이 많지만 북부 사
람들은 표정의 변화가 거의 없어 보였다. 매우 무뚝뚝해 보이지만
하노이 사람들은 첫 사귐이 어렵지 친해지면 의리가 깊고 특히 외
국인에게 호의적이며 많이 도와주려고 노력한다며 스스로를 평가했
다. 또한 남부 사람들과는 달리 관계를 중시하여 필요가 없다 하여
쉽게 배신하지 않는다고 했다. 외국인을 우대해서인지 모르겠지만
공원이나 유적지를 가면 외국인 우대 요금이란 것이 있어서 항상
한배 반에서 두배의 이용료를 받았다.

호치민이 자유스럽고 동적이라면 하노이는 신중하며 정적인 도시
인데 사람만 그런 것이 아니라 남부에서 그 흔한 까페도 찾기가 힘
들며 쌀국수를 한 그릇 먹으려면 쌀국수 파는 가게를 일부러 찾아
가서 먹어야 했다. 밤이 되면 도시는 어두 컴컴 해져서 사진촬영도
어렵고 길거리를 나가봐도 돌아다니는 사람들이 없어 특별히 할 일
이 없었다. 분명한 것은 북쪽보다는 남쪽 도시가 정겹고 활력이 넘
치며 거리는 정돈된 느낌이었다. 또한 남부 사람들은 북부 사람들
을 좋지않게 생각하고 있었는데 자신들을 업신여긴다고 생각하여
가급적이면 북부 사람들과는 얘기하는 것을 꺼려 했다. 식당을 가
더라도 남부 억양으로 주문하면 음식값을 올려 받기 때문에 선뜻
나서기를 주저했다. 쌀국수를 주문하면 하노이 사람에게는 10,000
동(670원)인 쌀국수가 호치민 억양으로 주문하면 15,000동(1,005
원)을 받았으며 외국인에게는 20,000동(1,340원)을 받는 것이 당연
시 되고 있었다. 이렇듯 호치민시와 하노이는 거리만 멀리 떨어
진 것이 아니라 생활, 문화, 주거 등에서도 완전히 다른 나라처럼
보였다.

이러한 정치수도 하노이가 1994년 미국의 베트남 엠바고 정책 해제를 시작으로 2000년 클린턴 대통령 방문, 2003년 SEA게임 유치, 2006년 APEC정상회담 개최, 2006년 WTO가입, 2007년 아시안컵 공동개최 등 굵직한 국제행사들을 유치하더니 하노이를 명실상부한 수도 뿐만 아니라 동남아 허브도시로 만들려는 야심에 찬 계획을 세워 추진중에 있다.

하노이는 춘하추동이 뚜렷한 4계절을 가지고 있다. 호수와 녹음이 우거진 도심 공원이 곳곳에 있는 아름다운 고도 하노이는 홍강의 잦은 범람으로 땅이 기름져 선사시대부터 사람이 살던 천혜의 삼각주이다. 하노이는 홍강이 도시를 감싸고 흐른다는 뜻의 강안의 도시(河內)가 합쳐진 지명이다. 오래된 고도 답게 볼거리도 많다. 구 시가지를 이루고 있는 36거리는 13세기에 36개의 상인조직들이 한 거리씩 맡아 정착하면서 생겨나게 되었는데 현재 구 시가지에는 36거리를 포함하여 모두 50여개의 길 이름이 있다. 하노이는 아름다운 호수가 많은데 그 중 유명한 호수 중 하나인 호안끼엠 호수(Ho Hoan Kiem)는 시내 중심부에 있어 36거리를 구경하다가 잠시 쉬어 가기에 좋다. 이 호수는 사실에 근거한 유명한 전설로 유명한데 명장 레러이 장군이 명나라의 침입에 맞서 싸울 때 거북이가 등에 칼을 가지고 나타났는데 이 검을 지닌 후 장군은 전쟁에서 항상 승리하였다고 한다. 그 후 장군은 옛 하노이(탕롱)의 왕이 되었는데 호수에서 뱃놀이를 하고 있을 때 커다란 거북이가 나타나서 빌려준 검을 돌려 달라고 했다고 한다. 그때부터 사람들은 이 호수를 호안끼엠(환검) 호수라 불렀다고 전해 진다.

호떠이(서호)는 하노이에서 가장 큰 호수로 호치민 묘소 북쪽에 위치해 있으며 과거 홍강의 일부였다가 호수가 되었는데 크기가

5Km²에 달하며 하노이 시민들에게 사랑받는 명소이다. 서호는 하노이 시민들에게 많은 사랑을 받고 있는 명소이니 만큼 호수주변에 다양한 볼거리가 많다. 호수 주변에는 복숭아 나무가 심어져 있어 봄이 되면 복숭아 꽃이 만발한다. 미끼를 전혀 사용하지 않고 호수에서 낚시를 하기도 하는데 신기하리만큼 고기가 잘 잡힌다. 갈고리처럼 생긴 낚시 바늘을 호수 가운데를 향해 멀리 던진 후 빠르게 잡아당기면 손바닥만한 민물고기가 등이나 배등이 바늘에 걸려 나온다. 왕궁과 사원을 비롯하여 이름만 대면 누구나 알 수 있는 5성급 호텔들이 호수 주변으로 즐비하지만 쎄옴을 타고 호수 북쪽으로 올라가면 개고기를 파는 식당과 매춘부들의 거주지가 있으므로 여행시 주의하여야 한다. 특별하게 정해진 장소(?)외에 베트남에서 매춘은 법으로 엄격히 금지되어 있으며 밤 10시가 넘어 외국인이 베트남 여성과 함께 있는 것은 불법이기 때문이다.

독립과 통일 두가지 과업을 이룩해낸 위대한 베트남의 지도자 호치민 주석의 묘소는 프랑스로부터 독립을 선언했던 바딘 광장 중앙에 세워졌다. 이 묘는 검은색 대리석으로 밑단을 깔고 20개의 주홍색 대리석으로 기둥을 세운 뒤 가운데 호치민의 시신을 안치하고 있다. 묘소 주위를 행사용 정복을 착용한 군인들이 지키고 있는 가운데 묘소안에 안치된 호치민은 생전의 모습 그대로 자는듯 편안한 모습이다. 묘소에 입장하기 위해서는 내,외국인 모두 박물관에 카메라나 캠코더를 맡기고 나서 두줄로 입장해야 하는데 묘소 안에서는 절대로 말을 해서는 안되며 반바지 차림으로는 입장할 수 없다. 외국인들이 말하는 베트남에서 유일한 무료관광지인 호치민 묘소는 1973년부터 1975년까지 베트남 전역에서 모은 천연재료로 만들었는데 개장일자와 시간이 정해져 있다. 1년중 3개월은 유해를 러시아로 옮겨 가서 보존 처리를 하기 때문에 확인후 이용하는 것이 좋다.

11세기에 세워져 베트남 관료의 자제들을 교육시키던 최초의 대학 국자감이 설치된 문묘가 있는데 문묘 안에는 공자상을 모시고 그의 철학과 윤리를 기리고 있다. 녹음이 무성하며 조용하고 차분한 분위기는 예나 지금이나 베트남 학문의 전당이라 부를 만하다. 이곳은 2년마다 중국 고전에 대한 과거시험을 치르는 장소로 이용되었는데 19세기에 만들어진 규문각에는 각자 다른 모양을 한 거북이 등에 82개의 비석이 세워져 있다. 15~18세기의 300년 동안 2년에 한번씩 행한 과거시험에 합격한 사람들의 이름이 한자로 새겨져 있다. 지금은 베트남 정규 교육과정에서 한자사용을 금지하였으므로 비석에 새겨진 이름을 제대로 읽을 수 있는 지식인들이 많지 않다.

전세계에서 유일한 베트남의 고유한 행위예술인 수상인형극을 볼 수 있는 탕롱 극단이 있다. 호안끼엠 호수 무역센터 근처에 공연장이 있으며 매일 공연이 이루어진다. 현대의 수상인형극은 물이 고인 무대에서 극이 행해 지는데 인형을 조정하는 배우들이 무대 뒤에서 대나무 막대와 끈으로 인형을 조종한다. 인형은 나무로 조각되며 전통 베트남 악기와 한껏 톤을 높인 전통적인 고유의 소리로 대사를 이야기한다. 극에서는 베트남 시골정서가 짙게 묻어나는 일상생활과 민화, 전설과 역사 등 다양한 이야기 거리들이 등장한다. 수상인형극은 원래 농부들이 자연환경에서 찾을 수 있는 천연재료들을 이용해 행위예술을 발전시켰는데 수확을 끝낸 후의 연못과 논둑이 즉흥쇼의 주무대였다고 한다.

딘빈푸 거리에 있는 옛 군 병영 안에 만들어진 전쟁박물관에는 938년 몽고군을 물리친 박당(Bach Dang)강 전투부터 1975년 미국과의 통일전쟁까지 베트남 전쟁의 역사를 짧은 시간에 체험할 수 있다. 호치민의 독립선언 장면, 프랑스군과의 치열했던 딘빈푸 전투, 호치민시 독립궁의 철창을 부수고 들어가는 소련제 탱크와 전투기, 가장 최근의 캄보디아와의 전쟁 상황까지 전시되어 있다. 군사박물관에는 높이 31m의 국기 계양대가 있는데 계양대 꼭대기에 올라가면 탁 트인 공간에서 느끼는 시원한 바람과 함께 하노이 시내 전경을 볼 수 있다. 가혹한 프랑스의 식민 지배와 베트남 전쟁의 어두운 역사가 고스란히 간직되어 있는 호아로 포로수용소는 베트남전쟁 당시 미군 포로들에 의해 하노이 힐튼으로 불리기도 했다. 1896년 프랑스에 의해 만들어 졌는데 최초에는 600여명의 베트남 정치범들을 수용하였으나 베트남 전쟁이 한창일때 2천명이 넘는 포로들을 수용할 정도로 규모가 컸다고 한다. 흔히 볼 수 있는 여느 관공서들처럼 빛 바랜 노란색의 건물 외관에는 그 안에서 발생했던 공포스러운 감금의 역사가 감춰져 있다. 소름 끼치는 족쇄와 여러 전시품들, 모형들을 보면 베트남인 죄수들은 나무로 된 헤드로크에 묶인 채 발목에는 족쇄를 찬 상태로 서거나 움직일 수조차 없었으며 일상적으로 배고픔, 고문, 구타에 시달리며 감금되었다. "죽기는 쉬워도 살아 남기는 어렵다"는 한 교도관의 말이 당시의 분위기를 잘 대변해 준다. 호아로 거리와 하이바쯩 거리의 교차점에 위치하고 있는데 수용소 일부는 개발되면서 절반정도만 기념물처럼 남아 있다. 베트남 전쟁 당시 파일럿이었던 미국의 상원 의원 존 매케인은 포로로 잡혀 이곳에서 5년 동안 투옥되었던 것으로 기록되어 있으며 1995년 베미 수교 후 최초의 미국 대사가 되었던 더글러스 피터슨도 이곳에 수용되었다고 한다.

한국에서는 그룹 정기인사시 모기업의 대표이사 변경이 있었다. 이에 맞춰 해외법인들은 현황브리핑 준비와 출장기간에 맞춰 꽉 찬 일정 및 예산계획을 작성하는데 집중해야 했다. 호텔을 몇 개 선정해서 특징과 가격, 위치 등을 해외사업팀으로 보내면 그 중에서 한 곳을 선정한 후 예약을 하도록 지침이 내려오는데 레젼드 호텔을 롯데호텔에서 인수한 후로는 호텔 선정의 수고로움을 덜 수 있었다. 출장일정은 아침에 호텔을 나와서 밤 10시를 전후해 호텔로 돌아갈 수 있도록 이동시간, 현장에서의 보고와 견학에 걸리는 시간을 사전점검을 해야 했다. 저녁식사는 대부분 주재원이나 현지직원들과 함께하는 경우가 많았는데 계획된 시간에 끝나는 경우가 드물었다. 현지직원들이 보여주는 믿지못할 친화력 때문이었는데 요즘 한국의 직장생활에서는 볼 수 없는 베트남 특유의 조직문화였다. 만찬에서 중요한 역할을 맡은 여직원이 대표이사와 마주앉아 사랑스러운 표정으로 와인을 권하고 같이 건배를 하면 현지직원 격려차원에서 마련한 자리이기에 쉽게 거절할 수 있는 분위기도 아니다. 너무 과하게 마시는 거 같아 눈치를 줘도 현지직원들 간에 암묵적인 소통이 되어 있는지 아랑곳하지 않았다. 계속되는 건배제의에 얼굴표정이 흐트러지고 충분히 취한 후가 되어야 비로소 만찬을 끝내는데 그날의 역할을 담당한 여직원은 만찬이 끝나면 어딘가로 사라진다. 나중에 들은 얘기지만 취기를 감당하지 못해 화장실에 들어가 있으면 다른 여직원들이 와서 집에까지 데리고 간다고 했다. 베트남을 방문한 대표이사에게 강한 인상도 남기고 감사한 마음을 함께 담아 취할 정도로 대접을 하는 것이 현지직원 사이에는 당연한 것으로 인식되고 있었다. 왜 그렇게 와인을 강권하는지 물어보자 한국 사람들은 술을 좋아하고 많이 마신다고 들었기 때문이라고 했다.

평소에는 본사의 크고 중요한 업무들에 묻혀 제대로 된 보고가 되지 않던 현장의 이슈들이 대표이사가 현장을 방문하는 자리에서는 명료하고 쉽게 판단을 내릴 수 있다. 따라서 해외법인 점검을 위한 출장계획 일정이 잡히면 법인 브리핑자료와 현장점검 스케줄을 법인장이 직접 챙길 수 밖에 없는 것이다. 그렇게 출장기간 내내 그림자처럼 수행을 하며 조금이라도 더 많은 해외관련 정보를 대표이사에게 전달하는 것이 법인장이 해야 할 의무였다. 해외사업장 방문을 마치고 공항에서 배웅을 할 때까지 공식적인 시간을 보내야 했으므로 긴급하게 처리되어야 할 일이 발생하지 않기만 바랄 뿐이었다.

그렇게 해외사업장 방문이 있은 얼마 후 귀를 의심케 하는 소식을 전해 들었다. 당시 법인장을 제외하고 주재원은 두 명이 있었는데 한 명을 그룹사로 전출 시키기로 했다는 소식이었다. 그룹사에서 내부적으로 베트남에 진출을 하기로 결정했는지는 모르겠지만 이제 막 자리를 잡아가는 현지 계열사의 인력을 데려간다는 것이 잘 이해가 되지 않았다. 대부분 회사들의 상황이 영업부문과 관리부문은 업무가 달라 인력대체가 어려웠는데 특히 QSR비즈니스는 시장을 개척하면서 영업을 해야 하는 업무특성으로 인해 비즈니스가 적정규모에 도달할 때까지 역량을 갖춘 주재원의 역할이 필요했다. 지금 같으면 해외사업을 위해 준비하고 육성된 인재들이 많아 주재원 역할을 담당할 수 있는 인재풀이 갖춰져 있으나 당시 해외사업을 위한 인력은 담당자 외에는 관심밖의 일이어서 합당한 적격자를 찾기가 어려웠기에 특히 아쉬움이 컸다. 본사에서는 시간이 지나면 해결되는 문제라 생각해서인지 주재국의 법인장 의견은 들어 보지도 않고 결정을 했다. 전해들은 이야기가 사실인지 해외사업팀에 확인하자 그때서야 그렇게 되었으니 이해를 해달라는 식으로 이야기 했다. 조직생활을 하면서 인사에 대해서 얘기한다는 것은 금기라 뭐라고 말할 입장이 아니었으나 3년간 애써 갈고 닦아 놓은 보물을 도둑맞는 기분이었다.

레탄똥에 가물치 진흙구이를 파는 로컬식당에서 환송회를 했다. 오래전 한국의 모 신문사에서 이순신 경영학이라는 소설을 연재한 적이 있었는데 해외사업을 하는 주재원들이 도전정신과 기업가 정신으로 무장하기 위해서 도움이 될 내용들이 많이 있었다. 이순신 장군이 위기상황을 맞아 준비하고 극복해 나가는 지혜가 마음에 와 닿아서 스크랩을 해 두고는 생각날 때 마다 읽어보면서 마음을 다 져 잡고 있던 참이었다. 지금 처한 상황이 이순신 장군이 12척의 배로 출정을 하던 당시의 상항과 별반 다르지 않게 느껴졌다. 기대와 두려움으로 호치민시에 첫발을 내딛은 후 지금껏 시장개척 업무를 하기에도 벅찬 주재인력 이었는데 한명은 그룹사 전출로 남은 한명은 하이퐁에 신규점포 개점을 위해 북부지역으로 보내야 했으므로 다시 3년전 처음으로 돌아가는 듯한 생각이 들었다. 이순신 장군은 위급한 상황에 이르러서도 좌절하지 않고 역경을 헤쳐 나갈 방법을 찾아냄으로써 23전 23승이라는 믿기 힘든 승리를 거둘 수 있었으나 지금의 곤란한 상황을 극복할 지혜를 찾을 수 없어 답답하기만 했다. 그렇게 가물치 진흙구이 식당에서 말없이 이별주를 마시며 회고의 시간을 가졌다. 단촐하게 구성된 베트남 TF팀의 아쉬움으로 기억될 3년이었다. 이역만리 베트남에서 새로운 보금자리를 찾아 떠나는 기대와 핵심인재를 보내야 하는 아쉬움이 뒤섞여 어두운 밤하늘 속으로 사라져 갔다.

솔개 이야기가 생각났다. 솔개는 평균 수명이 70년에 달할 만큼 장수하는 것으로 알려져 있다. 맹금류이기에 딱히 천적도 없으며 훌륭한 비행능력과 날카로운 부리와 발톱, 뛰어난 시력을 지닌 사냥꾼이기에 특별한 경우가 아니면 천수를 누린다. 태어난 지 40년쯤 지나 장년이 되면 솔개의 위기는 내부로부터 다가온다. 발톱은 뭉툭해진다. 부리는 턱없이 길게 자라 사냥감을 낚아챌 수 없게 된다. 깃털은 날로 두터워져 비행마저 힘겨운 상태에 이른다. 이때 솔개는 중대한 결정을 내려야 한다. 옛날의 영화를 생각하며 굶어 죽든지, 과거를 부정하고 새로운 출발의 길을 선택하던지…

살기로 작정한 솔개는 고통스러운 갱생의 길을 걸어야 한다. 먼저 웃자란 부리를 바위에 부닥뜨려 깨트려버린다. 새로운 부리가 돋아나면 그 부리로 뭉뚝한 발톱을 남김없이 뽑아낸다. 다시 발톱이 자라길 기다렸다 그 발톱으로 두툼한 깃털을 하나하나 제거한다. 1년에 걸친 힘겨운 자기와의 싸움이 끝나면 솔개는 새로운 모습으로 거듭 태어난다. 새로운 부리와 발톱, 깃털을 가지고 다시 30년의 수명을 더 누릴 수 있게 되는 것이다.

이 이야기는 과학적인 근거가 없는 하나의 우화이다. 혁신의 중요성을 강조하는 우화로 많이 사용되는 이야기일 뿐이다. 부리가 부서진 솔개는 음식물 섭취가 거의 불가능한데 조류는 포유류와 달라 음식물을 섭취하지 않고 버틸 수 있는 기간이 매우 짧기 때문이다. 무엇보다 솔개의 수명은 20년에서 30년 정도인데 70년으로 잡은 자체에 오류가 있는 셈이다. 그럼에도 불구하고 이 이야기가 지금까지 계속해서 언급되는 것은 우리의 삶을 돌아보게 하는 절심함이 이야기속에 담겨있기 때문이다.

원하든 원하지 않든 누구나 한번쯤은 삶의 전환점을 맞이한다. 베트남 법인도 또 하나의 전환점을 맞이할 때가 된 것이다. 자의반 타의 반으로…

베트남 인사이드 _ 하이퐁 진출

덕팟 사장에게서 연락이 왔다. 시간이 되면 저녁식사를 함께 하자는 연락이었다. 덕팟은 베트남에서 유일하게 햄버거용 번스를 공급받을 수 있는 양산 빵 업체인데 호치민시에 공장이 있으며 주로 중부와 남부지역에 제품을 공급하고 있었다. 레전드 호텔에서 만나 저녁식사를 하는데 분위기가 평소와 다른 것을 느꼈으나 먼저 물어보기도 그래서 이야기를 할 때까지 기다리기로 했다. 덕팟 사장은 중국계 화교 출신으로 사업 이야기를 할 때면 얼굴에서 항상 웃음이 떠나지 않았는데 그날따라 표정이 어두워 보였기 때문이었다. 그 사이 당사의 하이퐁 진출과 함께 하노이 진출계획을 이야기 하면서 북부지역 진출계획에 대해 물었더니 머리를 절레절레 흔들며 하노이에서 공장을 운영하는 것에 대해 부정적으로 이야기했다. 우리가 모르는 베트남인들 사이에 문제가 있는 것이 틀림 없었다. 빵이 없이 햄버거를 만들 수 없는 노릇이기에 머리속이 복잡해졌다. 식사를 마치자 자리를 옮기자고 제안했다. 손님이 없어 조용한 바로 자리를 옮겼는데 평소에는 술을 입에도 대지 않더니 위스키를 주문했다. 몇 차례 술을 마시고 나자 얼굴에 취기가 오르더니 얼마 전 이혼을 했다는 이야기를 했다. 재산분할을 하면서 운영하던 점포는 부인에게 넘겨주고 공장은 자신이 운영하기로 결정이 되었다며 앞으로도 변함없는 비즈니스 관계를 유지해줄 것을 요청했다. 베트남에서의 이혼은 남자 측의 사유에 기인하는 것이 일반적인 것으로 알고 있었는데 사연을 들어보니 이례적인 경우였다. 알콜의 힘을 빌어 평소에 하지 못했던 남자들만의 이야기와 함께 변함없는 비즈니스 관계를 약속했다. 덕팟에서는 북부지역 점포 개점시 베트남 항공을 이용해서 배송을 해 주겠다는 약속을 했다. 항공운송은 무게로 요금이 산정되기에 큰 부담이 되지 않는다고 했다. 그렇게 위로를 겸한 시간을 가진 후 늦은 시간이 되어 헤어졌다.

얼마 지나지 않아 새로운 주재원 발령이 있었다. 당시 베트남은 이해를 하기가 어려운 이상한 규정들이 많았는데 베트남에서 일을 하기를 희망하는 외국인은 4년제 정규대학을 나와야 노동허가증 발급을 받을 수 있었다. 노동허가증이 있어야 취업비자나 거주증을 만들 수 있었기 때문에 자연스럽게 주재원을 제한하는 역할을 하고 있었다. 더 이상한 규정도 있었다. 베트남에서 가슴이 작은 여성은 선생이 될 수 없다는 규정이 잠시 논란이 되었는데 이런 규정들은 대부분 내부서류로만 관리되고 있었기에 일반인들은 모르는 경우가 많았다. 선생이 되기 위해서는 병원에서 신체검사를 받아 건강진단서를 제출해야 하는데 서류에 가슴사이즈를 기록하도록 되어있는 것을 이상하게 생각해 조사결과 밝혀진 사실이었다. 지방에 출장을 가는 일이 있으면 시간을 내서 새벽시장과 학교를 둘러보곤 했는데 거기서 본 아오자이를 입은 여선생들은 나이를 떠나 하나같이 몸매가 모델처럼 아름다웠다. 아무런 의문이나 생각없이 베트남 여성들은 다 그런 것으로 알고 있었는데 이런 숨겨진 사연들이 있었던 것이다. 이러한 이상한 관행들이 하나 둘 세상에 드러나면서 언론에 이슈화가 되고 그렇게 해서 자연스럽게 고쳐지게 되는데 아직도 얼마나 더 개선되어야 할 관행들이 많이 남아 있는지는 모른다. 다만 이러한 관행들이 세상에 드러나더라도 몇몇 언론에서나 이슈화가 되지 사회적으로는 별다른 반응을 보이지 않고 지나갔다. 오래전부터 베트남 주재생활을 희망하던 영업관리자가 있었는데 이 규정에 해당되어 그동안 주재원 발령이 보류되다가 드디어 해당 조건을 충족하여 주재원으로 발령이 나게 되었다. 흔히 말하는 의지의 한국인이었다. 관리팀장을 대신할 주재원은 여전히 찾지 못하였다.

갑자기 한국 빵이 먹고 싶어 졌다. 끝없이 이어지는 더위와 해외 생활에서 오는 향수병이었다. 베트남에도 빵이 없는 것은 아니었으나 빵 위에 코코넛이 토핑 되어 질기고 맛이 없었다. 빵에 들어가는 충진재도 이국적이어서 입맛에 맞지 않았다. 지금이야 한국보다 더 많은 한국제품들이 베트남 대도시와 시골을 가리지 않고 풍족하게 들어와 있으나 당시에는 베트남에서 한국물건 구경하기가 비 내리는 밤에 별 보기 만큼이나 어렵던 고난의 시절이었다. 한국에서 출장을 나오는 사람들이 있으면 보름달을 사다 달라고 부탁해서 향수를 달래곤 했다. 다행히 출장을 오는 인력들은 잊지않고 보름달을 사가지고 왔다. 나중에는 지인이 출장자를 통해 한 상자를 보내 왔다. 아무리 먹고 싶었던 빵이지만 한 상자를 다 먹을 수는 없었기에 팀별로 골고루 나누어 주었다. 빵을 먹어보더니 한국 빵이 맛있다고 했다. 표정으로 봐서 진심인 거 같았다. 한국에서 빵을 가져다 팔아볼 생각을 했지만 유통기한과 현지인들이 구매하기에 비싼 가격이 문제였다. 그렇게 보름달은 생각에서 멀어졌는데 1년 정도 시간이 지나자 푸미흥에 한국 물건을 전문으로 판매하는 슈퍼가 개점했다. 슈퍼에서는 한국에서 수입한 다양한 제품들과 함께 냉동으로 수입된 몇가지 종류의 빵을 해동해서 판매하고 있었다.

1995년에 베트남이 WTO가입신청을 했나. 그로부터 12년이 지난 2007년 베트남은 세계 교역대상국의 지위를 인정받는 WTO가입국 지위를 획득하게 되었다. 이는 시장개방과 각종 규제완화 및 법 정비, 관세인하 등의 후속조치가 뒤따를 것으로 예상되는 대 변화를 수반해야 함을 의미했다. 당장 2009년부터 유통시장 개방과 2015년 소매시장 개방이 예정되어 있기에 이에 대한 대비도 해야 했다. 외투기업들도 정부조치에 따른 후속작업 착수에 들어갔다. 외투기업에만 적용되던 외투법은 폐지되고 베트남 기업법에 맞게 회사형태를 유한회사 혹은 주식회사로 변경해서 등록해야 했다. 베트남에 등록되어 있는 모든 외투기업들은 기업 재등록을 해야 했다. 정부에서는 1년간의 유예기간을 주었으므로 이에 맞춰 우리회사도 유한회사로 재등록을 하는 한편 소매시장 개방에 대비한 경쟁력 강화방안에 주력했다. 유통시장 개방은 당사에 플러스 요인으로 작용될 것으로 예상되나 소매시장이 개방되면 굴지의 글로벌 기업들이 베트남으로 몰려들 것이기 때문이었다. 베트남 소매시장이 개방되기 3년전인 2012년까지 경쟁력을 확보하는 것을 과제로 삼아 점포확대, 원가개선, 매출활성화를 중장기 목표로 정하고 이를 실행하기 위한 자금확보 및 우수인력 육성에 들어갔다. 베트남 통일전쟁이 한창이던 때 미군 기지 영내에 맥도날드가 있어서 호치민시 사람들에게 맥도날드는 그리 낯선 브랜드가 아니었다. QSR브랜드의 애매한 포지션도 문제였다. 정부에서는 QSR브랜드를 호텔 부대사업으로 분류, 관리했는데 우리는 호텔 보이가 아니었다. 나중에 이로 인해 예기치 않은 문제들이 발생하게 되었다.

부사장이 식사를 같이 하자고 했다. 그렇지 않아도 뒤숭숭한 분위기에 변화가 필요하던 참이었기에 흔쾌히 약속을 하고나서 주재원들과 함께 오아시스로 갔다. 3년 정도 함께 생활을 하다 보니 이제 눈치만 봐도 무슨 말을 하려고 하는지 알 수 있을 정도였다. 한 가지 아쉬움은 법인에서 부사장의 역할이 중요한 순간이 많이 있었음에도 여전히 파트너측의 대리인 역할에 충실하다는 것이었다. 테이블에 둘러앉아 가까이에서 보니 눈은 충혈되어 실핏줄이 드러나는 것이 뭔가 고민이 있는듯 보여 걱정이 되었다. 무똥까데로 건배를 하고 식사를 하면서 가벼운 대화로 분위기를 이어갔다.

부사장이 주재원들을 보더니 한국사람들은 워킹머신 이라고 얘기했다. 무슨 말이 하고 싶어서 그러는지 듣고 있으니 지난 3년간 주재원들의 활동과 결과에 대해 얘기하는데 마치 옆에서 지켜보고 있었던 것처럼 모든 걸 자세하게 파악하고 있었다. 주재원으로 파견되어 네트웍을 구축하고 있을 때 호치민시 1군 은행거리에 있는 평양랭면을 자주 출입하면 기관원들이 감시하고 있으니 조심해야 한다고 누군가에게 이야기를 들은 적이 있었다. 그런 얘기를 들으며 설마 했는데 밤낮 없이 열심히 일만 해왔던 주재원들이 지금껏 부사장에게 감시를 당하고 있었다고 생각하니 묘한 기분이 들었다. 짐작이 가는 사람이 있었다. 생각해보니 구매팀 후이 일거라는 생각이 들었다. 물품구매, 세관, 창고 입출고 업무를 담당하다 보니 업무상 주재원들과 함께 있는 시간이 많아 주재원들이 무슨 일을 하고 있는지 가장 잘 알고 있었기에 작업이 끝나면 어떤 형식이든지 부사장에게 보고되고 있었던 것이었다. 회사에서 부사장 방을 시도 때도 없이 드나들었는데 생각해보니 이런 이유도 있었을 거라는 생각이 들었다. 특히 회사에서 부사장을 아버지라 부르며 부사장도 평소 아들처럼 대하고 있었는데 부자간 관계에서는 모름지기 숨김이 없어야 하며 이것이 베트남의 문화이고 관습이기에 후이를 탓할 생각은 조금도 없었다.

부사상이 심각한 표정으로 말을 이어갔나. 3년전에는 주새원들이 하는 말을 흘려 들었다고 했다. 사업초기 베트남법인이 설립되면서 장미빛 청사진을 제시했지만 계획했던 일들 중 상당부분이 실행되지 않은 것에 대한 실망감 때문이었다. 어렵사리 결과는 나왔지만 믿음을 주기에 부족했다. 2차년도에 계획의 80%를 달성했는데 증자문제로 업무가 지연된 사실을 감안하면 나쁜 실적은 아니었다. 3차 년도에 목표로 하던 20점포 달성과 식품가공공장이 설립되는 것을 보면서 비로소 주재원들이 하는 일에 신뢰를 갖게 되었다고 했다. 주재원 한 명 한 명을 매우 신뢰한다며 앞으로는 베트남 법인을 위해서 일을 하겠다고 이야기했다. 전혀 기대하지 않았던 상황이었다. 두 손을 잡고 정당한 결정에 대해 감사의 인사를 대신했다. 그동안 주재원들이 바라던 부사장의 모습이었기에 와인잔에 무똥까데를 채우는 것으로 고마움을 대신했다. 출발부터 이러했으면 얼마나 좋았을까 하는 생각이 들었다. 그러나 강가에 말을 데려갈 수 있어도 억지로 물을 먹게 할 수는 없듯이 실망과 서운함을 참아내며 묵묵히 솔선수범을 한 결과가 하나 둘 결실이 되어 돌아오고 있었다. 그 동안 주재원들이 보여준 희생적인 노력에 고마운 생각이 들었다. 나쁜 사마리아인이 되어 힘들고 궂은 일들에 앞장서 주인정신을 실천해 준 주재원들과 시간을 내서 여행이라도 한번 다녀오리라 다짐했다.

하이퐁 진출을 위한 계획은 Big_C 개점일정에 맞추어 차분히 진행되고 있었다. 신임 주재원을 마피아의 고향 하이퐁으로 보낼 수 없었으므로 영업팀장이 총대를 매기로 했다. 개점예정일을 3개월 남겨두고 스틸 등 공사에 소요되는 1차 자재와 기술자들을 트럭으로 올려 보내고 현장인력 확보계획과 공사일정에 대한 협의를 계속하고 있었다. 들리는 얘기로는 북부지역의 생산성이 남부지역에 비해 50%도 나오지 않는다고 했다. 충분한 공사기간 확보가 필요한 상황이었다. 또한 남부와 북부 사람들은 보이지 않는 앙금이 남아 있어 사소한 다툼도 자칫 큰 싸움으로 번질 수가 있는 상황이어서 이에 대한 대비도 해야 했다. 아무튼 호치민시에서 점포를 개점할 때에 비해 신경 쓸 일들이 배는 많았다.

하이퐁(Hai Phong)은 북부지역으로 가는 관문으로 호치민, 하노이에 이은 베트남 제 3의 도시이다. 지리적으로 하노이에서 동쪽으로 90Km떨어진 항구도시로 승용차로 1시간 30분이 걸린다. 역사적으로 외세에 대한 항쟁 및 독립과 밀접한 연관이 있는 의미 깊은 도시로서 1946년 프랑스군의 하이퐁 민간인 주거지역 폭격은 프랑스와 베트남 간의 전쟁이 발발하게 된 직접적인 원인중에 하나이다. 또한 미국이 베트남 통일전쟁에 본격적 개입을 시작한 것도 하이퐁 앞바다의 통킹만 사건이 원인이 되었다. 프랑스령 시대부터 발전되기 시작한 하이퐁은 썰물때에도 수심이 7m를 유지하여 4천톤급의 대형 선박이 접안 할 수 있으며 만조시에는 1만톤급 선박도 접안할 수 있다. 철로는 하노이나 라오까이로 통하는 철로의 종점이며 자동차 도로는 하노이와 연결되는 교통과 무역의 요지로 북부지역 물류의 대부분은 하이퐁을 통해 하노이 및 인근지역으로 이동한다.

하이퐁에서 둘러볼 만한 장소로는 삿시장(Cho Sat)과 꽃시장(Quan Hoa) 도손(Do Son)이 있다. 삿 시장은 시내에서 항구 쪽으로 가다 보면 깜 강(song Cam)과 땀박 강(Song Tam Bac)근처에 위치해 있는 하이퐁에서 가장 크고 유명한 시장이다. 1992년에 재래시장을 무역센터로 재 개장 하였는데 1~3층을 시장으로 사용하고 있다. 배와 공장에서 사용하는 각종 기계에 필요한 철제품을 주로 거래하던 시장이었으나 지금은 철 제품 뿐만 아니라 각종 생필품이나 공산품 등을 도매로 판매하는 큰 시장으로 발선하였다. 특히 골동품이나 중고시장이 시장 안쪽에 위치해 있으므로 관심을 가질 만 하다. 도손은 하이퐁 시내에서 남동쪽으로 20Km 떨어진 지점에 위치하고 있는데 이곳에 카지노가 개장하면서 길을 확장하고 새로운 도로가 건설되어 이용하기가 편리하다. 도손은 예로부터 유명한 유곽으로 호텔, 여관, 음식점 겸 가라오케로 유명한 곳이다. 1994년 베트남 정부와 홍콩자본이 합작으로 외국인 전용 카지노를 오픈하였는데 카지노의 규모는 생각보다 작으며 바카라, 블랙잭, 러시안 룰렛이 주를 이루고 슬롯머신은 설치되어 있지 않다. 도손 섬에 대한 시장조사차 카지노를 몇차례 방문해 보았는데 이용하는 손님이 거의 없어 한산한 분위기였다. 하롱베이에도 외국인 전용 카지노가 있기 때문에 군이 도손까지 와야 할 이유가 없는 것처럼 느껴졌다.

하이퐁에서 1시간 30분을 더 가면 한국인들에게 사랑받는 하롱베이에 도착할 수 있다. 1993년 유네스코에 의해 세계문화유산 중 자연공원으로 등록된 하롱베이는 먼 옛날 적의 침입에 위험해진 베트남을 구하기 위해 어린 용들을 데리고 어미 용이 세상에 내려왔다는 전설을 간직하고 있다. 베트남을 침입한 수 많은 적 함대를 무찌르기 위해 어린 용들과 어미 용은 바다에 오색찬란한 구슬을 내 뿜었는데 이 물체들은 바다에 닿자 마자 거대한 산과 섬으로 변해 적함대를 모두 물리쳤다. 베트남에는 평화가 찾아오고 섬으로 내려온 용들은 자신들이 만들어 놓은 아름다운 경치에 스스로 감탄하였다. 이후 어미용은 어린 용들을 데리고 이 곳에 정착해서 평화롭게 살았다고 한다. 하롱베이는 용이 내려온 하롱과 어미용 주위에 어린 용들이 모여 있는 바이 투 롱, 어미용이 꼬리를 휘저어 만든 란 하 등 세개의 만으로 나누어지는데 가장 아름다운 곳은 하롱이다.

하롱베이(Ha Long Bay)의 여러 섬에는 크고 작은 동굴들이 있다. 하롱베이의 동굴 중 가장 아름답다는 티엔궁(Hang Tien Cung)

동굴은 1903년 한 어부에 의해 발견되었다. 동굴 안에는 중국인에 의해 처리된 형형색색의 촌스럽고 화려한 조명이 설치되어 있는데 동굴을 따라가면 용이 승천하는 형상, 부처님 형상, 여성의 가슴과 뒷모습 등 많은 볼거리들을 만들어 놓았다. 어찌 보면 비슷한 거 같기도 하고 어찌 보면 그렇지 않은 것처럼 보인다. 티엔궁을 빠져 나오면 바로 옆에 항다우고(Hang Dau Go)로 이동하는 계단이 있다. 말뚝동굴이라는 뜻인데 13세기 베트남의 영웅 쩐흥다오 장군이 원나라 쿠빌라이 칸이 이끄는 함대를 무찌르기 위해 박당 강바닥에 설치한 대나무를 저장하는데 사용한 연유로 동굴이름이 되었다.

4시간 이상 하롱베이 투어를 할 때 포함되는 아름답고 웅장한 3개의 방으로 이루어진 항숭솟(Hang Sung Sot)동굴은 티엔궁보다 더 크고 웅장하며 아름답다. 두번째 방에 놀란 만한 크기의 핑크빛 남근바위가 있는데 이곳을 구경한 후 동굴 내부를 통과해 되돌아 나오면 눈에 익은 하롱만으로 나오게 된다. 대한항공에서 하롱베이 광고장면을 촬영한 곳인데 이 광고로 인해 수많은 한국인들이 하롱베이를 구경하러 베트남으로 향하고 있다.

하롱베이는 한폭의 자연 미술품을 보는 듯한 빼어난 경관을 지니고 있는데 배의 움직임에 따라 시시각각 변하는 아름다운 자연경관을 좀더 자세하고 아름답게 보기 원한다면 티톱섬(Dao Ti Top)을 방문하면 된다. 그리 크지 않은 섬에 백사장, 전망대, 선착장 등의 편의시설이 갖추어져 있는데 가파른 계단을 따라 전망대에 오르면 끝없이 펼쳐진 하롱베이의 절경이 한눈에 들어온다. 바다에 자리한 3,000여개의 바위섬들은 조각이라도 해 놓은 듯 똑 같은 모습 하나 없이 하늘을 마주하고 있다. 하롱베이의 수많은 섬들이 만들어낸 바다호수를 구경하고 싶으면 조그만 배로 갈아타고 가야 한다. 조그만

나룻배가 동굴을 향해 움직이기 시작하는가 하면 어느새 동굴을 통과하고 눈 앞에는 사방이 산으로 둘러 쌓인 고요하고 적막한 바다 호수가 펼쳐진다. 바다안에 떠있는 바다호수… 007영화의 촬영지로 사용되었다고 전해진다.

깟바(Cat Ba), 섬들의 고향 깟바는 하롱만 인근에서 가장 큰 섬으로 하롱베이나 하이퐁에서 쾌속선 혹은 여객선을 이용하여 갈수 있다. 베트남 내국인들에게 잘 알려진 이 섬은 1986년 깟바 국립공원으로 지정되었다. 국립공원에는 희귀종인 리프 원숭이를 비롯한 32종의 포유류와 70종 이상의 조류, 수백종의 식물과 나무들이 서식하고 있다. 국립공원 내에는 크고 작은 동굴들이 다수 존재하는데 동굴내부는 훼손이 심하고 제대로 관리가 되지 않는 느낌이다. 하이퐁으로 출발하는 선착장 주변에 로컬호텔들이 모여 있으며 근처에 오토바이 대여점이 있어 오토바이로 섬을 여행해 볼 수 있다. 도로 표지판을 따라 캐논 포대로 올라가면 지금도 군사시설로 사용되고 있는 군용벙커를 지나 오래전 캐논 포대가 설치되어 있던 정상에 다다른다. 지금은 전망대로 변한 휴게소에 들러 진한 베트남 커피를 마시며 내려다보면 크고 작은 360개의 봉우리들이 모여서 만들어내는 아름다운 섬의 경치와 주변에 흩뿌린 듯 물에 떠있는 작은 섬들 사이에서 평화롭게 살아가는 사람들의 모습이 매우 아름답게 기억되는 섬이다. 우기에는 섬의 특정지역에만 쏟아지는 스콜을 멀리서 여유롭게 감상할 수 있다.

하이퐁 Big_C 점포 개점을 위해 올라온 김에 시내 주요상권 시장조사를 겸했다. 도시 규모에 비해 점포를 출점할 수 있는 지역이 많지 않았다. 인구에 비해 도시가 많이 낙후되어 있는 느낌을 받았는데 2~3군데 대상지를 정하고 점포선점을 위한 입지확보에 들어갔다. 종합병원 근처를 가자 매우 오래되어 보이는 가로수를 등지고 거리의 이발소들이 나타났다. 도시건 시골이건 몸을 깨끗하게 단정하는 것은 모든 사람들에게 주어진 과제라는 생각이 들었다. 한국에도 오래전부터 길거리 담벼락은 아니지만 비슷한 분위기의 이발소들이 동네마다 한 두개 씩 있어서 특별한 날이 되면 이발과 샴푸, 얼굴 미용을 받았던 기억이 떠올랐다. 길가에 서서 한동안 이발과 귀 소제를 하느라 바쁜 모습들을 구경하는데 이상한 것이 눈에 띄었다. 베트남의 오래된 가로수들은 정부로부터 부여 받은 숫자로 된 번호가 적혀 있어 담당 공무원들에 의해 보살핌을 받게 된다. 또한 가로수는 아래부분이 흰색으로 페이트가 칠해져 있는데 이유를 현지인들에게 물어보아도 시원하게 대답을 해주는 사람이 없었다. 아마도 개미나 벌레같은 해충을 예방하기 위해서 칠해 놓았거나 아니면 밤중에 거리가 어둡기 때문에 오토바이를 타고 가는 시민들이 가로수에 부딪쳐 사고가 나는 것을 방지하기 위해 칠해 놓은 것이라는 정도의 이야기가 전부였다. 아무튼 아름드리 가로수가 정부로부터 보호를 받지 못하는 것이 이상하게 생각되어 가까이 가서 들여다 보는데 누군가 뒤에서 쳐다보는 느낌이 강하게 들었다. 뒤를 돌아보자 이발사 한명이 연신 나무안을 들여다보지 말라는 듯이 손짓을 했다. 아름드리 고목의 갈라진 틈새에는 사용하고 버린 일회용 주사기가 수북하게 쌓여 있었는데 좋지 않은 모습을 외지인에게 보여주기 싫어하는 것은 어디나 다 같구나 하는 생각이 들었다. 손을 흔들어 감사하다는 표시를 하고 계속해서 시장조사를 이어갔다.

하이퐁에 신규점포 시공팀을 남겨두고 하노이로 내려왔다. 호치민에서 통역을 불러 함께 시장조사를 할 계획이었다. 지금의 하노이는 롯데센터, 경남 랜드마크 72등이 건설되며 도시의 스카이라인을

바꾸었고 중압감을 느끼게 하는 관공서들과 중화, 빈시티 등의 신
도시들이 생겨나면서 현대적인 모습의 도시가 되었으나 2006년의
하노이는 그저 암울한 명목상의 수도일 뿐이었다. 여름의 하노이는
매우 습했으며 견디기 어려울 만큼 더웠다. 갑자기 따뜻한 호치민
시가 그리워졌다. 40도에 육박하는 한낮의 더위는 시장조사를 중단
하고 호텔로 돌아가 시원한 물에 샤워를 하고싶은 생각이 간절했다.
흔히 하노이를 습식 사우나, 호치민시를 건식 사우나 같다고 하는
데 습도차이가 만들어내는 체감온도가 이렇게 크게 느껴질 줄 몰랐
다. 시내요지는 대부분 색 바랜 노란색의 정부 건물들이 자리하고
있었는데 36거리라 불리는 구 시가지는 소규모 매장에 지역전체가
보호지구로 되어있어 건물 외형의 변형이나 보수에 제한을 받았다.
저녁을 먹으러 갔다. 하노이를 방문하는 외국인들이 많이 찾는다고
알려진 구시가지 14 Cha Ca거리에 위치한 짜까라봉으로 갔다. 1
층은 매우 협소했는데 나무계단을 올라가면 2층에 객석이 있었다.
주변을 돌아보니 대부분 베트남 사람이고 외국인은 가뭄에 콩 나듯
이 한두 테이블을 차지하고 있을 뿐이었다. 주문을 하고 조금 기다
리니 종업원이 불이 활활 타오르는 화덕을 집게로 들고 바람처럼
달려와서 식탁에 내려놓고 갔다. 불이 완전히 타지 않았는지 식탁
위에서도 불길이 계속해서 타오르고 있었다. 더위를 피해서 식당을
들어왔는데 진짜 불덩이가 기다리고 있었다. 또 한번 불꽃이 타오
르는가 했는데 허벅지가 뜨끔했다. 불씨가 허벅지에 떨어진 것이다.
주인을 잘못 만난 바지는 하노이에서 그렇게 수명을 다하였다. 종
업원을 불러 물 티슈를 달라고 하자 물 티슈만 던져 놓고는 아무런
말도 없이 돌아갔다. 콜라를 한병 부탁하자 큰 얼음이 들어있는 컵
과 미지근한 콜라 한 병을 가져다 주었다. 컵에 콜라를 붓고 잠시
기다리다가 단숨에 들이켰다. 잘게 썬 월남고추와 파채, 휘시소스와

땅콩접시를 가져다 놓더니 잠시후에 메인 요리인 가물치튀김이 쌀국수 한사발과 함께 나왔다. 가물치 튀김은 생선기름에 담겨져 나오는데 사용되는 기름도 가물치 기름이라고 했다. 생선의 비린내를 제거하는데 최고의 향채인 라우 티 라(Rau thi la)가 듬뿍 올려져 있었다. 향채가 어느정도 숨이 죽을 정도까지 기름에 함께 볶다가 쌀국수위에 가물치와 함께 올린 후 휘시소스를 한 숟가락 부어서 먹어보니 담백한 맛이 일품이었다. 하노이를 대표하는 음식으로 소개하기에 손색이 없었다. 땀을 뻘뻘 흘리며 짜까라봉을 먹고 내려왔다. 콜라포함 2인분이 89,000동(5,960원)이었다.

저녁이 되어 시장조사를 계속하는데 가로등이 드문드문 켜져 있는 도로는 컴컴하고 여덟시가 지나자 가게들은 문을 닫고 길거리를 돌아다니는 사람들도 급격히 줄어들었다. 더 다녀봐야 얻을 것이 없음을 직감으로 느꼈다. 호안끼엠 호수로 갔다. 호수 주변은 운동을 하거나 가족모임 혹은 하루를 아쉬워하는 연인들로 하노이에서 유일하게 사람들로 북적이고 있었다.

베트남 인사이드 _ 껌(밥)메뉴 도입

사장님 아침식사 안 했으면 같이 식사하러 갑시다. 회사에 출근하자 통역이 아침을 먹으러 가자고 했다.

아침마다 집에서 차려주는 정성이 담긴 아침밥을 먹던 한국인들이 베트남에 와서 보는 낯선 광경 중 하나가 출근 시간대 길가에 즐비한 음식점 주변에 수많은 사람들이 모여 앉아서 식사를 하는 광경이었다. 베트남은 아침에 남자를 위해 여성이 식사를 준비한다는 관습은 사라진지 오래다. 음기가 강한 풍수의 영향인지, 여성의 사회활동이 많아서인지 몰라도 독특한 음식문화가 형성되어 있다.

오토바이 뒤에 올라타니 길 건너 주택가 건물 속으로 들어갔다. 외부에서 볼 때는 일반 주택이지만 내부에는 주택 일부분을 간단한 쌀국수를 조리할 수 있게 개조해 놓은 식당이었는데 아마 아침 몇 시간만 장사를 하는 것처럼 느껴졌다. 다양한 쌀국수가 조리를 기다리고 있었는데 종류만도 한 10여종은 되는 것 같아 보였다. 면의 종류도 머리카락처럼 가는 면에서부터 얇고 넓은 면, 일반 면, 우동 같은 굵은 면도 있었으며 국물도 퍼에 들어가는 육수와 짬뽕국물처럼 얼큰한 메콩델타식 국물이 준비되어 있었는데 메콩식은 쌀국수에 해산물과 생선이 들어가기 때문에 한국인들이 먹기에는 다소 부담이 가는 쌀국수라고 했다. 한곳에는 삶은 소고기, 닭고기, 해산물과 생선들이 그릇에 담겨져 조리를 기다리고 있었다. 머리카락처럼 가는 면을 고르니 큰 통에 담겨진 육수에 면을 담갔다가 건져내어 그릇에 담은 뒤 위에다 따뜻한 국물을 붓고 각종 야채와 향채등을 올려 준다. 허한 속을 채우기에 부담 없고 적당한 아침식사였다. 쌀국수를 먹으며 통역이 농담처럼 이야기했다. 사장님, 베트남에서는 "가끔 먹는 퍼(쌀국수)가 매일 먹는 껌(밥)보다 맛있다"라는 이야기가 있는데 혹시 들어 보셨어요? 항상 다부지게 일하고 열정이 넘치면서 짓궂은 통역이었다. 퍼는 애인을 껌은 부인을 나타내는 은어였다.

이처럼 베트남인들이 아침식사, 간식 혹은 밤참으로 편하게 즐겨 먹는 쌀국수지만 국물을 만들기 위해서는 소 또는 돼지, 닭뼈를 6시간 이상 고아야 하는 등 조리법이 번거롭기 때문에 가정에서 쉽게 만들어 먹기에는 무리다. 이외에도 베트남인들이 아침식사로 자주 먹는 음식을 보면 다음과 같은 것들이 있다.

- 빗뗏(Bit Tet,비프 스테이크): 최근 들어 호치민 시민들이 건강을 지키기 위해 이른 아침 운동을 마친 후 빗뗏을 먹는 것이 유행처럼 번지고 있다. 포테이토와 계란 후라이, 신선한 야채와 함께 구운 소고기 한덩어리가 한 그릇에 담겨서 나오는데 양도 적당하고 맛도 좋으며 가격 또한 20,000동으로 저렴하여 저자도 자주 이용했다.

- 반미(Banh Mi): 프랑스식 바게뜨에 향채를 비롯한 갖가지 야채, 치즈, 계란, 햄, 돼지고기 등을 넣어 만든 것으로 가격이 저렴하여 주머니 사정이 시원치 않은 학생들이 즐겨 먹는다.

- 쏘이(Xoi): 출근길에 보면 알록달록한 칼라의 찐 쌀밥을 파는 노점상을 볼 수 있다. 오토바이로 출근하는 직장인들이 주로 사 가지고 가는데 찹쌀로 만들었기 때문에 한 덩어리만 먹어도 오전내내 속이 든든하다. 알록달록한 색상은 천연색소로 인체에 무해하다.

- 반꾸웅(Banh Cuon): 반꾸웅도 쌀국수와 마찬가지로 베트남 사람들이 아침식사로 많이 먹는 음식이다. 반꾸웅은 고기, 야채, 해산물 등 갖가지 재료를 라이스페이퍼에 싸서 먹는 음식인데 라이스페이퍼는 쌀을 곱게 빻아 미세한 가루로 만든 후 묽게 반죽을 하여 끓는 솥위에 씌워진 농라(모자)처럼 생긴 채에다가 얇게 발라준 후 익으면 대나무 막대기로 걷어 건조시킨 것이다. 종이처럼 생겨서 딱딱하고 잘 부서지지만 물을 뿌리면 금방 부드럽고 질겨진다. 메콩델타 여행을 가면 라이스페이퍼 제조과정을 보여주는 일정이 있다.

- 분(Bun): 생각만 해도 군침이 흐른다는 베트남 쌀국수 분은 퍼와 함께 수천년간 민중의 사랑을 받아온 대표적인 민간음식이다. 퍼와 마찬가지로 분의 주재료는 쌀이지만 오랜 세월을 내려오며 각 지방 고유의 특산물과 결합하여 다양하고 특색 있게 개발되어 왔기 때문에 퍼와는 비교가 안 될 정도로 그 종류가 많다. 호치민시도 베트남을 대표하는 상업도시 답게 도처에 분식당이 산재해 있으나 베트남인들은 이구동성으로 분의 진수를 맛보려면 벤탄 시장이나 떵딘 시장, 바찌우 시장, 푸년시장과 같은 각 지역의 대표적인 재래시장에서 먹어 보기를 권하고 있는데 이들 시장 주변에서는 전국 각처의 분을 고루 맛볼 수 있다. 요사이는 하노이를 비롯한 북부지방의 분짜(Bun cha)가 외국인들 사이에서 인기가 높은데 분짜는 삼겹살(돼지)과 야채로 만든 쌀국수라는 뜻이다.

점심시간에 점포를 둘러보았다. CI 개선작업 후 한 단계 상승하던 매출이 더 이상 증가하지 않고 정체를 보이고 있었기 때문에 한 단계 더 매출상승을 견인하기 위한 대책이 필요했다. 항상 현장에 답이 있다는 확신을 가지고 있기에 시간을 만들어 점포방문을 하는 것이다.

점심시간대의 점포는 고객이 없어 한산했다. 결론은 이미 나 있었기에 원인을 찾는 것이 중요했다. 점포를 나와 쩐흥다오 도로를 따라 내려가니 호치민시 경찰서를 지나서 KFC 쩐흥다오 점이 나타났다. 점포에 들어가서 둘러보니 코너 창가의 몇 자리를 제외하면 한산하기가 우리 점포와 도찐개찐 이었다. 오른쪽으로 방향을 잡고 조금 더 올라가니 윙반끄 도로가 시작되는 코너에 로컬식당이 있었는데 허름한 테이블에 목욕탕에서 사용하는 의자가 다닥다닥 놓여져 있는 평범하기 그지없는 식당이었다. 식당 앞 인도에는 연탄불에 고기를 굽고 있었는지 자욱한 연기가 주변으로 퍼져 나가고 있는 가운데 식사를 하기 위해 대기중인 사람들과 식사를 마치고 나가는 사람들로 혼잡스러웠다. 차에서 내려 잠시 기다리는 사이에 연탄 화덕에 올려놓은 양념한 돼지고기 굽는 구경을 하는데 종업원이 안내를 하길래 들어가서 목욕탕 의자에 앉아 음식을 주문했다. 안남미로 만든 쌀밥을 쟁반에 담은 뒤 그 위에 구운 돼지고기 한 조각을 올려주는 껌승이라는 메뉴였다. 당근과 무우, 야채를 잘게 썰어 넣은 새콤달콤한 맛이나는 피시 소스와 함께 주는데 사람들이 기다렸다가 먹는 데는 이유가 있었다.

집 근처에 있는 떤미 시장을 가끔 가는 편인데 점심시간이 1시간 정도 남아있을 무렵이었다. 시장 한쪽에 마련된 식당에서는 갖가지 음식들을 준비하고 있었는데 특히 눈에 들어온 것은 껌승에 들어가는 양념한 돼지고기를 대량으로 구위 내는 시설이었다. 한쪽에는 양념을 한 상태의 돼지고기가 커다란 프라스틱 통에 가득 담겨져 있고 한쪽에는 구워진 돼지고기가 스테인리스로 만든 테이블위에 산처럼 쌓여 있었는데 물어보니 점심시간에 판매할 것이라고 했다.

　이처럼 베트남 인들은 아침에는 진한 커피에 빵이나 쌀국수를 주로 먹고 점심에는 다양한 종류의 밥을 주로 먹는다. 저녁은 가족들과 함께 외식을 하거나 친구, 지인들을 만나 여러가지 다양한 요리를 먹으며 하루를 마감하는 것이 베트남인들이 가진 식습관이었다.

　한국에 있는 공 사장으로부터 연락이 왔다. 공 사장은 필리핀에서 새로운 사업기회를 찾고 있었는데 마침 적당한 기회가 되어 시장조사도 할 겸 필리핀을 방문한 후 베트남으로 넘어올 계획이었기 때문이었다. 저자 역시 베트남에서 QSR 사업을 하기 위해서는 졸리비의 영업환경을 미리 파악해 둘 필요가 있었다. 주말을 이용해 필리핀에서 만나기로 하고 몇 시간을 날아가서 도착한 마닐라는 호치민시와는 확연히 다른 분위기를 자아내고 있었다. 불안한 정치상황을 반영하듯 공항을 출입하는 차량들은 일일이 경찰의 차량 검문을 받은 후 공항진입이 가능했는데 시내에 점포들은 모두 자체적으로 권총이나 소총으로 무장한 경비가 상주하며 질서를 유지하고 있었다.

　도심을 벗어난 외곽마을에는 요지마다 주차시설을 보유한 QSR 형태의 식당들이 밀집되어 있었는데 필리핀도 집에서 식사를 준비하는 대신 대중 레스토랑에서 식사를 하는 것이 관습화 된 듯 했다. 하나의 규칙이 있었다. 필리핀에서는 1일 4식을 기본으로 하고 있었는데 항상 졸리비 매장이 제일 먼저 차고 나면 맥도날드가 뒤이어서 차고 다음이 KFC 이런 순으로 영업이 되는 것이었다. 졸리비 매장을 들어가 제품을 주문하는데 예전에 명절 기차표를 끊기 위해 역에 나가서 줄을 서 있는 모습이 연상되었다.

　메뉴도 일반적으로 생각하고 있던 형태의 햄버거 레스토랑이 아니었다. 영어를 공용어로 사용하는 만큼 메뉴도 서구화 되어 있었으나 전통주식인 밥이 포함된 퓨전메뉴 형태였다. 저렴한 파스타와 샐러드를 기본으로 하고 여기에 밥이나 치킨, 햄버거가 추가 되었다. 식사 시간이면 점포내부는 물론이고 점포 외부 어디라도 엉덩이만 붙일 곳이 있으면 앉아서 식사를 할 정도로 영업이 성황을 이루고 있었다. 특히 종이에 싼 밥을 1~2개씩 기본으로 먹는 사람들이 많았는데 비즈니스에서 만약이라는 말은 할 필요가 없겠지만 유통이나 식품관련 사업을 하지 않는 졸리비가 맥도날드와 유사한 제품으로 경쟁을 했다면 지금의 성과를 만들어낼 수 있었을까 뒤돌아보게 만들었다. 이틀동안 다양한 상권, 형태의 필리핀 내 QSR 브랜드들을 돌아볼 수 있게 된 것은 베트남에서 본격적인 경쟁을 앞두고 있던 저자에게 매우 소중한 경험이었다.

베트남으로 돌아갈려고 하는데 공사장과는 출발하는 공항이 달랐다. 호치민 탄손녓 공항에서 만나기로 하고 인근에 있는 공항에 택시를 내려준 후 우리가 이용할 국제공항에 도착하니 공항 밖으로 줄이 길게 이어져 있었다. 공항 밖으로 이어진 줄 끝에서 1시간 정도를 기다려도 줄이 줄어들지 않았다. 탑승수속 시간에 늦을 것 같아 이민국소속 여자경찰에게 1천페소를 주자 따라 오라고 손짓 하더니 곧바로 항공사 수속 카운터로 데리고 갔다. 탑승수속을 하려고 하는데 누군가 다급한 목소리로 익스큐즈미! 익스큐즈미! 라며 큰 캐리어를 끌고 달려오고 있었다. 내 코가 석자라 탑승수속을 하다가 어디서 많이 보던 사람인 듯 하여 다시 보니 공 사장이 땀을 뻘뻘 흘리며 달려오고 있었다. 공항을 착각하는 바람에 옆에 있는 국내선으로 갔다가 급하게 달려온 것이었다. 항공사가 달랐는데 이미 탑승 수속시간이 지나버렸다. 어쩔 수 없이 다음날 베트남으로 돌아가기로 하고 항공권을 변경한 후 묵었던 호텔에 연락해서 숙박 연장을 했다.

베트남에서 대학생들을 만나서 물어보면 햄버거를 먹지 못한다는 학생이 과반수는 되는 거 같았다. 햄버거를 먹고 나면 음식을 토하든지, 피클에 들어있는 향에 대한 거부감 등 이유도 다양했다. 핫도그를 처음 먹었던 때 느꼈던 기름에 튀겨진 밀가루와 조그만 소시지가 주는 이질감처럼 20년 넘게 입맛에 맞게 길들여진 음식을 한순간에 바꾼다는 것은 어려운 일이었다. 또한 쌀국수나 껌승 같은 음식을 먹었을 때 느끼는 양에서 오는 만족감도 중요하였다.

점심시간이 되어도 텅 비어 있는 점포를 고객으로 채우기 위해 베트남인들이 좋아할 새 메뉴를 만들기로 했다. 바로 껌(밥)이었다. 뜬금없이 밥이냐고 비판하는 사람들도 있을 것이나 예전에 한국에서 팥빙수를 도입 할 때도 그런 반대는 늘 있어왔다. 동네 빵집에서나 팔고 있는 팥빙수를 롯데리아에서 어떻게 파느냐고… 그러나 그런 우려를 넘어 20년 넘게 여름철 캐시카우 역할을 톡톡히 했던 경험을 우리는 가지고 있다. 베트남에서 껌 메뉴 역시 그럴 것이다. 왜냐하면 베트남인들이 평소 좋아하고 즐겨먹는 음식이기 때문이다. 현지 고객들을 위한 껌메뉴 개발이 시작되었다. 기존에 가지고 있는 원재료를 최대한 활용해야 했다. 점포 오퍼레이션은 쉽고 표준화가 될 수 있어야 했으며 가격은 로컬 음식가격과 경쟁력을 유지할 수 있어야 했다. 타겟은 점심시간대 직장인과 시간이 부족한 학생들을 둔 가족이었다.

신제품 목표가 정해지자 매출정체에 따른 해결방안에 골몰하던 영업팀장이 가장 신이 났다. 용기 디자인을 만들어 인쇄에 들어가고 몇가지 메뉴를 구성하여 테스트 판매에 들어갔다. 베트남 음식처럼 밥과 고기, 그리고 야채가 반드시 포함되게 2~3종으로 메뉴구성을 했다. 위생적인 면도 강화해야 했다. 마침 쌀국수를 유통하는 과정에서 보관기간을 늘리기 위해 포르말린 희석액을 사용했다는 언론보도가 있으면서 로컬 먹거리에 대한 불신이 확산일로에 있었다. 식품위생에 대한 불신이 커지면서 개인위생을 비롯한 식품위생 시스템을 강화했다.

시장에 가면 쌀의 종류가 20가지도 넘었다. 상품개발실은 빈증공장에 있었으므로 사무실에서 각종 밥을 테스트해야 했다. 하루에도 수차례 테스트가 이어졌다. 연령대별로 선호도 조사를 한 결과 현지인들이 선호하는 쌀이 선정되었다. 쌀을 주식으로 하는 주재원들에게도 자존심을 건 메뉴개발 이었다. 안남미는 서빙 용기위에서 제대로 포밍이 되지 않았으므로 찹쌀을 일정비율 섞어야 했다. 이렇게 베트남 롯데리아의 껌메뉴가 출시될 수 있었다. 위생적인 조리시설과 깨끗하고 시원한 식사환경, 친절한 서비스는 덤이었다. 준비가 완료되자 지점 교육장과 슈퍼바이저는 매뉴얼에 맞게 점포 오퍼레이션 교육을 실시했다. 마케팅 팀에서는 홍보물을 만들어 점포 내외부에 부착한 후 판매에 들어갔다.

껌메뉴 도입 며칠이 지나서 점심시간에 쩐흥다오 점포를 방문했다. 점장이 밝게 웃으며 매장 2층으로 안내 했다. 객석은 롯데리아의 새로운 메뉴를 드시는 고객들로 만석을 이루고 있었다. 베트남 롯데리아의 주력 메뉴가 탄생하는 순간이었다.

베트남 인사이드 _ 베트남의 그림자

세계 어느 나라도 어두운 면이 없을 수 없지만 베트남에서는 아직 다반사로 일어나고 있는 일들이다. 해가 거듭될수록 발생 빈도수가 줄어들고 있는 추세이기는 하지만 그렇다고 비즈니스를 하다보면 언제 어떤 형태로 우리 앞에 나타날지 모르기에 평소 이에 대한 준비는 철저하게 하는 것이 좋다. 베트남 필드에서 비즈니스를 하며 겪었던 사례 몇가지를 소개한다.

레탄똥은 시내 중심부에 위치하고 있으면서 주변에 고급 서비스 아파트들이 많아 일본인들이 많이 거주하고 있는 지역이다. 레탄똥 거리는 2Km정도의 길이를 가지고 있는데 스카이가든을 중심으로 각종 음식점과 가라오케들이 밀집되어 있으며 끝자락에 위치한 벤탄시장은 호치민시를 대표하는 명소이다. 이 거리는 일본식당, 일본식료품점 등과 함께 인도, 프랑스, 한국식당들이 줄지어 있어 다국적 미식가들의 시식장소로 각광을 받고 있는 곳이기도 하다.

이곳에 점포를 개점하게 되었는데 계약단계에서부터 이런저런 문제점들이 발생했다. 앞서 건물을 임차해서 마사지업을 하던 가게 주인과 사소한 분쟁이 있었다. 여러가지 이유로 마사지 업종은 도심지역에서 권장업종이 아니었으며 주변 사람들에게 이미지가 좋은 것도 아니었으므로 건물주는 기존 임차인과의 계약을 종료하고 싶어했다. 부동산에서 다른 업종을 찾고 있었는데 영업팀장이 정보를 듣고 점포대상지로 어떨지 보고했다. 이미지 메이킹 점포라면 나쁘지 않을 것 같아 임차협상을 진행해 보라고 했는데 마사지가게를 운영하던 주인은 우리가 작업을 해서 그렇게 된 것으로 생각을 했는지 회사로 찾아왔다. 지하실과 1,2층을 마사지가게가 사용하고 위층은 월세로 임대사업을 하고 있었는데 건물주는 현지인 사이에서 세입자들에게 평이 좋지 않았다. 영업팀장이 마사지 가게를 운영하던 주인과 동생이라고 부르는 사람을 사무실로 데려왔는데 손도끼와 쇠로 만든 햄머를 들고 있었다. 인상은 나빠 보이지 않았는데 하는 행동은 양아치나 다를 바 없어 보였다. 마실 것을 가져오게 한 뒤 사무실을 찾아오게 된 경위와 하고싶은 이야기를 들어봤다. 감정이 격한 상태여서 대화를 통해 해결이 될 것으로 생각되지 않았다. 가게 주인이 돌아가자 영업팀장을 불러서 자초지종을 물어보았다. 영업팀장은 점포개발 업무를 해본적이 없기 때문이기도 했지만 불청객들이 사무실까지 찾아와 행패를 부린 것에 대한 미안함 때문에 머뭇거리기만 했다. 점포개발은 계약과정에 다양한 변수들이 있을 수 있다. 특히 한국인이 매장을 임차해서 사업을 하고 있는 경우, 임차계약에 하등의 문제가 없더라도 사전에 귀띔을 해 줄 필요가 있겠다는 생각이 들었다. 그렇다고 이제 막 베트남에서 업무를 시작하는 주재원들의 기를 꺾어서는 안 될 일이었다. 며칠 후 찾아온 가게주인에게 이사비용을 부담해주는 조건으로 사건은 일단락 되었다. 가게 주인이 한국인이라서 지불된 수업료였으므로 얻는 것이 있어야 했다. 한국인들이 임차해서 영업중인 건물은 임차대상에서 제외하기로 기준을 정했다. 베트남에 정착해서 살아가고 있는 그들에게는 남다른 사연과 함께 삶의 급박함이 함께하고 있었기 때문이었다.

베트남에 주재원으로 부임해서 들었던 이야기가 떠올랐다. 베트남에서 사업을 하는 과정에서 한국인을 만나게 되면 한국에서는 무엇을 했는지, 어떻게 해서 베트남에 오게 되었는지, 부인이나 가족은 함께 있는지 세 가지는 묻지 않는 것이 불문율이라고 했다. 그만큼 다른 사람들에게 이야기 하고 싶지않은 사연을 간직한 교포들이 많던 시기였다.

이처럼 계약부터 잡음이 많던 점포였는데 SEA GAME이 끝나고 얼마 되지않아 소소한 금전사고가 발생했다. 외부에서 침입한 흔적을 전혀 발견할 수 없어 일단은 내부자의 소행으로 보고 당시 근무를 하고 있었던 점포관리자를 위주로 조사를 해 나가자 점포매니저 한명이 휴가를 내고는 출근을 하지 않았다. 직원들이 전화를 해서 장시간 설득을 한 결과 범행을 밝히는 데는 성공했으나 도난당한 금전은 찾을 방법이 마땅치 않았다. 호치민시 지역 공안에 신고를 하면 매니저가 거주하고 있는 지역의 공안에 신고를 하라며 떠 넘겼다. 매니저의 거주지역은 호치민시에서 멀리 떨어진 시골이었기에 회사의 행정력이 미치지 못했다. 보험회사에 보험료를 청구하자 공안의 확인서를 받아오라고 했다. 외부에서 침입흔적이 없기 때문에 공안에서는 확인서를 발급해 줄 수 없다고 했다. 잘못된 행동에 대한 처벌은 엄격해야 했는데 사례금을 부담하며 공안에 의뢰하여 처리하기에는 도난 금액이 너무 작았다. 부사장과 이야기를 나누었는데 도난당한 금액이 얼마인지 물어보더니 베트남에서 흔한 일이므로 주재원들이 원하는 대로 처리하라고 했다. 다소 무책임하고 무성의한 대답으로 들렸다. 명분은 있으나 실리가 없었기에 내부회의를 통해 종결처리를 했다. 동남아시아의 올림픽 SEA GAME에서 내기를 걸었다가 돈을 잃은 것이 틀림 없었다.

베트남인들은 도박에 중독이 되었다고 해도 될 만큼 내기를 좋아하는데 이런 것들이 베트남에서는 풍속처럼 되어 있어서 크게 문제삼지는 않는 편이다. 놀라운 것은 돈을 내기에 거는 경우 이런 내기가 전화 한통으로 이루어진다는 것이다. 돈을 미리 거는 것도 아니고 사설 도박장의 전화에 내기를 희망하는 사람의 핸드폰으로 전화를 하면 사설도박장 전화메모리에 희망자의 전화번호가 입력되고 입력된 전화번호에 의하여 다음날 바로 내기 금액을 입금하여야 하는데 만약에 내기금액을 입금시키지 않았을 경우 그 뒤의 결과에 대해서는 장담할 수 없는 보복이 밀약이 되어있어 반드시 입금을 하게 된다. 그러니 급한 돈을 융통하자면 현금화가 쉬운 물건이나 오토바이, 심할 경우 집이 통째로 날아가는 경우도 있다고 한다. 이런 내기를 사설도박장을 이용하는 사람도 있지만 개인별로 내기를 하기도 하는데 그런 경우는 대부분 친한 사람과의 내기가 된다. 농담 반 진담 반으로 내기를 하지만 이 경우에도 내기는 내기이고 친한 사이는 별개이므로 반드시 의무를 다하여야 하는 것이 베트남의 내기 문화다. 대부분 심심풀이 정도로 내기를 하지만 아예 목숨을 걸고 크게 내기를 하는 사람들도 있어 큰 스포츠 경기가 끝난 시점에는 자살자수가 속출한다고 들었다.

레탄똥에 점포를 임차한지 2년정도 기간이 경과했을 무렵 건물주로부터 임차료 문제로 만나자는 연락이 왔다. 관리팀장과 개발담당 직원을 보냈는데 계약내용과 상이한 임차료 인상요구를 했다. 5년 계약에 임차료는 중간조정 20%내외에서 협의하여 조정하는 내용이 있었는데 느닷없이 임차료 두배 인상을 요구해왔다. 건물을 사겠다는 사람이 나타났는데 건물을 매각하지 않는 대신 월세를 두배로 받아야 되겠다고 했다. 이상한 논리였으며 이미 대규모 투자가 되어있으니 어찌하지 못할 것이라는 계산을 하고 있는 것 같았다. 서로가 합의하여 공증까지 받아 놓은 계약서가 있음에도 불구하고 자신의 주장만 늘어놓는 건물주의 아집이었다. 주변시세와 비교해도 과다하게 높은 임차료 였기에 요구조건을 거절하자 당연하다는 듯이 계약해지를 하겠다고 나왔다. 공증이 되어있는 계약서를 보여주며 투자비와 계약기간 동안 매출손실에 대한 보상을 요구했다. 계약서를 보더니 자신은 계약서에 사인을 한적이 없다고 잡아떼었다. 계약서에 사인을 할 때 같이 있었던 베트남 직원이 옆에서 머리를 절레절레 흔들었다. 부사장에게 건물주를 한번 만나서 협의를 해 보라고 했다. 며칠 뒤 부사장은 건물주가 문제가 많은 사람이라는 말로 협의 결과를 대신했다. 브랜드를 알리기 위한 점포였으므로 폐점을 감안하고 강하게 대응했다. 계약서 내용대로 중간조정을 이루는 대신 임차계약 기간이 끝나는 시점에 점포를 폐점하기로 합의했는데 처음부터 끝까지 악연으로 이어진 점포였다.

하노이에서 시장조사 중이던 영업팀장으로부터 연락이 왔다. 부동산에서 연락이 왔는데 KFC가 껌마에 계약을 진행하려 한다는 소식이었다. 부동산을 통해서 알아본 결과로는 KFC에서 계약서 초안을 제시하고 건물주와 협의가 진행되고 있는 중이었다. 하노이 핵심상권내 플래그십 점포예정지로 진행되고 있던 곳이라 포기할 수 없는 상황이었다. 건물주와 적극적인 협상을 진행한 결과 월 $4,200에 계약을 성사시킬 수 있었다. 시설공사가 시작되고 개점까지 일주일 정도 남은 상태에서 영업팀장으로부터 다시 연락이 왔다. 건물주가 계약을 파기하고 싶다는 통보를 해온 것이다. 뒤늦게 KFC가 보증금 2배에 공사비용 일체를 보상하고 월세를 올려주는 거절하기 어려운 조건을 제시한 탓이었다. 건물주는 위약금으로 영업팀장에게 5천불을 변상하겠다고 했다. 말도 되지 않는 상황이었으나 이런 것이 현실이었다. 절대 포기할 수 없는 상황이었기에 건물주와 담판을 지을 수 있는 전권을 위임했다. 며칠 후 영업팀장에게 다시 연락이 왔다. 건물주가 롯데리아와 계약을 유지하기로 최종적으로 결정했다고 했다. 이제야 한숨 돌릴 여유가 생긴 것이다. 어떤 조건을 제시했는지 물어보았다. 계약파기는 가능한데 동일한 조건에 $500,000을 개인적인 변상금액으로 요구하자 건물주가 물러서면서 점포가 성공하기를 기원했다는 이야기를 들으며 전권을 위임하기 잘했다는 생각이 들었다. 그 정도 배포는 되어야 해외에서 외식사업을 한다고 할 수 있는 것이다. 열심히 일하는 만큼 적응력과 성장속도도 빨랐다.

2012년 4월 하노이 껌마점에서 현금 도난사고가 발생한후 5개월만에 다시 똑같은 사고가 발생했다. 외부에서 점포로 침입한 흔적은 없는 상태에서 철제로 된 금고를 그라인더를 사용하여 예리하게 잘라낸 후 안에 들어있던 현금만 꺼내간 절도 사고였다. 사무실 금고주변의 CCTV는 범행전에 전원이 꺼져 있어서 촬영된 내용이 전혀 없었다. 범인을 잡고 보니 너무도 뜻밖의 인물이어서 놀랄 수밖에 없었다. 회사의 방역업체 사장이었기 때문이었다. 영업 종료시간에 점포에 들어와서는 청소가 끝난 3층매장으로 올라가 쓰레기통 속에 숨어서 기다렸다가 직원들이 모두 퇴근하자 쓰레기통에서 나와 사무실 전원을 내린 후 금고를 절단하는 작업을 했던 것이다. 점포 방역을 하면서 배전반 등의 위치는 미리 확인해 두었으므로 CCTV가 설치되어 있는 사무실과 주방 전원을 내린 후 작업에 들어갔기에 증거가 남지 않았다. 경찰조사 결과 축구도박을 하면서 빚을 지게 되었고 그 빚을 갚기 위해 절도를 하게 된 것으로 판명되었다. 1차 도난사건 발생시 범인을 잡으면 도난당한 금액의 (?)%를 주기로 하고 범인이 잡히기만 기다리고 있던 중 동일한 사건이 발생한 것이다. 범인을 잡은 공안은 두차례 모두 같은 수법으로 금고를 털어간 것을 수상히 여겨 범인을 동일범으로 조사하고 있었는데 몇일 후 범인으로부터 자백을 받아냈다. 또한 도난 당한 금액의 (?)%를 리베이트로 요구했다. 잃어버리는 것도 손실이지만 찾을 때도 별도 비용이 들어가는 것이 베트남의 특이한 비즈니스 환경이다. 나중에 알아보니 공안에서는 다 써버린 1차 도난금액을 부인과 가족들에게 형량을 감안해 주는 조건으로 이미 회수해 놓은 상태였다.

호치민시에 있는 판당루점은 주변에 고등학교와 종합병원, 국제영화학교 등이 있어 학생들이 밀집된 지역으로 매출이 높은 점포이다. 판당루 점포는 주인이 건물을 신축 중이던 2005년말에 임차계약을 체결하였는데 계약기간은 10년이고 5년후 월세를 20% 인상해 주는 조건이었다. 계약 후 점포매출이 신장세를 보이면서 2010년에는 임차료를 인상하여 재계약까지 마쳤는데 2011년 4월 집주인으로부터 계약 중도해지 요청통보가 왔다. Exim Bank(수출입은행)에서 우리 점포를 노리고 있었는데 2010년 ~11년에는 이름도 들어보지 못한 은행들이 대량으로 만들어지면서 지점을 확장하던 시기였다. 이런 무리한 지점확장은 2013년에 접어들자 대대적인 은행 구조조정으로 이어졌다. Exim Bank에서 건물전체를 $12,000에 임차하겠다는 조건을 제시하면서 집주인은 $12,000에 전체를 임차하든지 보상을 받고 나가든지 둘 중 하나를 선택 하라는 것이었다. 베트남에서 보상내용은 뻔했다. 그들의 계산방법으로 산출한 인테리어 잔존가격에 보증금 반환이 전부였다. 계약기간이 5년이나 남아있었고 점포에서 베트남 풍기에 저촉되는 행위를 한 것도 아니고 계약내용을 위반한 것도 없었으므로 계약해지를 할 의사가 없음을 통보했다.

집주인은 관할법원에 소송을 걸어왔고 이에 맞서 회사에서도 계약위반으로 소송을 제기했다. 소송을 시작하면서 최종판결이 나올 때까지 최소 2년은 걸릴 거라 예상하고 소송이 진행되는 중에도 정상영업을 하는 것으로 생각했으나 그건 착각이었다. 소송이 시작되자 집주인은 수도를 잠궈 버렸다. 영업이 중단되었고 옆집에서 수도를 끌어오자 이번에는 전기를 끊어버렸다. 하루 종일 영업방해 행위를 했다면 증거를 남겨 법원에 제출할 수 있었는데 고객들이 몰려오는 시점에 맞춰 간헐적으로 영업방해 행위를 지속했다. 물은 옆집에서 끌어와서 쓸 수도 있었지만 전기는 어려웠다. 전기를 점 포내로 직접 인입하기 위해 전력회사에 요청을 했지만 집주인이 전력회사에 소송 중 이라는 이유로 이의를 제기하여 받아들여지지 않았다. 집주인은 법원에서 롯데리아가 내부문제로 인해 영업을 중단하곤 했다고 증언했다. 이러한 불법행위들이 수시로 발생하는 바람에 변호사를 선임하여 대응하고 있었지만 고용된 변호사는 우리 편인지 건물주 편인지 모를 애매한 입장을 견지하고 있었다. QSR 점포시스템에 대해 별로 알고 싶어하지 않았으며 쌍방의 원활한 합의를 이끌어 내는데 모든 노력을 집중했다. 소송 중 저지른 불법행위에 관한 사실들을 사진과 자료로 만들어 관할법원에 수차례에 걸쳐 제출 했다. 증거 수집은 법원이 정한 공식기관에 의뢰하여 집행비용을 지불하고 적법한 자격을 갖춘 직원이 참여한 가운데 이루어졌다. 향후 판결에 영향을 미칠 것으로 희망했다.

지루한 소송이 1년반 이상 넘어가며 사진 등 증빙자료가 몇 권의 책으로 만들어졌다. 2012년 10월 빈탄 법원의 판결이 나왔다. 매출손실 불인정, 영업 중단으로 인한 인건비, 운송비 불인정, 인테리어 잔존가격은 우리가 요청한 것과 비교해 턱없이 낮은 금액이었다. 게다가 집주인에게 집을 점유한 기간익 1년치 임차료로 월 $7,000씩을 보상하라는 판결이었다. 판결내용은 건물주의 주장을 그대로 인용한 것에 불과했다. 베트남 법원은 인민들의 편이라는 것은 알고 있었지만 다시 한번 확인하게 되는 순간이었다. 항소를 준비하고 사실을 집주인에게 통보 했다. 며칠 후 변호사를 통해 집주인으로부터 연락이 왔다. 뭔가 일이 해결될 것 같은 느낌이 들었다. 약속을 잡아 집주인을 만났는데 얼굴은 수척해지고 병약해 보였다. 6개월 동안 건강이 악화되었다고 하면서 그 사이 심경에 변화가 있었던 것 같았다. 그는 개인 건설업을 하고 있었는데 건설경기가 안 좋아지면서 소송기간 중에 사업이 어려웠고 Exim Bank도 소송 중인 상황이라 더 이상 진행을 할 수 없었으므로 적정한 선에서 해결하기를 원했다. 우리도 바라는 바였으나 적정한 선이란 것이 법원에서 정한 $7,000기준으로 1년치 임차료를 지불하기를 원하는 것이었다. 그러나 우리 입장에서는 그간 영업을 하지못해 입은 손실금액과 영업 재개와 중단을 지속하면서 고객들에게 불편을 초래한 무형의 손실이 커서 수용이 불가함을 설명하고 건물 리뉴얼을 통해 건물감정평가 금액을 높여 주겠다는 협상을 통해 그 동안의 상호보상관계는 없는 것으로 합의했다. 남은 기간을 포함해 1~3층을 월세 $6,000에 재계약을 했는데 집주인의 부인이 집요하게 $6,500을 요구하며 가끔 눈물로 호소하기도 했으나 이미 소송까지도 불사했던 처지라 냉정하게 거절했다. 왜냐하면 이런 선례가 알게 모르게 다른 건물주들에게 전파되는 경우를 생각하지 않을 수 없기 때문이다.

점포개발에서 개점까지 공안이나 공무원의 문제는 늘 있어왔지만 건물주의 횡포도 무시 못 하는 경우가 많다. 점포를 계약하기 전에는 모든 것을 다 해결해 줄 것 같이 이야기하지만 계약 후 공사 과정으로 넘어가면 공무원들과 내통해 공사허가 문제, 도로 점용 문제등을 트집잡아 교묘하게 비용을 뜯어가는 일이 비일비재하기 때문이다. 비즈니스는 돈과 시간의 싸움인데 이런 것들의 사전 점검이 안되면 돈과 시간을 낭비하게 된다. 또한 외국법인이 베트남인들과 맞닥뜨릴 때는 심사 숙고해서 일을 처리해야 한다. 굳이 말하면 인민이 외국회사보다 더 힘이 강하며 베트남 정부는 당연히 베트남 인민편이다. 가재는 게 편이고 초록은 동색이기 때문이다. 한국사람의 상식으로 베트남인을 설득하려는 것은 오산이다. 그것은 우리의 상식이지 베트남인이 알고 있는 그것이 아니기 때문이다.

하노이에서의 일이다. 환경 공안 10명이 점포를 방문하여 환경 및 위생에 대한 검열을 하고 갔다는 보고가 들어왔다. 보고 말미에 환경 공안이 점포 외부에 있는 하수를 시료로 채취 했다고 보고했다. 2011년 초 환경 강화방안을 발표하고 공장폐수에 대한 기준을 강화한다는 얘기는 들었지만 생활하수에 대한 얘기는 없어서 그냥 웃어 넘기고 말았다. 2개월후 점포로 공문이 내려 왔는데 내용이 너무 황당했다. 채취해간 물에서 대장균균과 생화학적 산소요구량이 기준치를 넘었으니 과태료를 내야 한다는 내용이었다. 과태료는 일차 조정기간을 거쳐 확정될 예정이니 이의가 있으면 관할 환경공안에게 이의를 제기하라는 것이었다. 다음날 지점 사무실에서 담당 환경공안과 면담을 약속하고 공문 내용에 대해 알아본 결과 시료채취를 한 물의 기준이 모두 공장폐수처리 기준이었다. 생활하수를 채취해 가서는 공장폐수 처리기준에 적용하는 누가 보아도 상식 이하의 행동을 한 것이다. 2007년 베트남이 WTO에 가입되면서 베트남 기업법에 맞게 외투법인의 기업 재등록이 있었는데 당시 정부에서 QSR브랜드를 호텔부대사업으로 분류하였기 때문이었다. 담당 환경 공안에게 이의를 제시하자 아주 명확한 답변이 돌아왔다. 기준 적용은 내가 관여할 사항이 아니니 적용기준을 발표한 환경부에 이의를 제기해서 기준을 바꾸던지 알아서 하고 공문에 적힌 위반사항에 대해 영업정지 및 과태료를 청구 하겠다는 것이었다. 너무 황당해서 말을 잊지 못했다. 만약 더 따지고 들어가면 점포 폐점까지 운운할 기세였다. 순식간에 전세가 역전되어 고양이 앞에 쥐가 되어 버렸다. 화제를 다른 곳으로 돌리고 기분을 풀어준 다음 앞으로 어떻게 하면 다른 점포들도 문제가 없겠는지 조언을 요청했다. 그제서야 환경 공안이 웃으면서 자기가 잘 아는 환경업체를 통해 환경관련 서류를 준비해 놓으면 문제 없을 것이라고 말해 주었다. 하노이 지역 전 점포는 환경공안이 가르쳐준 환경업체에 아웃소싱을 주어 환경관련 서류를 준비했다. 시간이 지나서 들으니 소개받은 환경업체는 환경공안을 하다가 퇴직한 사람들이 모여서 만든 회사라고 했다.

이왕 어두운 이야기를 하는 김에 부자집 이야기도 해야 되겠다는 생각이 들었다. 저자가 베트남 법인장으로 부임하던 2004년 초순이었다. 푸미흥에 있는 조그만 빌라에 서식하고 있었는데 베트남어도 모르고 아는 곳 이라고는 주거에 필요한 기본적인 생필품을 구입할 수 있는 사이공 콥 마트가 전부였다. 한국에서는 가정부를 두고 생활을 하지 않기에 크게 불편한지도 모르고 살았는데 베트남 직원들이 법인장을 위해 가정부를 한 명 구해주었다. 한국 사람이므로 한국음식을 요리할 줄 아는 가정부가 좋겠다고 생각했는지 한국식당에서 일하고 있는 가정부를 구해왔는데 여기에서 문제가 발생되었다. 집에서는 아무도 베트남어를 할 줄 모르니 가정부하고 대화가 되지 않아서 직원들이 가정부에게 해야 할 일들을 전화로 알려주거나 종이에 적어와서 설명해주곤 했다. 가정부가 오고나서 며칠 뒤 퇴근하여 집에 들어오는데 분위기가 영 이상하였다. 식당에서 월급을 받지 못한 가정부가 급전이 필요했는지 식당에 있는 친구들에게 전화를 몇차례 했는데 식당 주인이 알고서는 모녀가 함께 집으로 찾아왔다. 다음날 문제가 된 가정부는 한 달치 월급을 더 주고 내보냈는데 친구가 있는 옆집에 머물렀다. 이러한 사실을 식당에 전화로 알려주자 듣고 있기가 매우 불편한 거친 욕설과 악담이 돌아왔다. 화가 머리끝까지 났지만 식당을 하는 사업자 였기에 식당을 이용하지 않는 것 외에 할 수 있는 것이 없었다. 그리고 어찌되었건 우리 직원들이 식당에 있던 종업원을 데려온 것은 사실이었으므로 속으로 분을 삭이며 잊어버렸다. 인류의 조상이 에덴동산에서 선악과를 따먹은 이유로 우리 모두가 죄인일 수 밖에 없는 것과 같은 이치였다.

8년이 지난 어느 날 푸미흥에서 지인을 만나 커피를 마시는데 머뭇거리며 조심스럽게 물어왔다. 언제 한국식당에서 가정부를 데려온 적이 있느냐고, 그 일 때문에 요즘 좋지않은 이야기들이 들린다고 했다. 오래전에 잊었던 일들이 다시 떠올랐다. 8년전 가정부 사건이 발생되었던 부자집 여주인은 몇 년 후 계모임에서 수십만불의 사기를 치고 잠적해 교민사회에서 큰 논란이 된 적이 있었다. 그후 캄보디아로 넘어가서 살고있다는 이야기도 들리고 중부 해안지역에서 발견되었는데 장기가 발견되지 않았다는 황당한 이야기도 있었는데 모두 확인되지 않은 소문일 뿐이었다. 당사자는 그렇게 사라지고 기억에서 잊혀졌는데 최근 들어 저자와 관련된 오래전 이야기가 다시 돌아다닌다 하니 의아하게 생각하지 않을 수 없었다. 부자집 여주인이 다시 베트남에 돌아왔거나 아니면 같이 계모임을 했던 사람들 중 누군가가 악의적인 소문을 만들어 내고 있을 거 라는 생각이 들었다. 온갖 나쁜 소문들을 사실로 둔갑시키고 사실을 왜곡시키는데 혈안이 되어 어딘가 모여서 깔깔대고 있을 역겨운 모습들이 떠올랐다. 이런 어처구니 없는 일들이 발생하기에 해외에 살면서 교민을 만나는 일에 신중해야 한다는 것이 베트남이 않고 있는 서글픈 현실이라는 생각이 들었다.

배고픈 것은 참을 수 있어도 배 아픈건 참을 수 없는 것이 한국인이라지만 해외에서 만큼은 서로에게 배타적인 행동은 하지않는 것이 어떨까 생각한다. 힘들게 사업에 성공했으면 베풀며 나눔이 있는 이타적인 삶을 살아가는 것이 교민사회의 존경과 마음에 평안을 누리는 삶일 텐데, 배타적 감정을 버리지 못해 숙명처럼 머리에 이고 살아가는 모습에서 쓸쓸한 연민의 정을 느낀다. 그렇게 하지 않아도 이마에 "나는 한국인입니다" 라고 큼지막하게 쓰여 있건만…

베트남 인사이드 _ 베트남 시장개척

2007년 12월 15일부로 오토바이를 타는 전 인민들에게 헬멧 착용이 의무화 되었다. 오토바이 사고로 인한 사망건수가 매년 증가하고 있었기에 취해진 조치였다. 예전에도 몇 차례 헬멧사용에 대한 시도가 있었지만 사용의 불편함으로 인해 얼마 지나지 않아 흐지부지 되었던 전례가 있었기에 이번에는 제대로 시행될 수 있을까 하는 우려가 많이 있었다. 사무실에서 직원들에게 물어보니 헬멧사용에 대해 대부분 부정적인 의견이었다. 시원함 밤공기를 가르며 허리를 꼿꼿하게 세우고 긴 생머리를 날리며 오토바이를 타고가는 여성들은 베트남을 대표하는 아이콘이다. 자유스러움과 멋스러움을 속박하는 로보캅을 연상시키는 헬멧이라니 어울리지 않는다고 생각했다. 12월 15일 집을 나서며 도로위에 쏟아져 나올 오토바이 행렬이 궁금했다. 출근을 하기위해 도로에 나온 저자는 처음에 눈을 의심했다. 완벽할 정도로 모든 사람들이 헬멧을 착용하고 있었기 때문이었다. 우주인처럼 커다란 헬멧을 쓴 우스꽝스러운 모습의 거리를 상상했던 저자였기에 베트남인들이 보여주는 사고의 유연성과 창의성에 박수를 보내지 않을 수 없었다. 여성들이 사용하기에도 어색해 보이지 않는 예쁘고 아담한 크기의 헬멧을 쓴 오토바이들이 화려한 색상으로 거리를 물들이고 있었다. 누구나 부담없이 구입할 수 있도록 저렴하게 만든 것은 신의 한수였다. 베트남인들에게 오토바이는 가족이자 생활의 일부라는 말이 현실감 있게 다가왔다. 유연성이 풍부한 베트남인들이 언제부터 이렇게 법을 잘 지켰는지 의아했다.

회사에 출근해서 통역을 시켜 직원들의 오토바이 현황을 조사했다. 영업팀의 찌가 오토바이 수령이 오래되고 고장이 잦아 교체할 때가 되었다고 했다. 찌에게 저자의 오토바이를 장기임대 하기로 결정했다. 자존심이 강한 찌에게 오토바이를 그냥 넘겨줄 이유를 찾을 수 없었기 때문이었다. 아쉬움이 동반된 시원함이 종일 머리 속을 떠나지 않았다.

그동안 호치민시에 집중하여 경쟁하던 QSR 시장개척 구도가 크게 변하고 있었다. KFC는 장점인 브랜드 파워를 앞세워 하노이 시장을 선점함으로써 경쟁에서 우위를 확보하고자 했다. 졸리비는 하늘이 내려 주신 선물 메콩델타 지역을 선점하는데 총력을 기울이고 있었다. 이를 위해서 졸리비는 롯데리아에서 사용한 사이공 콥마트 임원들의 필리핀 여행을 적절히 활용했다. 이제는 호치민시를 벗어나 주요도시로의 시장확대가 필요하다고 생각했다. 하이퐁에 올라가 있는 영업팀장에게 북부(하노이, 하이퐁)지역 개발업무를 맡기고 부사장은 하노이 지점 개설서류를 만들어 투자계획부에 신청했다. 호치민시 본사에서는 메콩델타 및 중부지역 시장개척을 위한 조사에 들어갔다. 결정은 신중하게 하되 결정된 사항에 대해서는 일사분란하게 밀어붙이는 것이 회사가 추구하는 업무스타일 이었다. 신규 주재원 교육 또한 현장교육을 겸해 엄격하게 진행되고 있었다. 모두가 원하던 일이었기에 마음으로부터 적극적으로 받아들이고 있었다.

오늘은 오늘이고 내일은 내일이다(Hom nay la hom nay ngay mai la ngay mai) 베트남어를 공부할 때 선생이 부족함이 없이 풍족한 메콩델타(Mekong delta) 지역을 대표하는 말을 이렇게 표현했다. 메콩델타 지역은 인구 25백만명에 13개 성으로 이루어져 있다. 사람들이 생각하는 메콩델타는 문명이 덜 발달되고 더러우며

못사는 곳 이라는 부정적인 이미지를 가지고 있지만 실제로는 축복
이 넘치고 생명력이 살아있는 땅이다. 거대하고 영양이 풍부한 메
콩강 덕에 쌀 수확은 1년에 3~4모작이 가능하며 각종 해산물과 온
갖 종류의 열대과일 및 싱싱한 야채가 풍족하게 생산되고 있어 사
람들은 개방적이고 성격이 긍정적이며 친근하다. 메콩강은 총 길이
가 4,020km라고 하는데 티벳에서 발원하여 중국 윈난성을 거쳐
미얀마 타이 라오스 캄보디아를 거쳐 베트남에 이르면 8개로 나뉘
어져 남중국해로 흘러간다. 하지만 베트남에서는 8보다는 9라는 숫
자를 더 좋아하기에 9마리의 용이라는 의미로 구룡강(Song Cuu
Long)이라 불렀다. 메콩강을 한번에 구경하기 위해서는 메콩델타
상공을 가로지르는 항공기에서 내려다봐야 하는데 황토빛 구불구불
한 강이 어찌 보면 8개이고 또 어찌 보면 9개처럼 보이기도 한다.
메콩 델타 지역은 베트남이 북거남진 정책을 지속하면서 프랑스의
토목기술을 활용하여 지금의 풍성한 땅으로 변화시켰다고 한다.

 메콩델타 지역은 워낙 넓기도 하지만 얽히고 설킨 듯 뻗어 있는
수로와 강들을 여객선을 타고 건너야 하는 특수한 교통환경, 어디
를 가나 만나게 되는 정감 어린 시골모습이나 그 지역에만 있는 삶
이 녹아 든 풍경들, 끝없이 이어지는 들판을 가다 보면 지리에 익
숙한 베트남 기사도 그만 길을 잃게 마련이다. 또한 수로가 많다
보니 시멘트로 만든 교량이 다수 있는데 주변 땅은 침하를 하더라
도 다리는 그대로 있다 보니 차량이 통행하는데 불편이 많다. 이런
상황이 오면 재빨리 차에서 내려 차량의 무게를 가볍게 하는 것이
동행에 도움이 된다. 메콩델타 지역의 시장조사는 남부와 북부로
구분하여 다녀오게 되었는데 시간을 효율적으로 사용하기 위한 고
육지책 이었다. 메콩 북부 시장조사는 미토를 거쳐 빈롱, 롱쑤옌,
끼엔장에서 1박을 하고, 껀터를 조사한 후 호치민시로 돌아오는 코

스로 정했으며 메콩 남부는 호치민시에서 미토를 경유하여 벤째, 짜빈, 속짱, 박리우를 거쳐 까마우로 가서 땅끝마을인 남깐을 조사한 후 까마우에서 1박을 하고 껀터를 거쳐서 돌아오기로 하였는데 여러 변수로 인해 계획대로 조사가 이루어지지 않았다. 어느 코스나 1박 2일 일정으로는 고난이 수반되는 강행군이었는데 북부 코스는 삶의 풍족함이 느껴지는 반면 남부 코스는 메콩델타 지역에서도 가난함이 남아있는 지역이 많았다. 점포개발을 위해 시장조사를 다니면서 알게 된 메콩델타 도시들의 특징을 간추려 본다.

미토(My Tho)는 호치민시 데탐 거리에서 출발하는 오픈투어의 당일코스로 유명한 곳이다. 따라서 관광객들을 위한 다양한 볼거리들을 만들어 놓았는데 메콩강과 열대과일농장 체험 위주로 이어지며 코코넛 캔디와 라이스페이퍼가 만들어지는 과정도 볼 수 있다. 지역의 특산물로는 코끼리귀 생선이 있다. 생긴 모양이 코끼리귀를 닮았다고 해서 붙여진 이름인데 주문을 하면 식당내에 있는 연못에서 건져 올린 30cm정도 되는 생선을 산채로 펄펄 끓는 기름 솥에 집어넣고 뚜껑을 덮어 단시간에 튀겨낸다. 조리과정은 잔인하지만 이렇게 튀겨낸 생선은 라이스페이퍼와 각종 야채와 함께 테이블위에 올려지는데 생선뼈만 골라낸 후 비늘부터 지느러미까지 모두 먹을 수 있다. 라이스페이퍼에 각종 야채류를 올린 후 코끼리귀 생선 튀김을 한점 올려서 함께 나오는 소스에 찍어 먹으면 담백한 맛이 좋다. 흔히 미토의 첫 인상이 수수하면서도 정겹다고 하는데 마음이 넉넉함에서 나오는 여유가 이방인들에게 그렇게 보여지는 것이 아닐까 하는 생각이 든다. 구렁이와 기념사진을 찍으려면 레스토랑에 있는 철망에서 한 마리를 꺼내 목에 두르고 사진을 남길수도 있다. 언제부터 인지 모르겠지만 약간의 팁을 요구하기도 한다. 그럴 때면 구렁이 밥값이라 생각하여 기꺼이 부담했다. 미토에서 10여

km 떨어진 동팝 뱀농장에서는 다양한 종류의 뱀과 고양이과 동물을 사육하고 있는데 가죽과 식용, 해독제 생산을 위해 사육되고 있다고 한다. 상업적이고 획일적으로 짜여진 관광코스를 싫어한다면 미토에 도착해서 현지에서 원하는 여행지를 선택하고 관광안내원을 구하는 것이 좋다. 현지에서 안내원을 구하면 대부분 하얀 아오자이를 입은 젊은 여성 안내원이 여행에 도움을 준다.

롱쑤옌(Long Xuyen)으로 가는 길에 오토바이가 한대 따라오고 있었다. 조금 있으니 옆으로 와서 창문을 두드렸다. 길가에 차를 세우자 타이어 펑크가 났다며 조금만 가면 수리점이 있다고 이야기했다. 한적한 도로에서 승용차가 지나가면 따라가면서 바퀴에 볼트를 뿌리고는 수리점을 알려주는 몰이꾼이었다. 기사가 타이어를 수리하고 오는 동안 벽돌공장이 보이는 강가에서 30여분을 기다려야 했다. 호치민시에서 자동차로 3시간, 인구 160만명의 동탑은 이곳에서 생산되는 쌀의 90%를 수출하는데 이로 인해 메콩델타 내에서도 GDP가 높으며 부자들이 많기로 유명하다. 시내 중심인 까오란으로 들어가다 보면 멀리 보이는 벽돌공장들이 장관이다. 하얗게 올라오는 벽돌 굽는 연기는 경제발전의 상징이기도 하지만 환경오염을 방지한다는 이유로 순차적으로 공장을 폐쇄할 계획이라고 한다. 현재는 육로가 발달되어 있지만 그래도 동탑 지역은 수로가 잘 연결되어 활용되고 있다. 아마도 쌀 수출기지로 쌀의 수송을 원활하게 하기 위한 특성 때문인듯 하다. 수로를 따라가며 벼를 실어 나르기 위해 곳곳에 모아둔 벼가 밀림 속 피라미드를 연상케 하는 모습으로 곳곳에 쌓여 있는데 곡물 운빈신이 도착하면 식단을 배에 옮겨 실을 때 사용하는것과 비슷한 장비를 이용해 이 벼들을 배에 실어 보낸다. 집집마다 집 앞에는 작은 보트들이 정박되어 있으며 가끔은 정말 좋아 보이는 큰 배가 집 앞에 정박해 있다. 육상에서는 자동차와 오토바이 브랜드가 부와 자존심의 상징이지만 동탑에서는 배의 크기와 대수가 부의 상징인 듯 보였다. 롱쑤옌에서 끼엔장으로 가는 길은 좁고 중간중간에 공사중인 곳이 많았는데 도로를 따라가며 작은 수로가 있고 수로 건너에는 집들이 드문 드문 있었다. 수로위로 도로와 집을 연결하는 나무로 된 외나무 다리는 보기에 위태롭게 놓여져 있었는데 베트남 사람들은 무거운 짐을 가지고 이 좁고 긴 다리를 자연스럽게 건너 다녔다. 우리 같은 외국인들은 빈 손으로 건너 다니기도 매우 힘들고 위험해 보이는데 원숭이 다리라고 부른다고 했다. 다리를 이렇게 만든 데는 수로와 육로를 함께 이용하기 위한 생활의 지혜가 담겨 있다.

끼엔장(Kien Giang)에 도착해 하루를 보낸 후 아침 일찍 재래시장으로 갔다. 베트남의 재래시장은 해가 뜨고 더워지면 파장 분위기가 되기에 일찍 움직여야 원하는 것들을 볼 수 있다. 재래시장을 가보면 그 지역의 경제사정을 알 수 있는데 여느 도시와 다름없이 생동감 넘치는 것이 베트남 재래시장의 공통된 모습이다. 시장입구의 수로에 정착해 있는 배위에서는 오늘 판매될 물 야자 손질이 한창이었다. 시장을 구경하는데 메콩강에서 잡아 올린 생선들을 파는 가게 옆으로 길게 놓여있는 철망속에 무엇인가 가득 들어있는 것이 있었다. 철망안에 가득 들어있는 조그만 동물들이 빠르게 움직이는 것이 참새 같아 보이기도 하고 아닌 것 같기도 했다. 카메라를 점검하고 기다려 보기로 했다. 잠시 뒤 나타난 주인이 한 손에 오래되어 보이는 가위를 들고 작업을 하기 시작했다. 통속으로 손을 넣어 한 마리를 꺼내더니 오른손에 들고있는 가위로 머리를 한대 치자 조용해졌다. 머리와 다리를 자르고 내장과 껍질을 벗겨낸 붉은 고기를 옆에 있는 양은대야에 가지런히 쌓았다. 가까이 다가가서 보니 조그만 들쥐였다. 메콩델타 지역에서 힘들게 농사 지은 벼를 20%까지 먹어 치운다는 들쥐는 농사를 지으며 사는 사람들에게 피해만 주는 골치거리 였다. 우기가 되어 강물이 불어나면 쥐들은 물을 피해 높은 지대로 피신하게 되는데 이때가 들쥐를 잡을 수 있는 절호의 기회로 지역사람들이 합심해서 일제히 들쥐사냥에 나선다고 한다. 이렇게 잡은 들쥐들은 집에서 요리를 해 먹기도 하고 시장에서 무게로 달아 판매하기도 하는데 가격을 물어보니 치킨보다 조금 높은 가격인 34,000동(2,330원)/kg에 판매하고 있었다. 고기 맛이 좋다며 사라고 하는데 요리를 할 수 있는 상황이 아니었으므로 웃으며 돌아섰다. 베트남에는 크게 세종류의 쥐가 있다. 토끼만큼 큰 쥐로 식용으로 사용하기 위해 사육하는데 눈이 크고 선하게 생겼으며 식당에서 판매하는 가격은 다소 비싼 편이다. 다음이 곡류를 먹고 자라는 들쥐로 메콩강 유역에서 대규모로 잡아 주요 도시로 유통이 된다. 주로 구이용으로 사용되는데 닭고기 가격을 기준으로 비슷하거나 약간 비싸게 팔린다. 마지막 쥐는 시궁창이나 집에서 사는 일반 쥐로 식용으로는 사용하지 않는다.

시장을 돌아보고 나서 호텔로 돌아오니 속이 허전했다. 근처에 쌀국수집을 찾아 아침을 해결하기로 했다. 지방에 있는 2성급 호텔에 돌아가봐야 거친 질감의 식빵과 사각 슬라이스 치즈, 일회용 버터 혹은 딸기잼이 전부일 것이기에 지방출장을 가게 되면 근처 혹은 길거리에서 쌀국수집을 찾아서 아침을 해결하는 것이 습관화 되었다. 잠시 발품을 팔아 사람들이 붐비는 쌀국수집을 찾아내서 들어갔다. 오래된 주택을 식당으로 사용하기에 작은 방들이 몇개 있었는데 마당에 설치되어 있는 나무테이블로 가서 앉았다. 외국인이 식당에 들이오자 주방에 있던 젊은 아가씨가 나와서 응대를 했다. 유창한 영어로 자신을 식당주인의 딸이라고 소개하더니 여행을 왔는지 물었다. 비즈니스차 왔다고 하자 외국인이 비즈니스로 끼엔장을 방문하는 경우가 많지 않다며 매우 흥미로워 했다. 대학에서 영어를 전공했는데 결혼을 하면 쌀국수집을 물려받아서 경영하고 싶다며 즐거운 대화를 나누는 중에 쌀국수가 나왔다. 쌀국수가 나오자 잠깐 기다리라고 하더니 부엌으로 가서 붉은색이 칠해진 나무 젓가락을 가져와 그릇위에 올려주었다. 수저통을 보니 야자나무로 만든 젓가락이 가득 들어 있었다. 특이한 것은 면을 타피오카로 만들었는지 보기에 한국의 당면과 비슷했는데 지금까지 먹어본 쌀국수 중에서 맛이 단연 으뜸이었다. 특히 깊은 맛이 우러나는 육수와 어우러진 약간의 맵고 칼칼한 맛이 일품이었다. 나뭇잎 사이로 내려 오는 아침햇살과 같은 맛있는 식사를 마치고 나오며 사업이 잘 되기를 기원했다. 빨간 젓가락으로 먹으니 더욱 맛이 좋았다는 말과 함께……

껀터(Can Tho)는 메콩 델타의 중심 도시이다. 인구 130만명이 살아가는 껀터에는 메콩 델타의 다른 도시들과는 다른 그 무엇인가가 있다. 끝이 보이지 않는 수 많은 운하, 넓은 메콩강 위로 유유히 흐르는 황토 빛 물결, 새벽마다 열리는 수산시장의 분주한 삶을 살아가는 모습 등에서 헤아릴 수 없는 많은 이야기가 메콩 강물에 녹아 흐르고 있다. 껀터에서 가장 매력 있는 곳을 꼽으라면 수상시장이 아닐까 싶다. 메콩 델타에서 수상시장은 교통의 중심지에는 예외없이 형성되어 있다. 마치 메콩강이 흐르는 곳이라면 어디든지 수상주택이 늘어서 있는 것처럼… 미토, 까이베, 빈롱 등에도 수상시장은 있으나 껀터의 수상시장은 규모면에서 그들을 압도한다. 까이랑 수상시장은 메콩강 사람들의 삶의 현장을 가장 극명하게 드러내는 곳으로 해가 뜨기 전 이른 새벽부터 크고 작은 수백척의 배가 몰려들기 시작해서 동이 트는 새벽에 장관을 이룬다. 물건을 가득 실은 큰 배들은 강 위에 자리를 잡고 작은 배들은 큰 배들 사이를 분주히 오가며 필요한 물건을 교환하거나 구매한다. 동이 트는 새벽녘 희뿌연 안개속을 분주히 드나드는 배들의 향연이 있기에 이를 구경하려는 여행자들의 눈과 귀는 마냥 즐겁다. 배에는 저마다 다양한 상품들이 실려져 있어 인근 지역에서 생산되는 대부분의 상품들을 볼 수 있다. 두리안, 망고, 냔, 오렌지, 수박 등 각종 열대 과일에서부터 호박이나 오이 등 농산물 바사, 가물치, 게와 같은 각종 수산물과 오리 닭 돼지 등의 가축 및 수공예품까지 품목이 다양하다. 해가 떠오르고 더워지기 시작하면 수산시장은 하나 둘 철수를 시작하는데 이때가 되면 어디선가 나타난 쌀국수를 실은 배들이 돌아다니며 새벽일에 지친 사람들의 허기를 달래 준다. 주유소, 각종 음료를 파는 이동식 까페로 된 배들까지 있는데 어떤 배들은 배 안에서 빨래나 숙식을 모두 해결하기도 한다. 대부분 규모가 큰 배들이다. 각자 다양한 분야에서 그들 만의 삶을 살아가는 메콩 델타의 배들은 대부분 엔진을 달고 있는데 엔진에 쇠막대기로 연결된 끝부분에는 프로펠러가 달려있어 쇠막대기를 움직여서 배를 조종한다. 또한 뱃머리에는 커다란 눈을 그려 놓은 배들이 많다. 메콩강은 8줄기로 갈라지지만 실제로는 나무뿌리와 같은 수 많은 지류와 운하들이 있다. 배들이 다니는 길목에는 항상 어려움과 위험이 도사리고 있으며 길을 잃어버리는 경우도 있을 수 있다. 그러기에 이러한 위험에서 벗어나기 위한 방편으로 뱃머리에 물의 신 Nam Hai의 눈을 그려 놓고 안전을 기원하는 미신이 생긴 것이다.

사이공 콥 마트에 갔다. 껀터 최고의 핵심상권에 위치하고 있었는데 1층에는 졸리비가 영업 중 이었다. 커다란 벌 인형을 뒤집어 쓴 종업원이 흥겹게 생일축하 이벤트를 진행하고 있었다. 어린아이들을 위한 별다른 이벤트가 없는 나라에서 QSR브랜드가 할 수 있는 좋은 마케팅이었다. 일찌감치 호치민시에서 메콩 델타로 눈을 돌린 졸리비는 껀터점이 최고매출을 기록할 정도로 성황을 이루고 있었으나 후발주자로서 큰 걱정이 되지는 않았다. 문제는 호치민시에서 멀리 떨어진 관리의 사각지대에 있다 보니 품질과 교육이 부족한 것이었는데 차별화된 경쟁요소로 무엇을 가져가야 할지가 유일한 고민거리 였으며 졸리비와의 경쟁에서 원가우위를 확보하는 것이 무엇보다 중요했다. 졸리비도 이를 절감했는지 모든 점포의 관리자 1명을 필리핀에서 직접 인력을 파견해서 관리했다. 좋은 방법이 아니었다. 보다 근본적이고 항구적인 대책이 필요하다는 생각이 들었다. 이런 때를 대비해서 Big_C 및 METRO와 제휴를 해 놓았는데 현재까지도 좋은 관계가 유지되고 있었다. 껀터에는 Big_C 및 METRO가 소매와 도매 분야에 진출을 할 예정이며 거기에 롯데리아가 입점하기로 되어 있었다. 신규점포 예정지를 방문해 보았는데 Big_C는 구시가지를 벗어난 신도시에 마트가 건축되고 있었다. 또한 사이공 콥 마트에서도 글로벌 브랜드 진출에 대비하여 MD개편을 계획 중에 있었는데 이때 졸리비와 공동으로 입점하기로 합의했다. 졸리비가 선점하고 있는 메콩델타 지역은 껀터에서 QSR 브랜드 1위를 하는 것이 중요하였는데 껀터가 지역의 중심지였기 때문이었다.

회계팀장을 맡고 있던 헌이 갑자기 회사를 그만둔다며 인사를 하러 왔다. 부사장에게 무슨 문제가 있었는지 물어보았는데 아무 문제도 없으며 흥이라는 여직원이 있는데 일을 잘 할 것이라고 이야기했다. 특별한 이유 없이 회사를 그만둔다는 것이 아무래도 미심쩍었다. 보기에도 부사장과 회계팀장과의 관계는 그렇게 좋아 보이지 않았는데 업무의 특성에 기인한 것이었다. 베트남에서는 사장이나 임원의 잘못된 의사결정을 제한하는 법적장치로 회계장(Chief Accountant)제도를 두고 있다. 권한을 주는 대신 결과에는 법적책임의 의무도 함께 부여하기 때문에 회계장은 베트남 회계법에 근거해서 업무처리에 신중할 수 밖에 없는 것이다. 직접 불러서 물어보았는데 건강이 좋지 않아서 쉬고 싶다고 이야기 했다. 지극히 베트남식 대답이었으므로 유추해석이 필요했다. 흥이라는 여직원에 대해 어느 정도까지 업무처리가 가능한지 물어보자 부사장의 말처럼 일을 잘 할거라고 했다. 흥은 회계팀에서 일을 시작한지 3년 정도가 지났는데 베트남의 업무스타일이 주요업무는 팀장이 대부분 처리하는지라 어디까지 업무가 가능한지 판단이 되지 않았다. 흥을 직접 불러서 물어보았는데 질문에 "알고 있다, 할 수 있다"는 베트남식 답변으로 일관했다. 갑작스러운 상황에서 맡겨볼 수 밖에 없었는데 흥은 영어를 전혀 하지 못했다. 머리가 아파왔다. 사무실 밖으로 나와서 길가에 서 있는데 지나가던 오토바이가 팔꿈치를 치고 갔다. 팔꿈치를 치고 간 오토바이는 조금 지나서 서더니 오토바이에 앉은 채로 돌아보고는 웃고 있었다. 오토바이에 부딪친 팔꿈치가 저려왔다. 베트남인들이 웃는 것에는 여러가지 해석이 필요하다. 좋아한다는 의미, 미안하다는 의미, 비웃는 의미, 아무 의미 없는 웃음 등 베트남인들은 어떤 경우에도 상대에게 웃음을 보이도록 교육받으며 살아왔기에 웃음에는 분명 의미가 있을 것이었다. 복잡하게 생각하기 싫었다. 미안하다는 의미로 받아들이기로 했다. 손짓을 해서 괜찮으니 가라고 했다.

몇 개월 지켜본 결과 흥은 회계장을 담당할 역량이 되지 않았다. 회계시스템이 업무를 처리할 수 있는 용량을 넘어섰다는 것을 나중에 알게 되었다. 헌은 그렇게 함으로써 자신의 책임을 대신하려 했는데 지극히 베트남식 대처 방법이었다. 함께 생활한지 5년이 지났음에도 불구하고 고착화된 생각의 차이가 너무 컸다. 혼자만의 아집 우린 이런 행동을 보이는 사람을 꼰대라고 부른다. 베트남인들에게는 아직 어떻게 해 볼 수 없는 꼰대 기질이 많이 남아 있었다. 이런 생각의 차이를 줄이기 위해서는 신입사원 단계에서부터 체계화된 교육을 통한 사고의 혁신이 필요했는데 그룹 인사팀에서는 이런 문제점을 이미 파악하여 현지인력육성에 많은 투자와 노력을 기울이기 시작했다. 교육을 받은 멤버들이 10년 혹은 15년후 롯데리아를 현지화 하는데 핵심역할을 할 수 있게 되기를 바랐다.

시스템 재구축이 급선무였다. 표준화되고 정형화된 시스템 도입이 되어야 했는데 그때까지 회계처리를 위한 시스템 확보가 필요했다. 사업초기 일본에서 도입된 시스템으로는 더 이상의 기장처리가 어려웠는데 식품가공공장이 설립되고 점포가 늘어나면서 데이터 처리에 필요한 용량을 초과해 버린 상태였기 때문이었다. 회계감사를 담당하는 회계법인에서 자신들이 보유하고 있는 소프트웨어를 사용해보면 어떨지 문의가 있었다. 임시로 사용할 시스템이 필요했으므로 그렇게 하기로 했다. 몇 주가 지나서 감사법인 대표가 찾아왔는데 얼굴에 수심이 가득해 보였다. 무슨 일인지 물어보자 자신들이 가지고 있는 시스템으로는 데이터 양이 너무 많아 처리할 수 없다며 연신 미안하다는 이야기를 했다. 아마 점포별 원재료 수불기장을 처리하기 위한 데이터를 감안하지 않고 종합적인 기장처리만 예상했던 것으로 생각되었다. 시간이 걸리더라도 제대로 된 시스템을 갖추기로 하고 본사에 시스템구축 지원요청을 했다. 중소기업용 SAP을 도입하기로 최종결정이 되었는데 SAP시스템은 우수한 신뢰성을 확보하고 있는 반면에 공장자동화가 되어있는 대규모 사업장에 최적화된 솔루션이어서 레스토랑용으로 변경시 원활한 시스템 작동여부를 장담할 수 없는 단점이 있었다. 그러나 회계 담당이 변경되어도 데이터의 연속성과 일관성이 유지되는 장점이 있었으며 이 부문이 SAP를 도입하게 된 가장 중요한 이유이기도 했다. 본사에서 시스템 개발팀을 파견했다. 시스템 개발팀과의 초기 면담에서 가능한 시스템을 단순화시켜 줄 것을 요청했다. 왜냐하면 SAP시스템은 모든 부문에서 기본적인 회계처리 능력이 담보되어야 시스템이 원활하게 돌아가는데 비해 베트남의 업무 특성상 그것이 어려웠기 때문이다. 시스템에서 처리해야할 회계처리는 회계부서에서 할 일이지 타 부문의 일이 아니었으며 직원들의 회계에 관한 기초지식 또한 턱없이 부족했다.

시스템 개발과는 별도로 내부 회계처리를 위한 인력확충과 시스템 개발시까지 사용할 시스템 확보는 계속되어야 했다. 부사장이 새로운 회계장으로 호치민시 회계학회장인 교수를 추천했다. 경제대학에 재직중인 50대 중반의 여 교수였는데 회계에 관한 지식은 풍부하겠지만 실무적인 일에 적응할 수 있을지 걱정이 되었다. 우려가 현실이 되기까지는 시간이 많이 걸리지 않았다. 몇달 뒤 회계장을 맡은 교수로부터 면담요청이 왔다. 회의실에서 차를 내어놓자 이대로 가면 머리에 암이 생길 거 같으니 제발 이해해 달라면서 여성 특유의 표정으로 정중하게 부탁을 하는데 거절해야 할 명분이 없었다. 부사장이 인력을 알아보는것과 별도로 신문을 통해 리스트되어있는 CA대상자들에게 면접일시를 통보했다. 면접결과 새로운 회계장을 채용했는데 이름이 타오였다. 중소기업을 운영하는 부모님이 있었는데 조금 더 공부를 한 후에 자신의 사업을 영위할 생각을 하고 있었다. 키가 크고 마음이 고우면서 업무처리에 열정이 있었다. 그 동안 처리하지 못한 회계 자료들을 모아 놓고는 6개월에 걸쳐 새벽부터 밤 늦게까지 헌신적으로 일을 했다. 평소 베트남인들에게 가지고 있던 고정관념과 편견이 흔들리기 시작했다. 기능이 축소된 중소기업용 SAP시스템 구축과 동시에 관리부문을 담당할 주재원 파견이 있었다. 외부적으로 점포확장을 하면서 내부적으로 시스템 재구축을 해야 하는 힘든 시기였다. 사업초기에 구축되었어야 할 시스템이 시기적으로 조금 늦기는 하였으나 브랜드 리빌딩을 하는 중이었기에 어쩔 수 없이 겪어야 하는 과정이었다.

Big_C로부터 다낭(Da Nang) 홍붕거리에 신규점포 개점계획이 있으니 입점해 달라는 요청이 왔다. 다낭 공항과 한강의 중간 정도

에 위치하였는데 베트남 5대 주요 도시 중 마지막으로 남은 도시가
다낭이었다. 북부지역도 시장개척이 진행중이었으므로 물류도 문제
될 것이 없었다. 국제공항이 들어서고 한국에서도 직항이 생기면서
해외에서는 쉽게 갈수 있는 지역중 한 곳이지만 다낭은 베트남에서
항공기 이외의 수단으로 가기에 교통이 불편했고 도시는 활력이 없
이 차분했다. 긴 해변과 산 그리고 강이 있는 다낭은 베트남에서
한국사람들이 머물기에 좋은 자연환경을 갖춘 도시로 알려져 있다.
11월부터 2월사이에는 비가 자주 내리고 바닷물이 차서 바다에 들
어가기가 부담스럽다. 또한 태풍이 지나가면 도심을 제외한 대부분
지역이 물에 잠기는 홍수 피해가 잦았는데 년중 수차례 태풍피해의
영향권에 들곤 했다.

　북쪽으로 차량으로 1시간 30분 정도를 가면 하롱만과 함께 베트
남 최초로 세계문화유산으로 지정된 고도 후에(Hue)가 있는데 베트
남 최후 왕조인 응우옌 왕조의 수도로 1802년부터 1945년까지 베
트남의 수도였으며 오랜 기간 문화, 종교, 교육의 중심지였다. 베트
남 전쟁 때 폭격으로 심하게 훼손된 왕궁과 달리 왕릉은 보전상태
가 좋다. 민망 왕릉, 투득 왕릉, 카이딘 왕릉 등이 있으며 카이딘
왕릉은 동양과 유럽의 건축양식이 섞인 현대적인 왕릉으로 벽과 천
정이 자기와 유리로 아름답게 장식되어 예술적으로도 매우 가치가
높다고 한다. 다낭에서 남쪽으로 30km떨어진 동서양의 문화가 어
우러진 무역항이었던 호이안(Hoi An)은 2세기부터 10세기까지 참
파 왕국의 중심지였는데 참파 왕국에서 구엔 왕조를 거쳐 중국, 인
도, 이슬람세계를 연결하는 국제적인 무역항으로 번창했다. 16~17
세기에는 일본 상인들이 드나들며 일본인 거주지역이 만들어지기도
했다. 전성기때는 일본인 약 1천여명이 거주하였다고 전해지나 지
금은 일본교만이 남아있으며 오래된 건물들은 대부분 화교들의 건

물이다. 호이안을 방문한 사람들이 한번씩은 지나다니는 일본교는 목조지붕이 있는 아치형의 다리로 일본인 거리와 중국인 거리를 연결하기 위해 만들었다. 다리 양쪽 입구는 한쪽은 원숭이 다른 한쪽은 개 한쌍이 다리를 지키고 있는데 일본 천왕들이 개띠와 원숭이띠가 많기 때문이라는 이야기와 다리 건설이 원숭이해에 시작해서 개의 해에 끝났기 때문이라는 이야기가 있다.

바나산에는 정상까지 세계에서 두번째로 길다는 케이블카를 설치해 놓고 다양하고 흥미로운 시설물들을 만들어 놓았는데 산 아래에서 불어오는 시원한 바람을 온몸으로 맞고 있으면 잠시 모든 시름을 잊을 수 있다. 해외에서 관광객들이 몰려오기 이전의 다낭은 베트남에서도 매우 차분하고 조용한 도시로 알려져 있는데 길에는 도둑이 없고 집에는 과부가 없으며 도로에는 거지가 없는 3무(無) 도시로도 유명하다.

서브프라임 모기지 부실 사태가 몰고온 리먼 브라더스 사태는 동남아시아에도 영향을 미치고 있었다. 1,000포인트에 근접하던 주가는 1/4로 곤두박질 치고 온갖 나쁜 소문들이 생산되고 여과없이 시중에 유포되고 있었다. 롯데리아가 곧 부도가 날 것이라는 소문도 시중에 돌았는데 어디에서 어떻게 시작되는 루머인지 알 수 없었다. 본격적인 점포확대를 위한 투자에 필요한 자금을 확보한 상태였지만 자금집행에 신중을 기하여야 했다. 베트남은 어음거래가 없기에 문제될 것은 없었으나 3일이내에 물품대금이 입금되지 않으면 원재료 공급을 중단하겠다는 이야기들이 들려왔다. 어느 날 갑자기 번스 공급이 중단되었다. 구매팀장이 급하게 확인해보니 ABC베이커리(덕팟에서 사명변경)는 오너의 아들이 공장을 운영하고 있었는데 롯데리아가 부도가 난다는 소문이 있어서 공급중단 조치를 취했다고 보고했다. 오너에게 연락하자 오너가 사실을 확인해본 후 정상

적인 거래를 해도 되는 회사라고 해서 번스 공급이 재개되었다. 미
국에서 시작된 금융위기로 인해 베트남에서는 언제 끝날지 모르는
음해와 루머로 이어지는 지루한 날들이 이어지고 있었다.

KFC의 구매담당 임원이 개인회사를 만들어 회사에 납품을 하다
적발되었는데 투자자이기 때문에 회사내에서 분위기가 좋지 않다는
보고가 들어왔다. 마케팅을 담당하던 임원은 개인사정이 발생해서
회사에 출근을 하지 않고 있었다. 50점포가 넘어가면서 내부로부터
관리에 허점이 생기고 있었다. 그에 비하면 롯데리아는 주재원들을
포함하여 비교적 건강한 관리가 이루어지고 있었다. 베트남에서 일
을 시작한지 얼마 되지 않았을 무렵 베트남에서 가장 많은 판매부
수를 자랑하는 또이쩨 신문에 사원모집 광고를 낸 적이 있었는데
광고를 접수하는 창구에서 광고금액의 10% 정도를 되돌려 주는 것
을 보고 의아하게 생각한 적이 있었다. 후에 란 선생에게 물어보았
더니 베트남에서는 일을 성사시켜준 사람에게 감사의 표시로 거래
금액대비 적절한 정도의 수수료를 주는데 이를 로즈머니(Tien Hoa
Hong)라고 한다며 베트남의 오래된 관습이라고 했다. 한국에서 주
재원으로 나오는 사람 중에는 이와 같은 수수료를 주고받지 못하게
감시하는데 온갖 노력을 집중하다가 주재생활을 끝내는 사람들도
있는데 안타까운 일이다. 강제는 할 수 있지만 그런다고 없어지는
일도 아닐 텐데 말이다. 관습화 된 수수료와 부조리는 근본적으로
다른 것이다.

베트남 인사이드 _ 시장 개척의 시작과 끝

2009년 6월 60호점(스타마트 고밥점)을 개점했다. 고밥(Go Vap)에서 개점행사를 하는데 부사장의 표정이 밝아 보이지 않았다. 초청인사들이 돌아가고 나자 조용한 곳으로 자리를 옮기더니 곧 미국으로 이민을 가게 될 것이라는 이야기를 했다. 갑작스러운 이야기라 이유를 물어 보았더니 베트남 통일전쟁시 월남군 장교로 활동했던 것을 미국 정부로부터 인정받아 영주권을 신청할 수 있는 자격이 주어지는데 올해가 영주권 신청을 할 수 있는 마지막 해라서 불가피하게 내린 결정이었다고 했다. 또한 와인을 좋아하다 보니 당뇨가 있어서 치료를 받기위해 베트남을 떠날 수 밖에 없다고 했다. 미국에 아들이 살고 있어서 주거에는 아무런 문제가 없다고 하며 더 이상 롯데리아 사업을 도와주지 못해 미안하다는 이야기를 했다. 베트남에서 보유하고 있던 부동산등은 처분을 끝낸 상태였다. 그러면서 이민을 가기전에 마지막으로 파트너 지분정리를 하고 떠나겠다고 했다. 버리기는 아깝고 투자는 하기 싫어하는 파트너들의 행태를 수차례 겪은 부사장이 회사와 직원들을 위한 마지막 배려였다. 떠나는 사람의 뒷모습은 초라해 보인다고 했는데 오늘 부사장의 뒷모습은 크고 아름다웠다.

2009년 7월 상공부에서 프랜차이즈사업 등록증서가 발급되었다. 외투법인 최초의 프랜차이즈사업 등록증이었다. 프랜차이즈사업 등록증은 발급되었으나 실제 프랜차이즈 사업을 하기 위해서는 시행규칙이나 절차 등 구체적인 지침이 보완되어야 했기에 당장 시행할 수 있는 것은 아니었다. 동년 9월에는 베트남 파트너의 지분을 인수함으로써 합자법인에서 100% 외국투자법인으로 변경되었다. 파트너 지분인수를 위한 보드멤버 미팅에서 파트너측은 베트남 롯데리아의 상표권에 대한 권리를 보전 받고 싶어했다. 그러나 부사장이 설득에 나서 브랜드에 대한 권리는 없는 것으로 하고 대신 투자금에 대해서 은행이자를 지급하는 것으로 지분정리에 합의했다. 지분 청산시에 받게 되어있는 배당금 중에서 자신의 몫을 포기하는 것으로 파트너들을 설득한 것으로 생각되었다. 파트너들은 못내 아쉬움이 남는 표정이었으나 장기적으로 회사의 투자와 관련된 걸림돌이 사라졌으므로 법인을 위해서는 최선의 결정이었다.

2009년부터 2011년은 점포확대를 위한 신규점 개발에 주력했다. 그동안 구축해 놓은 슈퍼체인에 출점을 확대하고 시가지 점포(Stand-alone type)의 확대를 위해 인센티브 제도를 적극 활용했다. 본사 점포개발 가용인력과 지방의 점포관리자를 활용하여 지역별 플래그십 점포확대에 나서는 한편 최소의 비용으로 원재료 배송을 하기위한 물류망을 구축하는데 노력하였다. 결과 매출대비 1.3% 이하의 낮은 물류비용으로 전점포의 배송문제를 해결할 수 있었는데 베트남에서 차량에 붙어있는 멋진 로고와 편의성을 조금 포기하면 효율이 좋은 물류체계를 확보할 수 있었다. 수익성이 담보되지 않는 영업환경에서 부가적인 부분의 관리를 통해 수익을 창출하는 것은 법인장의 역할이다. 한가지 지켜야할 원칙이 있다면 베트남에서는 항상 영업에 30% 관리에 70%의 관심을 가지고 경영을 해야 한다는 것이다. 실적에 급급해서 외형적인 성장만 추구하다 보면 생각하지 않은 곳에서 소리 없이 위기가 다가오게 된다.

시스템을 구축하고 제대로 운영이 되기까지 시간이 오래 걸리지만 한번 궤도에 오르면 가속도가 붙는 것이 프랜차이즈 형태의 사업 특성이다. 2010년 1월 70호점(하노이 시티마트), 2010년 6월

80호점(롯데마트 바탕하이), 2011년 1월 90호점(웬티민카이)을 연속으로 개점하였으며 2011년 11월 목표로 했던 100호점(융바짝)이 개점 되었다. 북부, 중부, 남부, 메콩 지역으로 구분하여 교육시설이 구비되지 않은 지역에는 플래그십 점포에 교육장을 설치하여 활용했다. 중부와 메콩 지역은 본사에서 트레이너를 보내 점포관리자 교육을 강화한 결과 전체 점포의 품질과 서비스 수준의 평준화를 이룰 수 있었다. 교육시스템의 중요성이야 재론할 여지가 없는 것이 사실이지만 실행되는 과정에서 항상 뒷전으로 밀리는 경향이 있다. 한국에서 유명세를 타고있는 중소 프랜차이즈점이 해외 진출 초기에는 좋은 성적을 달성하다가 시간이 경과하면서 존재감이 없어지는 현실을 여러 차례 경험하였는데 문제는 일관된 컨셉의 유지실패와 지속적인 교육시스템의 미흡이 원인이 아닌가 하는 생각이다.

닥락(Dac Lac)을 가기 위해 회사를 나섰다. 사이공 콥 마트에서 닥락의 성도 부온마톳(Buon Ma Thuot)에 신규점포를 개점하였는데 달랏(Da Lat)에도 신규점포를 개점할 예정이었으므로 중남부 시장개척을 위해 현장을 다녀 오기로 했다. 사무실 직원 두명이 닥락 출신이었는데 구정에 고향에 다녀오는 기간이 다른 직원들보다 두 배는 걸렸다. 오토바이를 끌고 산을 몇 개 넘어야 한다는 이야기를 하는데 이야기만 들어서는 얼마나 오지인지 느낌이 오지 않았다. 다만 오지에 사는 사람들은 대부분 소수민족이라는 것 정도만 알고 있었다. 호치민에서 차로 여섯 시간을 달려가자 달랏으로 가는 도로에 닥락이라는 표식이 조그맣게 땅에 세워져 있었다. 기사가 급하세 핸들을 꺾었다. 잠시 평탄한 들길이 이어지더니 구불구불하세 이어진 산길이 나타났다. 베트남 커피 생산지에 들어온 것이다. 좌우로 펼쳐지는 산악지대에 커피농장이 이어지는 것을 보니 해발 600m는 올라온 거 같았다. 열대기후에서는 600m부터 커피나무가 자라고 800m부터는 소나무가 자라기 시작한다. 끝없이 이어진 산길을 올라가다가 부온마톳을 70km남기고 쉬어 가기로 했다. 두시간은 족히 더 가야 했으므로 길가에 차를 세우고 주변을 둘러보니 소수민족의 마을인 듯 조그만 학교가 하나 있었다. 교실에는 대여섯명의 초등학생들 앞에서 앳되 보이는 젊은 여선생이 수업을 진행하고 있었는데 눈이 마주치자 간단한 목례와 따듯한 미소를 보내주었다.

어릴 적 강원도 산골마을에서 살던 때가 생각났다. 40년을 거슬러 올라간 세월속에는 먹고사는 문제가 가장 중요하던 시절이 있었다. 감자와 옥수수, 보리쌀을 넣은 솥에 길가에 자라는 나물을 뜯어와 죽을 끓여 놓고 배고픔을 달래던 시절을 벗어난 것이 40년 전이어서 그리 오래전의 일도 아니었다. 그런 것을 알 길 없는 철부지였으므로 먹을 것과 가진 것이 없어도 마냥 행복하기만 했던 시절이었다. 당시에 한국에서의 산골오지 생활이란 것이 지금 눈앞에 펼쳐져 있는 베트남의 산골생활과 비교할 때 나을 것이 조금도 없는 오히려 낙후된 삶이 아니었을까 하는 생각이 들었다. 지금은 교실에서 장난기 어린 눈빛으로 공부에 열중하고 있는 저 아이들도 수십년의 시간이 흐른 뒤 낯선 장소에서 저자와 같은 생각을 하고 있을지도 모르겠다는 생각이 들었다. 옆에는 산골마을 구멍가게가 있었는데 유리로 된 진열장에 초코파이가 진열되어 있었다. 베트남 산골오지에서 우리나라 제품을 보자 새삼 반가움으로 다가왔다. 구멍가게 외부에 마련된 나무로 만든 의자에 앉아 까페다를 주문했다. 잠시 후 까페 핀이 올려진 커피잔과 조그만 얼음이 가득 들어있는 유리컵이 함께 우리 앞에 놓여졌다. 베트남에서 생산되는 커피는 강 배전으로 추출하기에 칼칼한 맛을 내는 진하고 쓴맛이 매력이다. 고지대에서 생산되는 아프리카 커피와 같은 화사한 꽃향기나 중남미 커피의 중성적인 부드러운 맛은 떨어지나 하루의 피로를 날려보내기에 좋은 강한 쓴맛이 있어 과히 남자들의 커피라고 부르는데 부족함이 없을 듯 했다. 다만 커피가 생산되는 지역이 1,500m이하의 저지대에 위치해 있는 관계로 중저가 커피생산이 주를 이룬다. 비가 내렸는지 멀리 보이는 산자락으로 하얀 구름이 피어 올라오고 있었다. 커피를 마신 후 커피농장으로 걸어 들어갔다. 3~ 4m정도의 커피나무에는 줄기마다 커피열매가 다닥다닥 달려 있었는데 검붉은 열매가 초록색 열매사이에서 보기 좋게 익어가고 있었다. 가끔 화려한 소수민족 의상을 입은 아낙들이 큰 바구니를 등에 매고 커피나무 사이를 다니며 떨어진 커피 열매를 주워 담았다. 닥락성은 광활한 커피농장에서 생산되는 커피를 대량으로 수출하는 덕분에 베트남에서도 높은 소득을 자랑하고 있다.

부온마톳을 향해 출발했다. 커피농장과 산악도로가 몇시간 째 계속해서 이어지고 있었으므로 다소 무료했다. 산중턱에 있는 완만한 커브길을 돌아가는데 길가에 거적을 덮어놓은 것이 보였다. 누군가 교통사고를 당한 것이 틀림 없었다. 마음으로 애도를 표하며 기사에게 물어보았다. 시골길을 가다가 교통사고가 나면 어떻게 하느냐고… 한참 생각하더니 웃으며 그냥 도망을 간다고 대답했다. 맞는 말이었으나 그걸 물어본 것이 아니었다. 베트남은 아직도 길거리에서 군중재판식 판결이 이루어지는 경우가 종종 있다. 그래서 공안에서는 교통사고를 유발한 가해자라도 자리를 피해 안전을 확보할수 있는 권리를 보장하고 있다. 이렇게 해서 긴급한 상황을 넘기게 되면 전화를 하거나 공안에 출두해서 신고를 해야 함은 당연하다. 만약 누군가 보고 있으면 어떻게 하느냐 재차 물었더니 그건 아주 운이 나쁜 경우에 해당하는데 합의금이 필요하다고 했다. 합의금으로 얼마가 필요한지 물어 보았더니 예전에는 $3,000정도면 되었는데 요즘에는 $7,000정도 필요하다고 대답했다. 특별히 안전운행을 할 것을 주문했다. 두시간여를 더 달려 닥락성의 성도인 부온 마톳에 도착할 수 있었다.

닥락의 욕돈 국립공원(Vuon Quoc gia Yok Don)은 캄보디아와 접하고 있는 베트남에서 가장 큰 야생 정글상태의 국립공원인데 세계적으로 멸종위기에 처한 야생동물 200여종이 살고 있다. 이 지역에는 17개의 소수민족들이 살고 있는데 소수민족의 대부분은 모계사회의 전통을 그대로 이어가고 있다. 부온마톳에서 45km 북쪽지역에 위치한 BAN DON마을의 코끼리 투어가 유명한데 잘 훈련된 코끼리를 타고 거친 자연상태의 밀림과 강이나 습지, 정글을 다녀볼 수 있으므로 이 지역을 여행할 계획이 있으면 한번 시도해 보는 것이 좋다. 부온마톳은 닥락의 성도 답게 도시에 건물들이 모여 있었는데 인위적으로 만들어 놓은 계획도시의 느낌이 들었다. 거리는 활기에 차 있었으며 마트에서 보는 사람들은 여유가 있어 보였으나 시골 마을처럼 저녁 8시가 되자 상점들은 문을 닫고 거리에는 다니는 사람들이 보이지 않았다. 호치민시가 얼마나 자유롭고 열정이 넘치며 축복받은 도시인지 다시한번 마음 깊이 새길 수 있었다.

해외사업팀장에게서 연락이 왔다. 본사와의 시스템 통합차원에서 SAP을 도입하기로 결정되었으며 조만간 설치일정을 알려주겠다는 것이었다. 3년전 시스템 구축의 악몽이 되살아났다. 중소기업용 SAP을 구축하여 적응하는 과정에서 수년간 시행착오를 거친 끝에 이제야 직원들이 사용하는데 어려움이 없이 안정화가 되었기 때문이었다. 본사의 필요에 의한 것이지만 주재국의 사정은 고려되지 않고 일방적으로 진행하는 것이 문제였다. 필요할 때 전화해서 필요한 것만 통보하는 상급단체 같은 업무방식, 그러니 주재원들 사이에서 해외사업 최대의 적은 본사라는 이야기가 공공연히 회자되고 있는 것이다. 년말이면 발표하는 신년 사업계획에는 현장과의 소통강화가 단골로 등장하는 슬로건인 것이 아이러니했다.

본사에서 IT개발팀을 보내 시스템 구축을 한 결과 2012년 1월 SAP시스템 개발이 완료되었다. 직원들은 처음보는 생소한 시스템을 사용해야 했는데 한달이 지나자 시스템 개발팀은 중국법인의 SAP 개발을 위해 베트남에서 철수했다. 한국에서도 새로운 시스템을 구축하고 안정화 하는데 반년에서 일년 이상의 적응기간이 필요한데 직원들이 가진 능력은 고려하지 않고 시스템 변경을 너무 무리하게 진행하는 느낌이 들었다. SAP시스템을 도입하면서 회계팀장을 CFO에 외부감사 법인의 수석팀장을 회계장(Chief Accountant)에 채용해서 회계부문을 담당하게 했다.

2012년 4월 4대 법인장이 취임했다. 외형성장보다 내부관리에 비중을 두고 경영해 줄 것을 당부했다. 베트남 QSR시장에서의 경쟁력 확보와 계획한 중장기 목표들을 달성할 수 있는 조직과 시스템구축이 되어 있었기에 가벼운 마음으로 법인 인수인계를 할 수 있었다. 만 8년에 걸쳐 힘들게 일궈온 법인이었으므로 아쉬움도 컸으나 베트남 주요도시를 넘어 중소도시로 힘차게 뻗어 나갈 미래의 모습을 그려보는 것으로 위안을 삼았다.

2012년 10월 베트남 유소년 스포츠 활동에 기여한 공로를 인정받아 베트남 정부로부터 우호친선훈장을 수여 받았다. 그룹차원에서 수년째 진행하는 CSR활동이었으나 법인에서는 이와 연계하여 롯데리아 유소년 축구팀을 선발, 육성해 나가는 일련의 스토리를 드라마로 제작하여 하노이와 호치민시의 주요방송에 방영한 영향이 컸다. 훈장 수여식에는 본사에서 대표이사가 참석하여 훈장을 수여받고 만찬에 함께했다. 당시 외투기업에 주어지는 훈장으로는 최고등급 이었다.

베트남 인사이드 _ 호치민시의 밤 문화 외

호치민시는 두개의 얼굴이 있다고 한다. 오랜 전쟁의 상흔에서 사이공강의 기적을 이룬 역동적인 삶의 모습과 자유롭고 화려한 밤의 낭만적인 얼굴이 그것이다. 그 낭만은 결코 환락과 퇴폐만이 아닌 진정한 사교의 문화이다. 한국의 밤 문화는 무척이나 화려하다. 하지만 그 화려함 속에는 삶의 어두운 피폐함이 엿보인다. 오랜 경제불황과 실직의 두려움에 몸을 떨고 미래를 걱정해야 하는 두려움이 그 것이다. 반면에 호치민의 밤은 아름답다. 밤이 아름다운 이유는 어둠속에 살포시 드리워진 젊음의 열기와 두려움이 없는 그들의 낙천적인 미래가 있기 때문이다.

베트남의 경제가 호황을 이루면서 호치민의 밤문화도 변화하고 있다. 외형적인 과시를 즐기던 졸부적 행태들이 사라지고 어둠을 즐기는 그들 만의 건전한 문화로 변화하고 있다. 빠르게 변하는 그들의 문화가 가까이 다가 갈수록 이채롭다. 조금은 차분하고 경직되었던 수줍음은 열정적이고 자연스러운 사교문화로 변하고 있다. 술을 마시다가 눈빛이라도 마주치면 여유 있는 미소가 돌아온다. 호치민시에는 많은 클럽이나 바가 있지만 인테리어나 시설, 주 객층이 다르기 때문에 베트남을 방문하는 여행자들이 선뜻 찾아가는 일은 쉽지가 않다. 호치민시 곳곳에는 특색 있는 다양한 클럽들이 많이 있으나 주인과 업종이 변경되는 경우가 자주 발생하고 있어 클럽을 이용하는 고객들에게 아쉬움으로 남는다.

- Cat Walk: 76 Le Lai St., Dist 1, HCMC

뉴월드 사이공호텔 별관에 위치해 있는 성공한 3~40대 연령층이 즐겨 찾는 나이트클럽이다. 하지만 고급스러움을 좋아하는 20대 연령층도 많이 찾는다. 차분한 실내 인테리어에 노래방 기기가 갖추어진 다양한 룸이 있는 이곳은 첨단 조명과 필리핀 뮤지션들의 연주와 댄싱을 곁들인 노래로 밤의 열기를 날려보내고 있다. 호치민시에 거주하고 있는 사람이라면 일정금액을 내고 년간 멤버십에 가입하면 클럽이용시 할인혜택과 함께 소정의 기념품도 받을 수 있다. 호치민시를 찾는 여행객들에게 다소 비싸게 느껴질 수 있는 클럽이다.

- Saigon Saigon Bar: 19 Cong Truong Lam Son., Dist 1, HCMC

Caravelle 호텔 9층에 있는 바(Bar)로 외국인들에게 호치민시에서 가장 많이 알려져 있다. 베트남 통일전쟁 당시에는 종군기자들에게 매우 인기가 높았다고 한다. 사이공 사이공 바에서는 화요일부터 일요일까지 저녁 8:30부터 필리핀 유명 밴드그룹의 라이브 공연이 있는데 클래식에서부터 팝, 째즈, 디스코 등 다양한 분야의 노래를 소화하는 다재 다능한 그룹이다. 특히 바 외부 공간에서 바라보는 호치민시 야경을 시원한 맥주와 함께 느껴보는 밤공기는 모든 고민을 잠시 잊게 해 여행과 휴식의 묘미를 더한다. 이용가격은 비싸지 않으나 예약을 받지 않기 때문에 이곳을 이용하기 위해서는 미리 도착하여 자리를 확보해야 한다.

- Breeze Sky Bar & Bellevue: 1 Dong Khoi St., Dist 1, HCMC

사이공 강가 100여년의 역사를 자랑하는 호텔 마제스틱 옥상 2

곳에 위치하고 있다. 마제스틱 호텔도 외관이 아름답기로 유명하지만 이곳 바에서 바라보는 호치민시의 야경은 한적하면서도 매우 낭만적이다. 강 건너에 있는 빌보드 전광판은 유유히 흐르는 사이공강을 색색으로 물들인다. 아름다운 생음악이 시원하게 불어오는 강바람과 함께 호치민시의 밤하늘에 흩어진다.

- **Nightspot and Wine bar: 88 Dong Khoi St., Dist 1, HCMC**

쉐라톤호텔 23층에 위치한 와인바로 아름다운 호치민시의 야경을 구경할 수 있는 명소이다. 3면이 통유리로 처리된 실내공간으로 현대적이고 고급스런 바이다. 화요일부터 일요일까지 매일 오후 8:30부터 미국 및 뉴질랜드 출신 밴드의 라이브뮤직을 들을 수 있다. 이들은 클래식에서부터 최신 음악까지 다양한 장르를 소화해내는 유명밴드로 아름답고 환상적인 하모니를 만들어낸다.

여행객들의 호치민시 여행코스는 대체로 비슷하다. 도심의 사이공 스퀘어나 벤탄시장 등을 들러 토속상품이나 가성비 좋은 짝퉁 쇼핑을 하고 팜응라오(Pham Ngu Lao)거리를 돌아다니다 세계각국에서 모여든 여행객을 만나면 서로 동질감을 느낀다. 오래된 물건이나 골동품에 관심이 많은 여행객이라면 레콩키우(Le Cong Kieu)거리에 있는 골동품 가게에서 관심있는 물건을 찾아 천천히 둘러보고 서민들의 생활에 관심이 많은 여행객이라면 이른 아침의 재래시장을 찾기도 하지만 대다수 여행객들은 데탐(Detam)거리의 여행사에서 오픈투어를 구입하여 여행에 나서거나 전쟁기념관을 비롯한 시내 관광을 하게 된다. 그렇게 하루를 보내고 밤이 되면 마사지 가게나 스파로 몰려가서 피로를 풀며 하루를 마감한다. 동커이(Dong Khoi)를 비롯한 시내 곳곳에는 좀 더 고급스러운 서비스를 원하는 여행객들을 위한 다양한 스파들이 많이 있다. 열정이 넘치는 사람들은 한국인이 운영하는 가라오케나 쩐꽝카이, 차이나타운 등에 산재해 있는 로컬 가라오케를 찾아 아쉬움을 불태우기도 하는데 자칫 불법행위가 될 우려가 있으므로 주의할 필요가 있다. 정작 사이공의 심장인 사이공강을 보지 못하고 돌아가는 여행객들이 많은데 어떤 이들은 흙탕물밖에 없는 강을 봐서 뭐하냐고 반문하기도 한다. 저자는 사이공강을 보며 그저 부럽다는 생각이 들었다. 하루종일 크고 작은 배들이 분주하게 드나드는 사이공 강, 커다란 컨테이너를 가득 싫은 배들이 바다도 아닌 도심을 흐르는 강을 자유롭게 드나드는 모습이 지금까지 보아왔던 강의 이미지와는 너무 다르게 다가왔기 때문이었다.

어둠이 찾아오면 사이공강은 전혀 다른 모습으로 서서히 변화를 시도한다. 도심에서 호치민시의 넉넉한 낭만을 느낄 수 있는 곳이 저녁시간의 사이공 강이다. 이 시간 저녁식사나 차 한잔도 좋은 코스가 된다. 사이공 강을 끼고 있는 동득탕 거리와 웽훼 거리가 만나는 강가에는 화려한 조명으로 치장한 몇 대의 선상 레스토랑이 있다. 이들 선상 레스토랑은 해물요리를 중심으로 남부 베트남 요리를 즐길 수 있다. 또한 여기에 곁들여지는 선상 쇼와 사이공강 크루즈는 사이공에서만 느낄 수 있는 여유와 낭만이다. 어느 것을 선택해도 후회가 없을 정도이지만 음식이나 여흥, 느낄 수 있는 낭만이 회사마다 조금씩 다르다.

- Tau Du Lich Nha Hang Noi My Canh

사이공강 최초의 보트 레스토랑이다. 2층으로 되어있으며 300석 규모의 작은 규모이다. 오래된 만큼 시설도 다른 보트에 비해 낙후되었다. 단골손님이 많고 가족적인 분위기인데 2층에서는 베트남 로컬 뮤지션들의 음악연주와 가수들의 라이브 공연이 끝나면 전통적인 베트남 스타일의 가라오케 문화를 구경할 수 있다. 손님들이 번갈아 노래하고 붉은색으로 만든 조화에 돈을 꽂아 함께 건네며 축하하는 모습에서 소박한 베트남인들의 정서를 엿볼 수 있다. 아름다운 분위기와 베트남 전통음식에 가장 가까운 음식을 맛보고 싶을 때 이 배를 타면 된다

• Tau Du Lich Nha Hang Ben Nghe

My Canh보트와 같이 개인이 운영하는 보트 레스토랑이다. 3층 800석 규모로 좌석 수로는 가장 규모가 큰 보트 레스토랑으로 사이공강 선상 레스토랑 중에서 외관이 가장 화려하며 아름답다. 노란색 꼬마 전구로 물고기 모양으로 선체를 장식한 이 보트가 사이공강 크루즈를 시작하면 모든 배에 승선한 여행객들의 시선이 집중된다. 각 층마다 베트남 음악가들의 음악과 가수들이 라이브 공연을 한다. 가수들은 각 층을 순회하면서 노래를 부른다.

• Tau Nha Hang SaiGon

사이공 투어리스트는 베트남 최대 국영회사 중 하나인데 여기에서 운영하는 선상 레스토랑이다. 3층으로 되어 있으며 1층과 2층은 베트남 로컬 뮤지션들의 음악과 가수들의 라이브 공연이 있다. 이용하는 사람들은 주로 관광이나 결혼식, 축하연, 생일 잔치 등의 목적이 많은데 단체 여행객들이 선호한다. 아시아 유럽 등 각국의 여행객들이 요리를 즐길 수 있게 퓨전스타일의 요리를 하며 여행객의 국적에 따라 각 국가의 노래를 불러주는데 가수들의 무대 매너가 좋다. 여성 무희들이 펼치는 스페셜 쇼는 놓칠 수 없는 즐거움 중에 하나이다. 3층은 무대가 없어 조용히 식사를 하기 원하는 사람들을 위한 장소로 가족 및 친지들과 함께하는 모임에 적당하다.

호치민시 인근에 가 볼만한 곳으로 껀져(Can Gio) 원숭이 섬이 있다. 호치민시 도심에서 남쪽으로 55Km떨어진 외곽에 위치해 있으며 호치민시에서 유일하게 해안을 접하고 있는 곳으로 베트남전 당시 떠이닌, 구찌와 더불어 가장 유명한 3대 혁명 사적지 가운데 하나이다. 호치민시 7군 빈칸에서 배를 타고 강을 건넌 후 차로 30분정도 더 가야 하는데 물야자가 많이 생산되는 지역으로 도로 옆으로는 드문드문 이곳에서 생산된 농작물과 물야자를 파는 노점상들이 있다. 강과 늪지대를 통과하여 계속 달려가면 울창한 맹그로브 숲이 나타나는데 여기에서 조금 더 가면 Can Gio Forest Park가 나온다.

사람이 접근하기 어려울 정도로 위험한 천연의 늪과 울창한 맹그로브 숲으로 둘러싸인 밀림지역으로 베트남전 당시 게릴라 활동 지휘본부로 사용되던 장소지만 지금은 관광지로 개발되어 일반인들에 공개되는 유명 관광코스이다. 유격대 본부로 가는 길은 육로가 없어 공원입구에서 모터보트를 타고 수로를 통해 가야 한다. 거미줄처럼 이어진 작은 수로는 아름답고 흥미롭지만 잠시만 한눈을 팔아도 길을 잃을 정도로 복잡하다. 수로 옆으로는 물야자 나무가 자라고 그 뒤로는 맹그로브 나무들이 빽빽하게 자라고 있어 마치 터널 속을 지나는 느낌이 든다. 유격대 본부는 자연 습지위에 수상가옥 형태로 만들었는데 주위는 지상 3~40cm의 높이에서 맹그로브 나무줄기가 늪속으로 뿌리를 빽빽하게 내리고 있어 발 디딜 틈조차 없어 보였다. 또한 주변 수로에는 악어들이 다수 서식하고 있던 터라 수상을 통한 접근도 어려워 게릴라 본부로 사용하기에는 천혜의 조건을 갖추고 있었다. 지금은 악어들을 모두 포획한 뒤 공원내 안전한 장소로 옮겨서 사육하고 있다.

이 곳에는 다양한 종류의 원숭이 수백 마리들이 반 야생으로 살아가는데 입장권을 사면 표와 원숭이 먹이를 준다. 먹이는 주로 고구마나 옥수수인데 집에서 가져온 여러가지 과일이나 음식들을 원숭이에게 나눠 주기도 한다. 나이든 원숭이들은 사람을 경계하고 험악한 표정을 지으며 협박하기도 하는데 가지고 있는 귀중품이나 안경, 모자, 카메라 등을 빼앗기지 않도록 주의하여야 한다. 원숭이가 물건을 가지고 정글 안으로 도망가 버리면 사실상 찾을 방법이 없기 때문이다. 공원에서는 특별히 훈련된 원숭이들이 방문자들을 위한 여러가지 공연을 하는데 시멘트로 만든 벤치에 앉아 공연에 열중하다 보면 옆자리에 야생원숭이가 함께 공연을 보고있는 경우도 종종 있다. 만지거나 먼저 위협적인 행동을 하지않으면 아무런 해를 끼치지 않으므로 무서워할 필요는 없다. 공연이 끝나면 이곳을 방문한 사람들에게서 얻은 수박, 고구마, 옥수수 등 다양한 먹거리를 얻은 원숭이들이 행복한 표정으로 공원 곳곳을 활보한다

베트남 구석구석을 다니면서 느끼는 것은 참 다양한 것들로 이루어진 나라라는 생각이 들었다. 그래서 베트남을 상징하는 아이콘을 하나로 설명하기가 어렵다. 이 말은 역설적으로 아무것도 없는 것이 베트남의 아이콘이라는 말이 된다. 이것을 미군은 오래전 구찌 전투에서 뼈 속 깊이 절감했다. "어디를 가도 적이 있는데 어디를 가도 적이 없다" 이 말을 남기고 미군은 베트남에서 철군을 결정하게 된다. 베트남 통일전쟁의 주역 구찌가 외국 관광객들을 대상으로 개발된 관광지라면 원숭이 섬은 내국인들이 주로 찾는 맹그로브 숲으로 이루어진 자연의 섬이다.

고맙습니다(씬 깜언)

베트남 인사이드 _ 인도네시아 시장개척

해외사업팀에서 연락이 왔다. 인도네시아 비즈니스 파트너가 결정되었으니 법인설립 행사에 참석하라는 내용이었다. 파트너에 대한 간단한 소개자료가 첨부되어 있었는데 시간이 부족한 상태에서 너무 갑작스럽게 일이 진행되는 느낌이었다. 페이퍼 컴퍼니로 만들어진 파트너사는 여섯 명의 주주로 구성되었는데 이들 중 투자권한이 있는 주주가 누구인지 투자자금의 원천이 어디인지 명확하지 않았다. 원만한 사업진행을 위해 해결되어야 할 부분이었다. 본사에서 선발된 주재원들은 의욕은 왕성했으나 해외사업은 의욕만으로 되는 것이 아니었다. 글로벌 기업들이 시장을 양분하고 있는 상황에서 후발 브랜드로써 비교우위의 장점과 차별화 요소 없이 성과만 기대하고 있었다. 시간이 지나고 나면 자연스럽게 해결 되어야할 문제들이었다.

자카르타에서의 생활은 낯설었다. 시도 때도 없이 스피커를 통해 울려 퍼지는 기도가 있는 삶을 살아가는 이슬람 문화가 낯설었고 저자에게는 아시아인지 아랍인지 유럽인지 구분이 되지 않는 사람들 또한 낯설었다. 열대기후에는 어느정도 적응되었다 생각했지만 남반구에서 접하는 기후는 낯선 느낌이었는데 더위속에는 음습함이 함께 있었다. 건기가 되면 자카르타 북쪽 바다로 흐르는 하천에서 올라오는 정화되지 않은 생활하수의 악취에 익숙해져야 했다. 행정의 자카르타라고 불리는 도시 답게 처리해야할 서류의 종류와 절차는 복잡했고 시간은 오래 걸렸다. 열악한 도로사정을 대변하듯 약속시간에 늦으면 "차가 막혀서" 라는 이유 한가지면 충분했다.

합작법인을 설립하고 1년이 지나면서 8개의 신규점포를 개점하였지만 쉽게 정을 붙이기 어려운 도시 자카르타였다. 그나마 그룹 유통사들이 진출해 있었기에 베트남에 비해서 초기 사업진행은 빠른 편이었다. 지역사회에 정을 붙일 수 있는 방법을 찾아야 했다. 주말을 맞아 쪽 자카르타로 갔다. 쪽 자카르타는 본래 지명이 욕 야카르타 였는데 인도네시아를 식민 지배하던 네델란드인들이 발음하기에 매우 어려웠다. 그래서 욕 야카르타를 좀 더 발음하기가 쉬운 쪽 자카르타라고 불렀는데 그때부터 욕 야카르타라고 쓰고 쪽 자카르타로 부르게 되었다. 쪽 자카르타에서 인도네시아 전통 옷인 바틱을 만드는 공장을 방문했다. 뜨거운 촛농을 떨어뜨려 천에 염색을 하는 기법으로 옷을 만들고 있었다. 따라서 전통 바틱은 같은 무늬의 옷이 없어야 하며 예전의 왕족들은 모두 이렇게 만든 바틱을 입었다고 한다. 흰색 천에 붉은색 혹은 푸른색 염료를 섞은 촛농을 떨어트려 무늬를 만든 바틱에서 말로 표현하기 어려운 고귀함이 느껴졌다. 최첨단 프린팅 기법으로 만든 현대의 바틱에서는 찾아볼 수 없는 전통과 가치가 녹아 있었다.

보로부두르 사원으로 향했다. 2010년 인근에 있는 해발 2,968m의 므라피 화산의 대규모 분화로 인해 화산재가 사원을 덮어 출입이 금지되었는데 2년간에 걸친 노력으로 사원의 복구가 완료되어 일부를 제외하고 입장이 재개되었다고 했다. 5년마다 대규모 분화를 하는 므라피 화산은 세계에서 가장 위험한 화산중의 하나다. 화산이 분화를 하면 거대한 화산재와 함께 뜨거운 검은 모래가 대량으로 분출되어 저지대로 흘러내리는데 이때 주변온도가 800℃를 넘는다고 한다. 그래서 므라피 화산 피해자들의 사진을 보면 일상생활을 하다 그대로 변을 당한 모습들이 많아 안타까움을 자아내게 한다. 화산에서 쏟아져 나온 모래가 쓸고 지나간 마을을 지나 조금 더 가자 주변을 내려다보는 산 정상에 섬세하고 정교한 퍼즐조각과도 같은 대승불교 유적이 모습을 드러냈다. 보로부두르는 산스크리트어로 "산위의 절"이란 뜻이라고 한다. 위에서 보면 연꽃 모양이고 앞에서 보면 종 모양이라고 하는 보로부두르 사원은 세계 7대 불가사의의 하나로 석조물의 무게만 350만톤에 달하며 여기에 사용된 돌덩어리가 100만개 이상이라고 한다. 건물은 기단 위에 정방형으로 5층을 쌓고 그 위에 원형으로 3층을 쌓은 후 꼭대기에 큰 종모양의 탑을 얹은 9층짜리 사원으로 높이가 31.5m에 달한다. 외국인에게만 비싼 입장료를 받는 것을 제외하면 나쁜 평가가 없는 세계에서 가장 큰 불교사원인 보로부두르는 캄보디아의 앙코르왓보다 300년 앞서 건축되었다고 하는데 사원은 매춘, 낙태의 나무, 살인, 절도 등 인간사 악행을 나타내는 조각물이 새겨진 곳에서 시작하여 6년간의 고행 끝에 도를 깨닫고 부처가 되는 석가모니의 일대기가 아래에서 위로 올라가면서 조각되어 있었다.

외국인에게 차별화된 사원 입장료를 받는데 대한 현지인들의 생각은 명료했다. 인도네시아인들은 정기적으로 발생하는 화산폭발의 사후관리에 물심양면으로 동원되지만 외국인들은 그런 노력을 하지 않기에 요금을 더 내는 것이 당연하지 않느냐는 대답을 했다. 인류 공동의 문화유산이므로 반론을 제기하기 어려운 답변이었다. 사원의 계단을 통해 곧바로 6층으로 오를 수도 각 층의 사면에 새겨진 부조를 구경하며 오를 수도 있는데 회랑을 따라 6층까지 오르는 길의 길이는 5km에 이른다. 부조를 따라 걷다 보면 거대한 사원이 깨달음을 얻는 교육의 장이란 느낌이 드는데 회랑을 따라 올라가는 행위 자체가 해탈에 이르는 길이라는 상징적 의미를 가지고 있다. 상부 3층에는 구멍이 뚫린 72개의 스투파가 있는데 스투파 속에는 등신불상이 정좌하고 있다. 화산재 정리작업이 진행중이어서 출입이 금지되어 있었는데 일부 스투파는 등신불상이 도난 당하거나 머리가 잘려 나가 훼손된 상태였다. 1973년 유네스코 주도로 대규모 복구사업이 진행되었는데 도굴 등으로 심하게 파괴된 상태였다고 한다. 가이드의 말에 의하면 오래전 이곳에서 테러가 발생하였는데 일부는 그 당시 파괴된 상태 그대로 보존하고 있다고 했다. 사원의 정교함과 아름다움은 보로부두르에 사원의 규모나 웅장함에서는 앙코르왓에 마음을 주고 싶었다. 사실 둘 중에서 어느 것이 좋으냐 하는 문제는 아큐페이즈와 리복스 튜너 중에서 어느 것이 더 음질이 좋으냐 하는 것과 같이 무의미한 논쟁에 불과하다. 어느 한쪽으로 기울어 질 수 없는 힌두문화와 불교문화를 대표하는 건축물이기 때문이다. 사원을 내려와 외부로 나오니 석가모니의 행적을 기록해 놓은 안내판이 있었다. 가까이에서 보니 여러가지 수인을 취하고 있는 모습들을 볼 수 있었는데 전통식당을 가면 요염하게 옷을 입은 무희가 나와서 춤을 추는데 그 동작들이 석가모니의 수인을 연결시켜 놓은 것이라고 했다. 아름다운 자연과 인간이 만든 멋진 건축물의 조화는 언제 보아도 경이로움 이었다.

인간이 창조한 경이로운 유적에 찬사를 보내고 자와티무르 주에 있는 브로모 산으로 갔다. 해발 2,329m 활화산으로 유명한 브로모는 가는 길도 전망대까지 올라가는 과정도 쉽지 않았다. 입구에 도착해서 좁고 가파른 산길을 오르기 시작했는데 중간 중간 검은 화산재가 섞인 비바람이 세차게 몰아쳤다. 연신 와이퍼로 비에 젖은 화산재를 닦아내며 정상을 향해 오르는 가운데 창밖으로 보이는 깍아지른 절벽은 아찔함을 더했다. 정상이 가까워지면서 가파른 산봉우리들이 검은 화산재로 뒤덮여 있었는데 화산재를 이용하여 농사를 짓는지 밭을 일구어 각종 농산물들이 자라고 있었다. 화산재에는 벌레나 해충이 없어 농약을 사용하지 않아도 농산물이 잘 자란다고 이야기했다. 정상에 오르기 전 화전민들이 모여 사는 촌락이 있었다. 초등학교가 있었는데 우리가 겨울에 눈사람을 만들기위해 눈뭉치를 만들어 놓았듯이 화산재가 군데 군데 쌓아져 있었다. 조금 더 올라가자 관광객들이 관광과 숙식을 할 수 있는 작은 마을이 보이는 전망대에 도착했다.

가는 날이 장날이라고 몇일전부터 화산의 폭발조짐이 있어 브로모산의 관광객접근이 통제되고 있었다. 아쉬운 생각에 자리에 서서 한동안 지켜보고 있었는데 바람은 차고 세었으며 산은 검은 구름에 가려 아무것도 보이지 않았다. 갑자기 한기가 몰려왔다. 추위를 피하기 위해 옆에 있는 작고 허름한 천막속으로 들어갔다. 말이 없어 보이는 노파와 고등학생 정도 되어 보이는 왜소한 체구의 젊은 여자가 인스턴트커피와 선뜻 손이 가지않는 과자류 그리고 고구마 튀김을 팔고 있었다. 고구마 튀김과 커피를 주문하고 요리를 하는 중에 나이를 물어봤다. 수줍게 웃으며 32살인데 이혼을 해서 어머니와 함께 살고 있다고 했다. 돌싱녀는 생글생글 웃으며 멀리서 찾아온 이방인을 반기는데 갑자기 할말을 잊어버렸다. 작은 체구와 검은 피부가 사리판단을 하는 중추신경을 혼란에 빠트린 것이 분명했다. 따뜻한 커피와 튀김을 먹고 나오다가 주머니에서 사탕을 한 웅큼 꺼내 주자 손을 모으고 머리를 숙여 고마움을 표했다. 배를 채우고 나니 추위가 한결 덜했다.

바람이 한차례 거세게 산 정상을 훑고 지나가자 검은 구름이 걷히며 화산이 전경을 드러냈다. 오래전 화산이 폭발한 흔적이 남아 있는 거대한 분화구 안으로 몇개의 봉우리들이 솟아 있었는데 수목

한계선에 걸쳐 있는 듯 화산의 아래부분에서는 식물이 자라다가 중간부분부터는 식물이 자라지 못하는 돌산이었다. 왼쪽 앞에 있는 봉우리가 브로모 화산이었는데 안으로부터 검은 화산재가 쉴 새 없이 뿜어져 나오고 있었다. 간헐적으로 산을 터트릴 듯 터져 나오는 거대한 폭발음과 함께… 카메라를 들고 서 있기가 어려울 정도로 세찬 바람이 불었다. 작은 주목에 의지해서 구름이 산을 덮어 버리기 전에 셔터를 열심히 눌렀다.

어디선가 나타난 화전민들이 바람을 막아주는 외투와 함께 오토바이를 가지고 왔다. 평소 화산 내부를 구경하기 위해서는 전망대에서 노새를 타고 화산 앞까지 이동한후 도보로 화산을 올라가야 했는데 정부에서 노새 운행을 금지하였으므로 대신 오토바이를 가져온 것이다. 창의성이 풍부한 사람들이었다. 화산재가 군데 군데 묻어 있는 외투를 받아 입었다. 오토바이를 타고 분화구를 내려가 화산으로 가는 도중에 화산재를 뒤집어 쓰고있는 사원이 나타났다. 깨끗하게 관리가 되어 있었는데 이런 장소에 사원이 있는 이유는 어렵사리 추측을 해 볼 수 있었다. 산악지대에 위치한 고속도로 휴게소를 들르면 휴게소 아늑한 장소에 만들어 놓은 위령탑과 비슷한 의미일 것이기 때문이다. 화산으로 올라가는 돌계단이 눈앞에 펼쳐진 곳에 이르자 더 이상은 위험해서 갈수 없다고 했다. 아쉽지만 더 이상의 욕심을 내지 않기로 했다. 한차례 산에서 거대한 폭발음이 들리며 검은 화산재가 가스에 분출되더니 돌덩이들이 날아와 근처에 떨어졌다. 어른들 주먹 2개 크기의 검은색 돌덩이였다. 주변은 온통 화산에서 뿜어져 나온 화산재에 덮혀 한번도 본적이 없는 지옥이 연상되었다. 오토바이를 타고 전망대로 돌아왔다. 또다시 화산이 폭발하면서 거대한 산이 흔들릴 만큼 큰 폭발음과 함께 화산재를 토해내자 몸에서 전율이 일었다. 화산의 분화활동이 심해지는것과 비례하여 화산이 토해내는 울음소리는 더 가까이서 웅장하게 들려왔다. 지하 수천 미터에서 암벽을 뚫고 올라오는 태고의 소리였다. 화산활동이 일어나는 것을 가까이서 볼 수 있었지만 그것을 글로 표현한다는 것은 불가능했다. 그러나 흩어진 마음을 다잡기에는 부족함이 없는 여행이었다.

새해가 되었으므로 새로운 마음으로 업무를 시작하기로 했다. 인도네시아는 짬뽕 국가였다. 삶도 짬뽕이고 문화도 짬뽕이었으며 음식도 짬뽕이었다. 장사가 잘되는 레스토랑을 가면 고유의 음식에 일본이나 유럽, 중국 음식이 하나의 메뉴를 구성하는 것이 다반사였다. 도시락을 시켜도 인도네시아, 일본, 중국 음식이 함께 들어있었다. 메뉴의 현지화를 진행하는 방법을 주재원들과 공유해야 했다. 새우 버거는 서브 메뉴로는 괜찮았으나 메인 메뉴가 되기에는 부족했으며 불고기 버거는 로컬메뉴라는 한계를 지니고 있었다. 브랜드를 상징하는 대표메뉴가 없이 햄버거나 치킨으로는 맥도날드나 KFC와 차별화를 하기가 쉽지 않았다. 기존 메뉴는 제품의 품질을 확보하는데 주력하고 경쟁사에는 없는 인도네시아 롯데리아만의 짬뽕 메뉴를 개발하기로 했다. 인도네시아 인들이 좋아하는 식습관과 한끼 식사를 위해 지출가능한 금액내에서 제품이 개발되어야 했다. 몇가지 샘플을 만들어 시식 품평회를 한결과 2종의 만땁 메뉴를 출시할 수 있었다. 고가와 저가 만땁은 햄버거나 치킨에 식상해 하던 고객들에게 단번에 주력상품이 되었다. 메뉴의 현지화를 하기 위해서는 지켜야 할 조건들이 있다. 첫째 경쟁사를 리딩하는 제품을 만들어야 한다. 아무리 좋은 현지화 메뉴를 개발했더라도 경쟁사 제품을 카피하는 것으로는 originality를 확보할 수 없기 때문이다. 현지인들이 선호하는 메뉴개발을 하기 위해서는 다양한 음식을 접하면서 현지 음식문화에 대한 이해를 높이는 것이 필요하다. 둘째

메뉴의 현지화라고 해서 단순히 로컬제품을 따라하는 우를 범하지 말아야 한다. 일반적으로 게으른 직원들이 선호하는 제품개발 방법인데 로컬제품을 먹기위해 QSR을 찾을 고객은 없기 때문이다. 마지막으로 현재 사용하고 있는 원재료를 최대한 활용할 방안을 고심해 봐야 한다. 원재료 품목이 늘어나는 것을 방지하고 원활한 오퍼레이션 공간의 확보와 재고관리의 편리성 증대로 점포위생 문제와 원가경쟁력에 영향을 주기 때문이다.

이슬람 율법에 따라 모든 원재료와 조리방법을 사용하였다는 증표인 할랄 인증도 받아야 했다. 할랄 인증이 담보되지 않는 해외로부터의 원재료 소싱은 지양하고 인도네시아 내에서 원재료 소싱을 할 수 있는 방법을 찾아야 했는데 베트남 식품공장에서 할랄 인증을 취득하여 수출을 하더라도 인도네시아 할랄 인증기관에서 통용되지가 않았기 때문이었다. 할랄 인증이 코에 걸면 코걸이고 귀에 걸면 귀걸이처럼 활용되었다. 원가가 상승하는 문제와 약간의 시간이 필요하겠지만 역내에서 해결해야 할 문제였다. 또한 레스토랑 업종은 세제부문에서도 불리함을 않고 있었다. 투자나 영업활동에서 발생하는 부가세는 납부의무만 있었고 환급을 받을 수 있는 권리가 보장되지 않았으며 제품판매시에는 레스토랑세가 포함되어야 했다. 이래 저래 원가는 높아지고 제품의 판매가격은 올릴 수 없는 과다 경쟁상태의 구조적인 문제를 내포하고 있었는데 해결방법을 찾아야 했다.

본사 대표이사로부터 전화가 왔다. 현지 업무를 정리하고 다음주 월요일까지 본사로 들어오라는 연락이었다. 갑작스럽게 귀국이 결정되면서 주변을 정리할 시간이 부족했다. 오후에 호치민으로 출발하는 항공권 예약을 마치고 스카르노 하타 공항으로 갔다.

베트남 인사이드 _ 고맙습니다(씬 깜언)

베트남에서의 업무를 정리하기 위해 탄손넛 국제공항에 도착했다. 일본 ODA자금으로 지어진 현대식 공항청사를 나서자 3월의 따끈한 열기가 가장 먼저 반겨주었다. 역동적인 거리의 모습은 변함이 없었는데 이전에 비해 거리는 깨끗하게 정리되었으며 도로에는 수입자동차들이 많이 다니고 있었다. 고층건물과 대규모 관공서가 우후죽순처럼 늘어나는 하노이와 달리 호치민시가 계획했던 사업들은 예나 지금이나 매우 느리게 진척되고 있었다. 공항에서 1군으로 이어지는 남끼거응이아 도로는 2006년 11월 부시 대통령 방문에 맞춰 도로확장 및 정비를 추진하였으나 5년이 지난 2011년이 되어서야 완료되었다. 동나이 년짝으로 이전하기로 한 탄손넛 국제공항은 주변의 토지개발만 일부 이루어진 상태인데 공항 이전에 몇 십년이 걸릴지 아니면 계획 자체가 취소될지 모를 일이었다. 또한 사이공강을 사이에 두고 최첨단 미래형 도시를 계획하고 있는 투띠엠 신도시 역시 기존에 거주하고 있던 주민들의 이주가 끝난 상태로 개발이 중단되었는데 언제 공사가 재개될지 기약할 수 없는 현실이었다. 그동안 토지가격이 오르면서 이주민들에게 제대로 토지보상을 하지 못하였다는 지적과 함께 토지사용권을 획득한 개발사들만 이득을 보는 결과가 되었다는 주장이 대두되고 있기 때문이다. 최근까지 호치민시 인민위원장이 다섯 차례 변경되면서 도시개발 지연에 따른 책임문제와 향후 개발일정 확정이 불분명해지고 있다.

사무실에 도착하자 직원들이 반갑게 인사를 했다. 사업확대로 인해 중간에 채용된 인력들을 제외하면 대부분 처음부터 함께 해 온 멤버들이었다. 특히 영업팀 찌, 땀, 구매팀 타오, 후이, 노동조합 로안, SV 비, 하노이지점의 투는 10여년간 온갖 어려운 여건속에서 법인을 성장시켜온 온 핵심 인재들이었다. 현지 직원들과 저녁에 송별회식을 하기로 하고 방으로 들어갔다. 얼마 되지 않는 짐들을 포테이토 박스에 담아 핸드캐리로 보내고 나서 마지막이 될 주재원 회의를 했다. 회사 내부의 건강한 갈등관계를 유발시킴으로써 동기부여와 열정이 끊임없이 발산되기를 기대했다. 건강한 갈등관계는 회사를 성장시키는 동기가 되기 때문이다. 동굴의 우화에서 보여주는 허상으로 된 소비자를 보지 말고 항상 소비자의 곁에 가까이 다가가기를 바랐다. 가까이 다가가면 멀리서는 보이지 않던 새로운 사실들이 보이기 때문이다. 법인장이 의욕적으로 일을 하는지 주재원들의 표정에서 집중도가 떨어지고 있었다. 모두가 알고있는 비즈니스의 정의에 대해 정리하며 회의를 종료했다.

이전에 없던 무엇인가를 만들어가는 행위를 개척이라고 한다. 아무것도 아닌 것에서 시작된 일이 유의미한 결과물을 얻기까지는 많은 사람들의 땀과 노력의 결실이 함축되어 있다. 도전속에서 우리는 늘 부족함을 느꼈다. 그러나 정해진 음계에서 수많은 명곡이, 정해진 색에서 수많은 명화가 나오듯이 주어진 재료는 이미 충분했다. 우리가 생각하는 미래의 모습들이 공유되고 전달되기를 바랐다. 베트남은 54개 민족이 함께 살아가는 국가였다. 지역에 따라 생활환경이 다르고 관습과 문화도 달랐다. 우리는 최고수준의 급여와 복지를 제공하는 것도 아니었다. 우리 직원들을 하나로 묶어줄 보이지 않는 띠가 필요했다. 직원들의 연대감 강화를 위해 Facebook을 활성화 했다. FB사용이 늘면서 반정부활동 단체의 의사소통 창구로 이용되는 문제가 있었으나 통제된 사회였기에 큰 문제로 발전되지는 않았다. 폐쇄된 환경에 익숙하던 직원들은 회사가 성장해 나가는 과정이 FB을 통해 공유되며 자부심을 갖기에 충분했다. 수백km 떨어진 낯선 지역에 점포가 개점 되면 한달에서 수 개월의 인력지원이 필요했다. 어렵고 힘든 일이지만 모두가 내일처럼 나섰다. 매사에 소극적이고 귀소본능이 강했던 직원들이 긍정적이고 적극적인 업무태도를 갖게 된 것은 큰 변화였다. 베트남에서 최고의 QSR을 만들어 보겠다는 꿈과 희망이 있었기에 가능한 일이었다. 자발적인 활동이 제대로 결실을 맺을 수 있게 계획하고 지원하는 보이지 않는 역할은 주재원의 몫이었다.

음악을 들을 때 질감이라는 표현을 사용한다. 통상보다 살갑고 따스하며 귀 보다는 마음속의 그 무언가를 움직이는 힘을 말한다. 그곳에 가면 좋은 일이 자꾸만 자꾸만 생길 것 같아… 라는 롯데리아 CM송처럼 우리는 새로운 음식문화를 통해 고객들이 활력이 넘치고 따스한 질감이 있는 삶을 느껴 보기를 희망했다. 위생적이고 가성비 높은 음식과 청결한 식사환경, 마음에서 우러나는 서비스를 통해… 예술의 경지에 이른 음식을 원하는 사람들에게는 기대에 미치지 못하는 일이었다.

예나 지금이나 공항은 환송객들로 북적이고 있었다. 출국장에는 주재원들이 나와 기다리고 있었다. 베트남 주재생활 10년을 마무리 짓는 작별인사를 했다. 처한 위치에 따라 누구에게는 속 시원함으로, 누군가는 두려움으로, 또 다른 누군가는 아쉬움이 남는 작별이 있다. 그동안의 베트남 생활이 주마등처럼 흘러갔다. 총리의 숨겨진 딸을 자처하며 사기와 연계된 부동산 브로커, 레스토랑에서 식사후 요지를 손으로 건네자 흠칫 놀라던 부사장의 모습, 쌀국수를 먹은 후 짬뽕국물을 마시듯 국물을 마시자 종업원과 손님들의 시선이 집중되던 어색한 상황, 파트타이머에게 매니저 채용조건으로 계좌번호를 보낸 지점 슈퍼바이저, 베트남 동남부에 카지노 허가를 받기 위해 투자자금을 모두 로비활동에 써버린 한국투자자, 교민사회의 이슈가 된 호치민시 공원에 가끔 나타난다는 한국인 거지, 기상천외한 방법으로 회사물건을 가져가는 알리바바와 방관만 하는 지역 공안…

출국장에 설치된 자동문을 지나자 항공사 티켓 카운터가 나타났다. 티켓 카운터를 향해 발걸음을 옮기는데 누군가 부르는 소리가 들렸다. 돌아보자 흰색 벽 너머에서 현지 직원들이 손을 흔들고 있었다. 그렇게 그들은 내게 물었다. 언제 베트남에 돌아올 거냐고… 베트남에 꼭 다시 돌아오라고…

냉기로 인해 뿌옇게 된 안경너머로 아무것도 보이지 않는 벽을 향해 대답했다. 난 다시 돌아올 것이다… 늦어도 언젠가는… 서로를 갈라놓은 물리적 공간을 사이에 둔 채 그렇게 작별인사를 했다.

그동안 고마웠습니다. 씬 깜언 베트남!